INTRODUCTION TO
NON–PROFIT
ORGANIZATION MANAGEMENT

非营利组织
管理概论

任佳萍　周朝成　主　编

陶芳铭　孟　莹　副主编

ZHEJIANG UNIVERSITY PRESS
浙江大学出版社
·杭州·

图书在版编目(CIP)数据

非营利组织管理概论 / 任佳萍，周朝成主编.
杭州 : 浙江大学出版社，2025.3. -- ISBN 978-7-308
-26064-0

Ⅰ. C912.21

中国国家版本馆 CIP 数据核字第 2025YB2968 号

非营利组织管理概论

FEIYINGLI ZUZHI GUANLI GAILUN

主　编　任佳萍　周朝成

策划编辑	李　晨
责任编辑	高士吟
责任校对	赵　钰
封面设计	春天书装
出版发行	浙江大学出版社
	（杭州市天目山路 148 号　邮政编码 310007）
	（网址：http://www.zjupress.com）
排　版	杭州晨特广告有限公司
印　刷	杭州捷派印务有限公司
开　本	787mm×1092mm　1/16
印　张	11.5
字　数	268 千
版 印 次	2025 年 3 月第 1 版　2025 年 3 月第 1 次印刷
书　号	ISBN 978-7-308-26064-0
定　价	45.00 元

前　言

20 世纪 70 年代以来,市场和政府之外的非营利组织迅速崛起,在各国的社会事务治理中发挥越来越重要的作用。党的二十大报告提出,"引导、支持有意愿有能力的企业、社会组织和个人积极参与公益慈善事业"[①],为我国非营利组织在公益慈善领域的参与提供了明确的政策导向。

本教材是浙江省本科一流课程"非营利组织管理"的配套教材,浙江省哲学社会科学规划青年课题(24NDQN104YB)的阶段性建设成果。"非营利组织管理"是一门学科基础平台课,致力于提升学生投身公益慈善事业的热情、知识与能力。课程将人才培养、国家战略和社会需求紧密结合,始终秉持"学生中心、问题导向、持续改进"的教育理念,不断优化"讲授与互动结合、线上与线下融合、理论与实践耦合"的教学方法。经过多年积累,课程在人才培养和课程建设方面都取得了一定的成效。

本教材内容安排以非营利组织管理的外部环境与内部要素为主线,希冀帮助学生理解、洞悉进而掌握非营利组织管理的核心知识与技能。具体而言,教材内容分为基础理论篇和管理实务篇,两篇又细分为十章。基础理论篇侧重于外部视角,包括四章:导论、非营利组织发展的理论基础、国外非营利组织的发展和我国非营利组织的发展;管理实务篇侧重于内部视角,包括六章:非营利组织战略管理、非营利组织项目管理、非营利组织营销管理、非营利组织人力资源管理、非营利组织财务管理和非营利组织危机管理。

本教材注重理论与实践的结合,不仅提供纲举目张的理论知识,还辅以案例分析和问题讨论。本教材的语言表达力求简明易懂,将核心理论和最新研究成果以易于理解的方式呈现。本教材的使用对象主要为高等院校公共事业管理专业及其他相关专业的本科生。此外,本教材对实际从事非营利组织管理的工作人员和相关领域的研究人员也有一定的参考价值。

教材编写团队成员在资料搜集和内容编撰上付出了辛勤的努力。本教材的编写分工

---

① 习近平. 高举中国特色社会主义伟大旗帜 为全面建设社会主义现代化国家而团结奋斗:在中国共产党第二十次全国代表大会上的报告[N]. 人民日报,2022-10-26(1).

如下：任佳萍编写了第一、二、三、四、六、九章，陶芳铭编写了第五、八章，孟莹编写了第七、十章，周朝成统筹指导了编写工作。在编写过程中，团队成员广泛参阅了国内外关于非营利组织及其管理的经典著作、教材和相关文献，并从中借鉴了许多宝贵的观点与资料，在此一并致以诚挚的谢意。

鉴于非营利组织管理的理论与实践还在持续演进中，加之编者能力所限，本教材难免存在一些疏漏之处，欢迎并感谢读者的批评与建议。

编　者

2025 年 1 月

目　　录

第一篇　基础理论篇

第一章　导论 ………………………………………………………………… 3

第一节　非营利组织的定义与特征 …………………………………… 4

第二节　非营利组织的功能与分类 …………………………………… 7

第三节　非营利组织管理的定义与内容 ……………………………… 13

第二章　非营利组织发展的理论基础 …………………………………… 18

第一节　治理与善治理论 ……………………………………………… 19

第二节　市场失灵、政府失灵、契约失灵和志愿失灵理论 ………… 21

第三节　自治组织和社会资本理论 …………………………………… 25

第三章　国外非营利组织的发展 ………………………………………… 29

第一节　国外非营利组织的产生与发展 ……………………………… 30

第二节　国外主要国家的非营利组织发展概况 ……………………… 32

第三节　国际非政府组织发展概况 …………………………………… 36

第四章　我国非营利组织的发展 ………………………………………… 43

第一节　我国非营利组织的起源与发展 ……………………………… 44

第二节　我国非营利组织的法律法规与制度框架 …………………… 49

第三节　我国非营利组织发展的挑战与趋势 ………………………… 52

第二篇　管理实务篇

第五章　非营利组织战略管理 …………………………………………… 61

第一节　非营利组织战略管理概述 …………………………………… 63

第二节　非营利组织战略分析 ………………………………………… 65

　　　第三节　非营利组织战略规划 ·· 69

　　　第四节　非营利组织战略实施 ·· 70

　　　第五节　非营利组织战略评价 ·· 72

第六章　非营利组织项目管理 ··· 77

　　　第一节　非营利组织项目管理概述 ·· 78

　　　第二节　非营利组织项目的设计与申请 ·· 79

　　　第三节　非营利组织项目的实施与管理 ·· 86

第七章　非营利组织营销管理 ··· 95

　　　第一节　非营利组织营销管理概述 ·· 97

　　　第二节　非营利组织营销策略 ··· 98

　　　第三节　非营利组织营销管理的步骤与任务 ····································· 106

第八章　非营利组织人力资源管理 ·· 116

　　　第一节　非营利组织人力资源管理概述 ··· 117

　　　第二节　非营利组织人力资源管理的模块 ·· 119

　　　第三节　非营利组织志愿者管理 ·· 125

第九章　非营利组织财务管理 ··· 135

　　　第一节　非营利组织财务管理概述 ··· 136

　　　第二节　非营利组织财务管理的基本内容 ·· 140

　　　第三节　非营利组织收入与支出管理 ·· 145

　　　第四节　非营利组织筹款管理 ·· 148

第十章　非营利组织危机管理 ··· 159

　　　第一节　非营利组织危机管理概述 ··· 160

　　　第二节　非营利组织危机管理的过程与任务 ····································· 165

　　　第三节　非营利组织危机沟通 ·· 168

参考文献 ··· 175

基础理论篇 / 第一篇

第一章 导论

▶▶ 知识导图

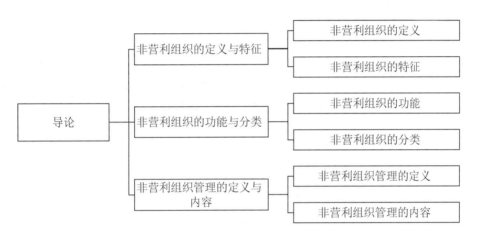

▶▶ 案例导入

中国青年志愿者协会概况

中国青年志愿者协会(Chinese Young Volunteers Association)成立于1994年,是共青团中央主管的,由青年志愿者组织和个人自愿结成的,全国性、专业性、非营利性社会组织。

中国青年志愿者协会的业务范围包括以下七个方面:(1)加强思想政治引领,践行社会主义核心价值观,弘扬良好道德风尚,促进社会文明进步和和谐社会建设;(2)建立健全青年志愿服务体系,推进诚信建设和志愿服务制度化;(3)培养青年责任意识、规则意识、奉献意识,促进青年全面发展,培养社会主义建设者和接班人;(4)组织青年围绕扶贫、环保、济困、扶老、救孤、恤病、助残、救灾、助医、助学、应急救援、大型赛会等领域开展志愿服务;(5)规划、组织青年志愿服务活动,协调全国各地、各类青年志愿者组织开展工作;(6)依法依规开展海外志愿服务活动,与海内外志愿者组织、团体加强交流;(7)开展符合协会宗旨的其他活动。

中国青年志愿者协会章程

中国青年志愿者协会的单位会员主要为各级地方青年志愿者协会、高校青年志愿服务组织、基层青年志愿服务组织、企业和行业类青年志愿服务组织、基金会、互联网平台等,共478个;其中,36个省级青年志愿者协会为席位单位常务理事,15个副省级城市青年志愿者协会为席位单位理事,地市、区县级青年志愿者协会共87个,高校青年志愿者组织共132个。个人会员主要为优秀青年志愿者、青年志愿服务工作者、志愿服务相关领域的专家学者、法律工作者、媒体从业人士、与志愿服务关系密切的企业界人士、基金会负责人等,共478人。

资料来源:根据中国青年志愿者协会官网相关资料编写而成。

讨论题:中国青年志愿者协会是一个什么样的组织? 它有什么特点?

第一节　非营利组织的定义与特征

20世纪70年代以来,一场"结社革命"席卷全球,市场和政府之外的非营利组织得到空前发展,在人们的社会生活中发挥了不可替代的作用。正如管理大师彼得·德鲁克(Peter Drucker)所说:"20世纪是市场经济的世纪,21世纪则是社会部门的世纪。"

一、非营利组织的定义

由于历史传统、文化背景、观察角度等因素不同,国际上对非营利组织(non-profit organization)有不同的称谓,常见的包括"非政府组织"(non-government organization)、"慈善组织"(charitable sector)、"第三部门"(third sector)、"独立部门"(independent sector)等。在中国也有"社会组织""民间组织"等称谓。总体而言,目前尚未就非营利组织概念的界定达成完全共识性的观点,以下几种定义较具有代表性。

部分国家在法律上进行了一些规定,如《美国联邦税法典》做了以下界定:非营利组织本质上是一种组织,其净盈余的分配,包括给任何监督与经营该组织的个人的报酬,都受到限制。该法第501条还列出了非营利组织必须遵守的三大条件:(1)该组织的运作目标完全是为了从事慈善性、教育性、宗教性和科学性事业,或者是达到该税法明文规定的其他目的;(2)该组织的净收入不能用于使私人受惠;(3)该组织所从事的主要活动不是为了影响立法也不干预公开选举。

"三部门"理论认为,现代社会存在三类组织:一是政府组织;二是企业或营利组织;三是非营利组织。在此意义上非营利组织可定义为既非政府组织,又非企业的第三部门。从目的、主要收入来源、盈余分配三个维度比较政府组织、企业和非营利组织(见表1-1),可深化对非营利组织的理解。

表1-1　政府组织、企业和非营利组织的比较

部门	目的	主要收入来源	盈余分配
政府组织	非营利、从公共利益出发	税收	不分配盈余,用于社会福利
企业	营利	以市场价格销售的收入	分红

部门	目的	主要收入来源	盈余分配
非营利组织	非营利、谋求社会福利	成员交纳的会费、支持者的捐赠、政府补贴	不分配盈余,用于未来事业

美国学者沃尔夫·托马斯(Wolf Thomas)曾对非营利组织进行描述性定义,即非营利组织是指那些以服务公众为宗旨,不以营利为目的,组织所得不为个人谋取私利,组织自身具有合法的免税资格和提供捐赠者减免税的合法地位的组织。

我国学者王名认为,非营利组织这一概念并非是一个具有明确的内涵和外延的术语,可大致将其定义为不以营利为目的的、主要开展各种志愿性的公益或互益活动的非政府的社会组织。

参考国内外有关非营利组织的界定,结合我国实际,我们认为非营利组织是以提供公共服务和开展公益慈善活动为使命,不以营利为主观目的,组织盈余不分配给内部成员,具有独立性质的非政府社会组织。

二、非营利组织的特征

与非营利组织多样的定义相似,不同学者对非营利组织特征的认识也不尽相同。

美国约翰·霍普金斯大学教授莱斯特·M.萨拉蒙(Lester M. Salamon)概括了非营利组织的五个基本特征:(1)组织性,强调非营利组织应当有正式的规章制度、规范的组织结构和经常性活动,且获得法人身份。(2)民间性,强调非营利组织可以接受政府的资助,但不是政府或其附属机构,没有编制和行政经费。(3)非利润分配性,强调非营利组织在运营中可以产生盈余,但不能在所有者或管理者中进行利润分配。(4)自治性,强调非营利组织拥有不受外部控制的内部管理程序,可以自主处理组织内部的事务。(5)志愿性,强调非营利组织以志愿精神利他主义为驱动力,其实际活动和管理事务都有志愿者参与。

王名教授结合中国特色,将非营利组织的特征归纳为非营利性、非政府性、志愿公益性或互益性三个方面。以下,我们重点介绍王名教授的观点。

(一)非营利性

非营利性是非营利组织的首要特征,也是其区别于企业的根本属性。在市场经济体系中,尽管企业的形态多种多样,但它们普遍追求利润最大化,而不存在纯粹不以营利为目的的企业。具体而言,非营利组织的非营利特征可以进一步划分为以下三个方面。

1. 不以营利为目的

尽管企业对其宗旨的表述不尽相同,但追求利润始终是它们的根本宗旨。与此相对,非营利组织对自身宗旨的表述也多种多样,但它们的根本宗旨都是不以营利为目的。换言之,非营利组织并非旨在通过营利来谋求自身的发展和壮大,而是致力于追求更广泛的社会公共利益,为社会大众或特定群体提供服务和支持。

2. 不能进行盈余的分红

虽然非营利组织在开展经营性活动时可能会产生超出成本的盈余,但这与企业将超出成本的部分作为利润分配给投资者的做法不同,非营利组织不能将其经营盈余作为红利分配给成员,而必须将这些盈余重新投入组织的公益活动和自身发展中。

3. 不得将组织的资产以任何形式转变为私人财产

企业的资产归属于企业所有者,其产权界限应划分清晰。相比之下,非营利组织的资产并不直接归组织或捐赠者所有,而是被视为"公共或互惠资产",属于整个社会。因此,一旦非营利组织解散或破产,其剩余资产不得在成员间分配,而应转交给政府或其他非营利组织。

(二)非政府性

非政府性是非营利组织区别于政府的根本属性。不同于企业,非营利组织和政府都属于社会公共部门,但非营利组织有别于政府,非营利组织不是政府机构或其附属部分,具有非政府性。这种非政府性主要表现在以下三个方面。

1. 独立自主的组织

政府是国家权力的统一体现,其各部门和机构间虽具有一定的独立性,但并非完全独立,以确保政府职能的有效实施。与此同时,非营利组织作为独立自治的社会组织,既不隶属于政府,也不属于企业范畴,它们拥有独立的决策、管理和行动机制。

2. 自下而上的民间组织

政府作为国家政权的组织形式,其基本的构建原则和权力行使方式都是自上而下的,形成了大大小小不同的金字塔结构。与此相对,非营利组织则依赖于广泛的公民参与,通过建立横向的网络联系和依托坚实的民众支持来动员社会资源,构建起自下而上的民间组织结构。

3. 属于竞争性的公共部门

政府作为以政权为基础的公共部门,无论是在资源的获取还是公共产品的供给上,通常都表现出一定的垄断特征。与此相反,非营利组织无法通过政治权力来获取资源或提供服务,只能通过竞争性手段来达成目标。

(三)志愿公益性或互益性

非营利组织具有志愿公益性或互益性的独特属性,其核心动力并非追求利润或权力,而是基于利他主义和互助精神的志愿行动。正如企业代表资本的组织化,政府代表权力的组织化,非营利组织则代表了志愿精神的组织化。非营利组织的志愿公益性或互惠性特征主要在以下三个方面得到体现。

1. 志愿者和社会捐赠是重要的社会资源

企业主要通过资本获取资源,政府主要通过税收集中资源,而非营利组织则主要依赖志愿者支持和社会各界捐赠来获得资源。志愿者是志愿精神的直接体现或人格化,社会捐赠则是志愿精神的货币化或物质化。

2. 活动具有公开性和透明性

企业的运作往往具有内部性或排他性,而政府在开展活动时也可能面临保密和安全方面的挑战。与此不同,非营利组织使用的是公共资源,提供的是公共物品,因此其运行过程和活动开展必须保持透明,向社会公开,并接受社会的监督。

3.提供两种类型竞争性的公共物品

企业提供的是私人物品,政府提供的是具有垄断性的公共物品,而非营利组织则提供具有竞争性的公共物品。这些公共物品大致可以分为两类:一类是面向整个社会中不特定多数成员的"公益性公共物品",如城市绿化;另一类则是面向整个社会中特定成员的"互益性公共物品",如特定行业的互助服务。

第二节　非营利组织的功能与分类

非营利组织在社会发展中扮演着重要的角色,成为推动社会变革和社会福利保障的重要力量。非营利组织以其独特的社会价值和服务方式,吸引着越来越多的公民参与其中,规模上得到了快速扩大,功能也进一步拓展和深化。

一、非营利组织的功能

现代社会中,非营利组织在提供社会服务、参与公共治理、促进社会黏合、制约政府权力、规范市场秩序等方面扮演着重要的角色。

(一)提供社会服务

政府、企业和非营利组织是满足公众需求的三个途径。企业能够有效提供私人物品,但在提供公共物品方面存在所谓的"市场失灵"。政府是提供公共物品的主力军,但政府也有失灵的时候。例如,政府通常只能关注大多数人的需求,对于异质性较强的局部需求无法提供有效的解决方案。

社会组织赋能乡村
振兴与共同富裕

与企业和政府相比,非营利组织在提供公共服务方面具有独特优势。一方面,非营利组织不同于企业以营利为目的,且其存在的基础是良好的社会评价,因而更有可能和动力保证公共服务的质量。另一方面,非营利组织的机制更加灵活且更具有参与性,能够对公共服务需求更快做出反应,更好满足社会的多元化需求。总体而言,相较于企业和政府,非营利组织在提供某些公共产品时具有高效率、低成本、灵活多变的优势。

非营利组织涉及的领域主要包括文化教育、医疗卫生、助老养老、扶贫济困、环境保护、社区服务、残疾人及妇女儿童保护、灾害援助等。非营利组织在一定程度上与政府存在竞争关系,能够倒逼政府提供高质量的公共服务,确保满足公众的需求。

(二)参与公共治理

良好的社会治理需要政府、市场和社会三者通力合作,良性互动。政府有效决策有赖于掌握充分、准确的信息,然而期待政府独自发现全部信息是不现实的。非营利组织通过搜集、汇集信息,并与决策者进行交流,能够协助政府掌握更全面的信息。相比企业,非营利组织更加关注可持续发展目标和弱势群体,非营利组织的参与能够让公共决策更加公正,符合社会的长期利益和整体利益。

非营利组织可在政府和公众间架起一座沟通的桥梁,政府的政策意图可以通过非营利组织传达给公众,公众的期望也可以通过非营利组织及时集中向政府表达,这既有助于提高公共政策的社会认同度和接受度,又有助于减少公共政策的贯彻执行成本和阻力。

(三)促进社会黏合

利他主义是非营利组织的重要伦理基础。非营利组织成员所开展的活动立足于公共利益、道德良知和社会责任感,是不谋取私利的自觉、高尚的行为。非营利组织的这种道德优先性有益于培养人们的人道主义精神、关爱他人和牺牲奉献的美德。

非营利组织是培育公共精神和提高公共素养的"大学校",社会成员在这里通过多样的活动积极投身于公共事务,逐步实现自我管理和自我服务。在此过程中,社会成员的互助意识、集体意识、责任意识、民主意识、公益意识等得到了塑造,他们建立了共同的价值体系和行为准则,愿意为了共同体的利益而努力。

非营利组织凭借其社会属性更易于动员社会资源。其一,通过慈善性、公益性的募捐活动筹集资金,从而调动社会慈善资源,如企业、政府等资源;其二,通过动员和培养志愿者参与志愿服务或互助,激发广大民众参与慈善服务,从而建立志愿服务资源。

(四)制约政府权力

政府权力缺乏制约会导致政府腐败、侵犯公民和法人权利等情况发生。在政府权力面前,分散的个人可以说是不堪一击的,无法有效阻止政府权力过度膨胀,只有组织起来的个体才有可能制约政府权力。非营利组织就是公民组织起来的有力工具,能够构建社会权力,从而对政府权力形成制约。

具体而言,非营利组织主要通过批评、监督政策,及时反馈社会民意,提高公众意识,促进政府的民主化和制度化进程。与此同时,非营利组织作为独立的社会组织,具有自主性和公信力,能够在其职能范围内利用媒体、宣传、举行游行示威等方式呈现民意,制约和监督政府的权力滥用行为。

总之,只有多元化的社会力量存在,才能构成维持法治与民主的社会基石,才能避免权力过度集中带来的种种问题。

(五)规范市场秩序

随着市场经济发展,市场的自由竞争可能会导致某些企业或行业滥用权力,影响公平竞争,制约公共利益。例如,市场中的利润和功利原则,容易带来拜金主义、利己主义和过度个人主义。市场经济运行中出现的恶意垄断、欺诈行为、破坏环境、损害工人权益等现象,破坏了市场的道德性。

非营利组织可在规范市场秩序,促进市场经济良性发展中发挥积极作用。非营利组织可以通过批评、监督、举报、曝光等方式制约市场的不当行为,保护消费者和公众利益。同时,非营利组织能够向公众提供独立的信息和服务,增强消费者的议价能力和监督能力。此外,非营利组织还能够通过依法申诉和举报来维护消费者和公众的权益,规范市场秩序。例如,劳工组织可以通过集体谈判、罢工、诉讼等方式来制衡企业的权力。而消费者权益组织则可以通过提高消费者权益意识、提供法律援助和舆论压力等手段来打击不良企业、反对欺行霸市的行为、推动企业履行社会责任。

二、非营利组织的分类

(一)国际分类

国际上,联合国国际标准产业分类体系(the UN international standard industrial classification system)将非营利组织分为三个大类、十五个小类。三个大类分别指教育、医疗和社会工作、社会和个人服务。其中,教育可进一步细分为小学教育、中学教育、大学教育、成人教育及其他;医疗和社会工作可进一步细分为医疗保健、兽医、社会工作;社会和个人服务可进一步细分为环境卫生、商会与专业组织、工会、其他会员组织、娱乐机构、新闻机构、图书馆和博物馆及文化机构、运动与休闲。

世界银行将非营利组织划分为运作型非营利组织和倡导型非营利组织两类。其中运作型非营利组织负责设计实施社会发展相关项目,可进一步分为面向救助和面向发展两类。例如,一些公益性组织会搭建帮助困难家庭、扶贫济困等项目以推动救助工作的开展;而面向发展的组织着重关注科技、教育、文化等发展领域,以建设更加和谐、富裕和文明的社会为目标。倡导型非营利组织主要针对特定问题、观点和兴趣进行政策倡议或者推动倡议活动,以促进某一目标的实现。例如,人权组织、公民组织等号召公民团结起来,共同维护社会和谐稳定,保障公民权益。

不同国家和地区也对非营利组织进行了不同的划分。例如,美国慈善统计协会曾制定国家免税组织分类标准(National Taxonomy of Exempt Entities),将各类非营利组织按照活动性质分为教育、健康、精神保健、疾病援助、医学研究、犯罪与法律、就业、食品与营养、住房与收容、公共安全与灾难防御、休闲与运动、青少年发展、人力资源服务、文化艺术、环境保护、动物保护、国际问题、民权促进、社区改造、慈善事业、自然科学研究、人文科学研究、宗教服务、互益服务和其他公益活动等二十五类。日本主要通过立法,将非营利组织划分为特定公益法人、特定非营利活动法人、公益社团法人和公益财团法人、一般社团法人和一般财团法人四类。

美国学者萨拉蒙主持的非营利组织国际分类(international classification of nonprofit organizations)研究项目,将非营利组织划分为十二个大类,部分大类又可分为多个小类(见表1-2)。这也是国际上较为流行的非营利组织分类方法。

表 1-2　非营利组织分类

序号	大类	小类
1	文化与休闲	文化与艺术、休闲、服务型俱乐部
2	教育与科学研究	中小学教育、高等教育、其他教育、研究
3	卫生	医院与康复、诊断、精神卫生与危机防范、其他保健服务
4	社会服务	社会服务、紧急情况救助、社会救助
5	环境	环境保护、动物保护
6	发展与住房	经济、社会和社区发展、住房、就业与职业培训
7	法律、宣传与政治	公民和倡导性组织、诉讼和法律服务组织、政治组织
8	慈善组织与志愿行为组织	
9	国际性组织	
10	宗教活动和组织	
11	商会、职业协会、工会	
12	其他	

资料来源：王智慧.非营利组织管理[M].北京:北京大学出版社,2012:6.

(二)我国非营利组织的分类

我国主要存在四种非营利组织分类方式,即按法律地位分类、按组织体制分类、按组织特征分类和按组织性质分类。

1.按法律地位分类

我国尚未有特定的非营利组织相关法律,但《中华人民共和国公益事业捐赠法》《社会团体登记管理条例》《基金会管理条例》《民办非企业单位登记管理暂行条例》等相关法律法规都对非营利组织进行了规范。总体而言,我国相关法律法规将非营利组织划分为法定非营利组织、草根非营利组织和转型中的非营利组织三类(见表 1-3)。

表 1-3　我国非营利组织的法律地位分类

序号	大类	小类
1	法定非营利组织	社会团体、基金会、社会服务机构
2	草根非营利组织	在工商登记的非营利组织、无法人地位的单位下属组织、社区公益性组织、农村经济合作组织
3	转型中的非营利组织	转型中的事业单位、业主委员会、村民委员会、居民委员会、网上社团

资料来源：程昔武.非营利组织治理机制研究[M].北京:中国人民大学出版社,2008:35-37.

法定非营利组织是指经政府认可,获得明确法律承认的社会组织,主要包括社会团体、基金会和社会服务机构三类。① 草根非营利组织是指未经正式认可、民间自发形成的社会组织。尽管草根非营利组织尚未在程序上获得正式认可，但它们在社会公益事业中仍然发挥着不可或缺的作用。转型中的非营利组织是指那些正在向非营利组织转变或已展现出非营利特性的社会组织，这类组织以转型中的事业单位最为典型。

2.按组织体制分类

依据组织体制不同，我国非营利组织可分为会员制和非会员制两类。会员制非营利组织一般为互助性组织，如行业协会、工会等，其建立目的主要是维护共同利益或者追求共同爱好。非会员制非营利组织主要属于公益组织，主要包括基金型组织和实体型组织。王名教授曾提出过按照组织体制不同对非营利组织进行分类的观点（见图1-1）。

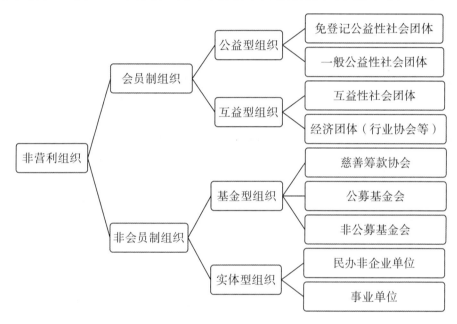

图 1-1　我国非营利组织的组织体制分类

资料来源：王名.非营利组织管理概论[M].北京：中国人民大学出版社，2010：10-11.

3.按照组织特征分类

依据组织特征不同，我国非营利组织大致可分为九个大类，每个大类下又包含多个小类（见表1-4）。其中，同业组织是指同一行业内的专业性协会，它们没有法律授予的管理权力，但对本行业的运作和活动仍有一定的指导和影响力。行业管理组织大多数是社会转轨期间的产物，由政府行政管理组织或具有权威性的行业管理组织演变而来，具备准行政组织的属性。慈善机构的主要作用是进行社会救济。学术团体是学者的同行组织。社区组织是从事社区性的管理和服务工作的组织。职业性利益团体是为维护特定群体的职

① 2016年9月1日开始实施的《中华人民共和国慈善法》用"社会服务机构"代替了"民办非企业单位"。本书亦用"社会服务机构"这一称谓，但在涉及特殊情况，如法律规定时，依旧采用"民办非企业单位"这一称谓。

业利益而组成的组织。公民的互助组织是公民为捍卫自身利益而自愿组成的互助性组织。兴趣组织则是公民因各种业余爱好而组成的组织。非营利性咨询服务组织包含了绝大多数社会服务机构。

表 1-4 我国非营利组织的组织特征分类

序号	大类	小类
1	同业组织	商会、制造业协会、物资供销协会等
2	行业管理组织	中国轻工业协会、中国纺织总会等
3	慈善机构	红十字会、慈善总会、残疾人联合会等
4	学术团体	中国社会工作联合会、中国化学学会等
5	社区组织	村民委员会、居民委员会、社区的治安委员会等
6	职业性利益团体	教师协会、律师协会等
7	公民的互助组织	农村的互助会、合作社、救助中心等
8	兴趣组织	诗社、剧社等
9	非营利性咨询服务组织	大量民办非企业单位(社会服务机构)都属于此类非营利组织

资料来源:王智慧.非营利组织管理[M].北京:北京大学出版社,2012:10.

4.按照组织性质分类

根据组织性质不同,我国的非营利组织可分为动员资源型、公益服务型、社会协调型和智库型四类。

动员资源型非营利组织通过动员捐赠等社会资源来实现自身的生存和发展。这类组织数量不多,但具有较高的社会公信力和专业化程度。同时,这类组织的界限不太清晰。动员资源型非营利组织主要包括一些专业筹款的基金会和社会团体、一些专门开展资助活动的基金会和社会团体、一些志愿团体和社会服务机构等。

公益服务型非营利组织数量庞大、分布广泛,主要致力于为社会大众提供公益服务、谋求社会价值。公益服务型非营利组织存在于公共卫生、慈善救助、环境保护、文化教育、科学研究等领域,是政府公共服务的有益补充。

社会协调型非营利组织在维护合法权益、协调社会关系方面具有重要作用,主要包括村委会、居委会、商会、行业协会、联谊会和消费者协会等。这类组织数量庞大,种类较多,且具有较强的稳定性。

智库型非营利组织是专门从事相关政策研究并影响政策制定、实施和终结等过程的社会组织。智库型非营利组织数量不多但影响巨大,有明确的主张,并且影响政策制定过程。

本教材根据民政部的规划将非营利组织分为社会团体、基金会和社会服务机构三类。

《社会团体登记管理条例》第二条规定:"本条例所称社会团体是指中国公民自愿组成,为实现会员共同意愿,按照其章程开展活动的非营利性社会组织。"社会团体是以一定的社会关系为基础的会员制组织。社会团体的会员分为个人会员和单位会员。我国民政部门将社会团体分为行业性、学术性、专业性和联合性等类型。在非营利组织中，除了基金会以外，所有以"会"字为名的组织（如协会、联合会、研究会、学会、联谊会等）都属于社会团体的范畴。

1. 社会团体登记管理条例

2. 基金会管理条例

3 社会组织登记管理条例（草案征求意见稿）

《基金会管理条例》第二条规定："本条例所称基金会，是指利用自然人、法人或者其他组织捐赠的财产，以从事公益事业为目的，按照本条例的规定成立的非营利性法人。"按照能否向公众募捐，基金会可划分为面向公众募捐的公募基金会和不得面向公众募捐的非公募基金会。按照募集资金的地域范围，基金会可划分为全国性基金会和地方性基金会。

《民办非企业单位登记管理暂行条例》第二条规定："本条例所称民办非企业单位，是指企事业单位、社会团体和其他社会力量以及公民个人利用非国有资产举办的从事非营利性社会服务活动的社会组织。"2016 年 9 月 1 日起施行的《中华人民共和国慈善法》将"民办非企业单位"的名称修改为"社会服务机构"。《社会组织登记管理条例（草案征求意见稿）》第二条规定："社会服务机构是指自然人、法人或者其他组织为了公益目的，利用非国有资产捐助举办，按照其章程提供社会服务的非营利法人。"

第三节　非营利组织管理的定义与内容

非营利组织管理是相对于政府管理和企业管理而言的，非营利组织管理有其特殊性，因此有必要厘清非营利组织管理的定义与内容。

一、非营利组织管理的定义

非营利组织管理的定义有广义和狭义两种。广义的非营利组织管理是指对非营利组织主体所进行的管理，包括政府、企业等主体对非营利组织的外部管理以及非营利组织主体对自身的内部管理。狭义的非营利组织管理则专指非营利组织主体对自身的管理，更加关注非营利组织本身的运营及管理实践。

在社会发展进程中，非营利组织正发挥着日益关键的作用。非营利组织管理有其特殊性和复杂性，需要从多个层面进行细致、全面的探究。因此，本教材采用广义的非营利组织管理概念，全面探讨从宏观到微观的非营利组织管理各个方面，包括政府、企业等外部力量对非营利组织的管理，以及非营利组织在自我管理方面的规范。

就管理的基本职能而言，非营利组织管理与营利组织管理之间并没有太多本质上的区别。非营利组织的管理职能同样涵盖计划、组织、领导和控制。具体而言，非营利组织的计划职能涉及明确组织目标或宗旨，制定实现这些目标或宗旨的战略，制定协调资源的行动方案。非营利组织的组织职能包括确定任务或项目，明确责任人以及建立工作分工和层级机构。非营利组织的领导职能涉及激励员工、指导工作、促进沟通、协调冲突等。

非营利组织的控制职能包括监控组织绩效、评估绩效与目标之间的偏差,并采取必要的纠偏措施等。

非营利组织管理与政府管理都涉及对公共事务的管理。营利组织管理的核心是对组织自身的管理,目的在于追求组织自身的利益最大化,是基于私人权利的管理。政府组织的管理着眼于整个社会的福祉并包含自身的管理,是基于公共权力的管理,旨在实现公共利益的最大化。非营利组织则专注于服务其组织目标所涉及的各方利益相关者,虽然也是基于私人权利的管理,但其目标是追求公共利益或局部的公共利益。非营利组织的使命通常具有公共属性,它们通过自组织的方式积极参与公共事务,并获得了与政府相似的解决公共问题的能力,从而获得公共管理主体地位。

二、非营利组织管理的内容

非营利组织管理是对非营利组织主体所进行的管理,其内容随着时代进步与社会发展而持续变化和扩展。以下,简要介绍本教材十章的内容。

(一)导论

本章重点介绍非营利组织的定义与特征、功能与分类,以及非营利组织管理的定义与内容。本章首先介绍了非营利组织的基本概念和独特属性;其次探讨了非营利组织的多元功能和多种分类方法;最后阐释了非营利组织管理的定义,并说明了非营利组织管理的主要内容。

(二)非营利组织发展的理论基础

作为一类特殊的社会组织形式,非营利组织的理论基础主要包括治理与善治理论、市场失灵理论、政府失灵理论、契约失灵理论、志愿失灵理论、自治组织理论和社会资本理论等。

(三)国外非营利组织的发展

本章内容涵盖国外非营利组织的产生与发展、国外主要国家的非营利组织发展概况及国际非政府组织发展概况。国外非营利组织的产生与发展部分梳理了非营利组织在第一次世界大战之前、第一次世界大战到第二次世界大战之间、第二次世界大战结束至1971年,以及1972年之后的发展情况。国外主要国家的非营利组织发展概况部分分析了英国、美国、德国、日本、印度等国家的非营利组织发展概况。国际非政府组织发展概况部分先分析了国际非营利组织的定义和分类,随后重点介绍了红十字国际委员会、世界自然基金会和绿色和平组织等具有代表性的国际非政府组织。

(四)我国非营利组织的发展

本章重点介绍我国非营利组织的起源与发展、我国非营利组织的法律法规与制度框架、我国非营利组织发展的挑战与趋势。本章首先回顾了我国非营利组织的起源,追溯了我国非营利组织在近现代的发展大致经历的三个阶段;其次介绍了我国非营利组织的现行法律法规和我国非营利组织法律的基本内容;最后分析了我国非营利组织发展的挑战和未来趋势。

（五）非营利组织战略管理

本章内容主要聚焦非营利组织战略管理,包括非营利组织战略管理概述、非营利组织战略分析、非营利组织战略规划、非营利组织战略实施和非营利组织战略评价五个部分。第一部分概述了非营利组织战略管理的基本定义和特殊性。第二部分介绍了非营利组织战略分析中的组织分析、内外部环境分析、战略管理分析工具以及常用的战略。第三部分讲解了非营利组织战略规划的基本框架和基本流程。第四部分阐明了非营利组织战略实施的原则和要点。第五部分说明了非营利组织战略评价的分类、框架和内容。

（六）非营利组织项目管理

本章内容涵盖非营利组织项目管理概述、非营利组织项目的设计与申请、非营利组织项目的实施与管理。非营利组织项目管理概述部分主要介绍了非营利组织项目管理的含义和原则。非营利组织项目的设计与申请部分主要探讨了非营利组织项目设计、非营利组织项目可行性分析、非营利组织项目计划书编制和非营利组织项目申请。非营利组织项目的实施与管理部分主要展示非营利组织项目的启动、计划、执行、控制和评估五个环节的内容。

（七）非营利组织营销管理

本章内容重点介绍了非营利组织营销概述、非营利组织营销策略和非营利组织营销管理的步骤与任务。本章首先分析了非营利组织营销管理的含义和特点;其次探讨了非营利组织营销的产品策略、价格策略、渠道策略和推广策略;最后展现了非营利组织营销管理的环境分析、确定营销策略、执行策略和营销控制四大步骤与任务。

（八）非营利组织人力资源管理

本章内容主要聚焦非营利组织人力资源管理概述、非营利组织人力资源管理的模块和非营利组织志愿者管理。非营利组织人力资源管理概述部分讲解了非营利组织人力资源管理的概念和特点。非营利组织人力资源管理的模块部分介绍了非营利组织人力资源规划、非营利组织工作分析、非营利组织员工的招募与录用、非营利组织员工的培训与开发、非营利组织绩效评价、非营利组织薪资和福利管理六大模块。非营利组织志愿者管理部分分析了非营利组织志愿者管理的内涵、非营利组织志愿者管理的独特性、非营利组织志愿者管理模式和非营利组织志愿者激励方式。

（九）非营利组织财务管理

本章内容涵盖非营利组织财务管理概述、非营利组织财务管理的基本内容、非营利组织收入与支出管理和非营利组织筹款管理四个部分。第一部分概述了非营利组织财务管理的含义、特点、功能和目标。第二部分分析了非营利组织财务管理的会计、财务分析和财务预算三大基本内容。第三部分探讨了非营利组织的收入管理和非营利组织的支出管理。第四部分阐明了非营利组织筹款管理的目标、方法和非营利组织筹款管理的过程。

（十）非营利组织危机管理

本章重点分析非营利组织危机管理概述、非营利组织危机管理的过程与任务、非营利组织危机沟通。本章首先介绍了非营利组织危机管理的含义、非营利组织危机的类型、非营利组织危机管理的原则和目标;其次介绍了非营利组织危机预防、处理和善后;最后介绍了非营利组织危机沟通的基本步骤和建立非营利组织危机管理媒体协调系统。

▶▶ **复习思考题**

1. 简述非营利组织的内涵及主要特征。
2. 非营利组织的分类方法主要有哪些?
3. 在现实社会中,非营利组织该如何发挥好制约政府权力的功能?
4. 非营利组织管理的主要内容有哪些?

▶▶ **案例分析题**

案例一　非营利组织"太阳村"救助服刑人员未成年子女

无人照管的服刑人员的未成年子女是一类特殊群体,他们由于不属于孤残而难以得到相应资助,同时又因父母的犯罪背景而受到社会偏见,在生存、受教育、心理健康等方面遇到挑战。

"太阳村"是张淑琴女士于2000年发起的非营利组织,旨在通过对无人抚养的服刑人员未成年子女实施代管代教的救助方式,为其提供生活保障和基本教育。

"太阳村"救助的孩子主要有三个来源:一是全国各地监狱的警务人员联络"太阳村";二是家中有未成年孩子的服刑人员直接联络"太阳村";三是孩子所在地村委会、社区、居委会等联络"太阳村"。

"太阳村"的救助经费主要来自社会爱心人士捐助、农场果蔬种植经营、向相关政府部门和基金会申请的资助等。"太阳村"救助的孩子住在集体宿舍,吃在食堂,饮食起居由工作人员专门负责。"太阳村"还会组织孩子们到附近的学校上学,接受义务教育。义务教育结束后,孩子们主要有两种去向:一种是由"太阳村"资助孩子回原籍上高中参加高考;另一种是进入职业技术学校或培训机构学习以便为就业做准备。

"太阳树"自成立以来,社会对其运营战略与模式可谓褒贬不一。正面的评价主要包括:该组织为服刑人员家庭的孩子提供了接受教育、拥抱温馨大家庭和回馈社会的机会;该组织传递了正能量,吸引了更多公益组织和志愿者投身其中;该组织避免了孩子提前踏入社会的安全隐患,维护了社会稳定。负面评价也存在,主要包括财务不够公开透明,孩子的生活和受教育环境有待改进,工作人员的素质和水平有待提升,志愿者管理有待完善等。

资料来源:赵景华,于鹏.公共管理教学案例精选[M].北京:北京大学出版社,2019:168-173.

讨论题:"太阳村"的出现有哪些社会背景和现实意义?

案例二 非营利组织在贵州省森林火灾管理中的作用

贵州省作为我国南方重要生态屏障,森林覆盖率达 61.51%,但受喀斯特地貌及气候影响,森林火灾防控形势严峻。贵州省构建的以"党委领导、政府主导、多方协同"为核心的森林防灭火体系虽初见成效,但仍面临四重挑战:一是人为火源管控薄弱,农事用火、祭祀焚烧等违规行为屡禁不止;二是基层防火力量不足,专职消防队伍建设和财政保障存在缺口;三是应急响应功能受限,存在预案不完善、装备短缺及指挥协调不畅等问题;四是社会参与机制缺失,公众防火意识及志愿服务体系尚未健全。针对治理盲区,非营利组织可凭借独特优势,成为政府与社会之间的桥梁,在森林火灾管理中发挥作用。

A 市地处黔东南,随着生态文明建设推进,森林面积持续增长,火灾风险也同步攀升。2017 年,A 市生态环保协会应运而生。A 市生态环保协会探索社会力量参与森林防火的新模式,已初步形成了四大实践路径:一是构建乡村防火网络,设立 20 个乡镇防火工作站和 100 支村级志愿服务队;二是创新宣教方式,通过山歌、快板等农民喜闻乐见的活动传播防火知识;三是强化火源动态管控,动员群众发现并消除野外火源隐患,在清明节等重点时段组织志愿者在景区宣传文明祭祀;四是助力灾后重建,筹集资金和物资,组织专业志愿者帮助受灾群众。同时,A 市生态环保协会也面临一些发展困境,包括:成员多为兼职,存在管理制度松散、财务透明度不足等治理短板;缺乏系统培训和先进装备,应对复杂火情能力受限;与政府间的协作机制需进一步畅通;社会资源动员能力不足,捐赠渠道和志愿者队伍的稳定性有待提升。

资料来源:王潇,李芹,孙青阳.非营利组织在灾害管理中的角色定位研究:基于贵州省森林火灾的案例分析[J].今日消防,2024,9(11):136-138.

讨论题:请结合 A 市生态环保协会的实践案例,分析非营利组织在森林火灾管理中的功能定位与作用路径。

第二章　非营利组织发展的理论基础

▶▶ **知识导图**

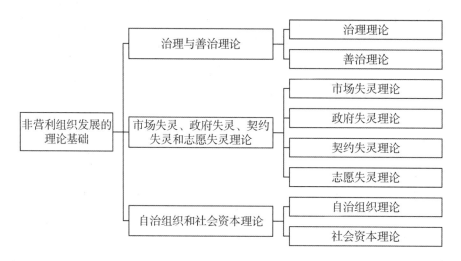

▶▶ **案例导入**

爱有戏参与成都市水井坊街道社区治理

成都市锦江区水井坊街道办事处成立于 2001 年 11 月 22 日,管辖着整个水井坊辖区。由于旧城改造和兰桂坊等大型单位入驻,水井坊街道面临从传统向现代转型,浓厚的文化氛围和现代化的社区建设在此碰撞。在此过程中,社区自治工作面临多重困难,包括人口老龄化、贫富分化加剧、人际关系疏离、社区公共平台缺乏、社区认同感不足等。

引入优秀非营利组织协力治理已成为社区走向自治的重要方式。爱有戏成立于 2009 年,是在民政局注册的公益性社会组织。2011 年 4 月,爱有戏在水井坊街道的支持下,开始帮助该社区构建以义仓文化为核心的参与式互助体系。参与式互助体系由义仓、义集、义坊三部分组成,三者相辅相成,并在此基础上,设计了"义学"和"义网"两个拓展项目,形成了水井坊街道独具特色的"五义文化"。

社会组织参与城市
社区治理的探索

义仓是一个由爱有戏发起的爱心仓库,旨在通过社区居民的小额物资捐赠,帮助困难家庭。

义集是一个旨在搭建以互助和公益为主题的二手物资交易市场的定期集市,帮助居民更高效地匹配和使用二手物资。

义坊是一个政府支持的经济支持平台,通过在公共场地搭建小商品买卖摊位,为困难家庭提供稳定的生计来源。爱心股东不仅提供启动资金,还提供经营项目和技术支持。

义学由"义学苑""友邻学院"和"道德讲堂"组成,在"义中心"平台开展"义文化"教育,传播"平等、尊重、利他、互助"的价值观,服务社区居民、青少年和企业。

义网综合运用现代信息技术,构建了三大信息平台,即"政务服务信息""社区服务信息"和"社区管理信息",为街道(社区)的社会管理和公共服务提供高效、现代化、便捷的保障手段,并满足辖区居民的信息化服务需求。

爱有戏推行互助体系以来,水井坊街道内的许多问题得到了解决,社区居民参与热情高涨,社区困难群众增收现象明显,"邻里互帮互助、人人互惠互利、社区共谋建设"的互助思想深入人心,社区居民的幸福感和获得感明显增强。

资料来源:马珂,谢小芹.公共管理案例解析[M].北京:社会科学文献出版社,2019:178-197.

讨论题:为什么要引进非营利组织爱有戏助力社区自治工作?

第一节　治理与善治理论

一、治理理论

治理是"governance"的译文,源于拉丁文和古希腊语,原意是控制、引导、操纵。"统治"(government)是一个常与"治理"交叉使用的概念。两者虽然看起来很相似,但它们的实际含义却大不相同:一方面,两者的主体不同,统治的主体必定是社会公共机构,而治理的主体同时包括公共机构和私人机构;另一方面,两者所凭借的权力运行向度不同,统治的权力运行方向是自上而下的,是运用政府的政治权威,对社会公共事务进行单向管理,而治理则是一个上下互动的管理过程,强调合作、协商。

1989年,世界银行首次提出"治理危机"的概念,"治理"一词此后被广泛用于政治发展研究中。关于治理的定义,本教材采用1995年联合国全球治理委员会(Commission on Global Governance)在《我们的全球伙伴关系》中的界定:治理是各种公共的或者私人的个人和机构管理他们共同事务的众多方式的总和。它是一个持续的过程,通过这个过程,相互冲突的或不同的利益得到协调并且联合起来共同采取行动。治理一般具备以下四个要素。

第一,多元化的治理主体。治理的主体包括政府代表的公共部门,也包括非营利组织、企业等私人部门以及个人。

第二,共同的管理目标。各个主体存在相同的目标。

第三,多元化的管理方式。治理存在参与、协商、政府购买、合同外包、伙伴合作等多种管理方式,而不仅限于政府的行政命令。

第四,非控制性的行为规范。治理主体之间的行为规范不是依靠政府权威开展的控制和支配,而是各主体之间通过非强制力(信任)开展的合作与协作。

治理在一定程度上可以弥补政府和市场的不足,但治理也存在失效问题。治理无法取代国家享有政治强制力,也不能像市场机制那样自发对大多数资源进行有效配置。在此情况下,如何克服治理失效问题成为学者必须直接面对的问题。在各种可能的观点中,有效治理或善治理论成为有影响力的一种观点。

二、善治理论

自国家和政府形成以来,"善政"一直是人们理想的政治管理模式。善政的要素一般包括严明的法度、清廉的官员、较高的行政效率、良好的行政服务等。20世纪90年代后,善政的政治理想逐渐被"善治"所取代。善治是使公共利益最大化的社会管理过程。善治有以下六个基本要素。

(一)合法性

合法性是指社会秩序和权威被广泛认同和自觉遵从的状态。政治学意义上的合法性和法律意义上的合法性不存在直接关系。政治学意义上,只有得到一定群体内心认同和信服的权威与秩序才具有合法性。合法性的大小直接决定了善治的程度,合法性越强,善治程度越高。

(二)透明性

透明性是指政治信息的公开程度。公众有权获取与自身利益相关的政治信息,如法律条款、政策制定过程、立法活动和公共财政支出等。透明性要求这些信息必须通过多种途径及时向公众披露,以便公众能够积极参与到公共决策中,并对公共管理进行有效监督。通常,一个社会的政治信息透明度越高,其善治程度也越高。

(三)责任性

责任性是指人们对自身行为负责任的态度。在公共管理领域,责任性意味着管理人员和机构必须有效履行他们的职责和义务。如果责任性不足或未能履行职责,就意味着失职,反映出责任意识的缺失。公众、公职人员和管理机构的责任性越强,社会实现良好治理的可能性就越大。

(四)法治

法治是指将法律作为公共政治管理的最高原则,要求所有政府官员和公民都必须遵守法律,在法律面前享有平等地位。法治与人治相对,它不仅规范公众的行为,也限制政府的权力。法治是实现良好治理的基本条件,没有完善的法律体系、对法律的尊重以及基于法律的社会程序,就无法实现善治。

（五）回应

回应是指公共管理人员和机构需对公众的需求和诉求给予及时且负责任的反馈，不应无故延迟或忽视。在必要时，他们还应主动定期征询公众意见、解释政策措施、解答公众疑问。公共管理体系的回应度越强，善治的程度通常也越高。

（六）有效

有效是指管理的高效率，主要表现在两个方面：一是管理机构的合理设置、管理流程的科学规范以及管理运作的灵活性强；二是努力减少管理成本，实现资源的最优利用。与效率低下或无效的管理相比，善治理念强调的是高效能的管理。管理的有效性是衡量善治水平的重要指标。

第二节 市场失灵、政府失灵、契约失灵和志愿失灵理论

一、市场失灵理论

市场失灵是指市场机制在不少场合下会导致资源不适当配置，即导致无效率的一种状况。分析市场失灵的原因，需要从公共物品、市场垄断、不完全信息、市场的外部性现象以及贫富分化问题等方面入手。

（一）公共物品

公共物品是指那些任何人都可以自由享用且一个人的使用不会影响其他人使用的物品。公共物品具有以下几个方面的明显特点。

1.非竞争性

公共物品的非竞争性是指一个使用者对该物品的消费，不会降低其他使用者对该物品的消费数量和质量。而在其他类型的物品中，若一个人使用该物品，就会影响其他人使用该物品的数量和质量。这就是典型的竞争性特征。然而，公共物品是非竞争性的，即一个人使用公共物品并不会影响其他人使用该物品。

2.非排他性

公共物品的非排他性是指所有人都可以自由享用该物品，使用该物品的任何一个人不能阻止其他人共同消费这种物品，也不需要付出其他费用。这意味着公共物品无法由某些人排挤别人使用。

3.效用不可分割性

公共物品具有效用的不可分割性是指公共物品是向整个社会或者某个区域整体提供的，而不能将其分割成若干部分，分别归个人或者集团享有。这意味着每个人都只能使用整个公共物品，而无法使用该物品

灯塔是典型的
公共物品

的部分。

4.非营利性

公共物品具有非营利性是指在供应和使用公共物品的过程中,通常不涉及任何个人或组织的经济利益或营利目的。公共物品的供应和使用是基于公共利益的考虑,而不是个人利益的考量。这意味着,公共物品不像私人商品那样可以通过买卖和交易获得利润,而是为公众的利益服务,并让公众免费或以相对低廉的价格使用。

鉴于公共产品存在上述特征,市场可能会出现两个问题:一是由于成本过高,私人或营利组织不愿承担所需成本,从而导致公共产品的供应不足;二是出现"搭便车"现象,人们不愿意为购买公共物品出钱,而期望其他人出钱购买,自己享受同等的使用权。因而,在某种程度上,公共产品就是市场无法有效地供给或市场根本就不能提供的物品。

(二)市场垄断

市场垄断是指某个企业在特定市场上处于支配地位,能够控制产品的供应和定价,且通常能够将价格定得高于边际成本。由于缺少竞争,市场垄断者可能出现只需考虑自身利益,不考虑消费者的需求、偏好和付费能力的情况。市场垄断会导致消费者的利益受损、市场利润分配不合理、市场效率低下、经济增长受阻等情况。

(三)不完全信息

市场经济中可能会出现虚假宣传,即企业在向公众发布广告或销售产品时,使用虚假或误导性的宣传手段来诱骗消费者,使消费者迷失方向、购买不必要的产品或服务,并最终付出更多的成本和价值。虚假宣传的出现是市场经济中信息不对称的体现,即消费者无法掌握商品和服务的完全信息。虚假宣传不仅损害消费者的利益,也破坏企业的声誉和诚信,不利于市场的健康发展。

(四)市场的外部性现象

市场的外部性是指市场交易产生的效应对于交易双方以外产生的影响。具体来说,市场的外部性可能是正面的,如生产企业在生产过程中减少环境污染,从而使其他人的健康状况得到改善和提升;也可能是负面的,如生产企业在生产过程中产生的污染物导致环境恶化,蚕食其他人的健康和幸福。

这些外部性可以通过直接交易变现来引导个人或企业内部化成本或者直接、间接地影响市场价格、质量和供求状况等。市场的外部性很难进行交易,也很难准确定量和准确定义。市场外部性可能导致资源错配等诸多市场失灵问题。

(五)贫富分化问题

市场机制支持具有较高生产力、竞争力和价值创造能力的个人和企业。在市场经济中,有些人因为拥有稀缺的资源或技能而得到高收入,变得很富有;而一些个人由于受教育程度、社会地位等,很难在市场竞争中获得更多的资源和财富。

加之市场依赖于供给和需求的淘汰机制以及资本的积累机制等,不同个体之间的收入和财富差距日益扩大,致使贫富分化问题逐渐凸显。这种分化问题可能导致一些社会问题,如失业、社会矛盾和不稳定等,同时也会抑制市场经济的可持续性和长期增长。

由于市场存在上述失灵问题,我们不仅需要依赖市场,还需要市场之外的资源配置机制来提供支持。

二、政府失灵理论

市场失灵凸显了政府干预的必要性,政府是市场失灵时公共物品的重要供给主体。政府是代表国家管理公共事务的机构,拥有公共权力,能协调社会各种利益关系,确保社会公平。政府体制在一定程度上弥补了市场体制的缺陷,从教育、医疗到国防、法律,从地铁、高速公路到天气预报、通信卫星接转站,政府是公共物品的重要提供者。

然而,政府本身也存在一定的局限性,无法确保公共物品的提供总是有效的,也存在政府失灵现象。政府失灵主要表现在以下三个方面。

(一)政府难以满足所有公民对公共物品的需求

个人的需求是异质性的,不同个体因为种族背景、社会地位、文化背景、受教育水平、财富积累等方面存在不同,对公共物品需求的优先级和程度都有可能存在差异。例如,通勤者对地铁日常的安全性和交通效率更加关注,旅行者对地铁运营的舒适度和乘坐的乐趣更加重视。

政府提供公共物品的数量和质量是由政治决策过程决定的,是一种政治性决策,反映了社会中绝大多数人的集体利益。因此,政府提供的公共物品具有普遍性和统一性,而无法兼顾每个人的特殊需求,尤其是妇女、儿童、残疾人等弱势群体的需求。同时,政府的资源和能力有限,只能在有限范围内提供和试验新的项目。

(二)政府提供公共物品过程中存在浪费和低效问题

政府作为科层机构存在官僚主义积弊,缺乏竞争机制和降低成本的激励机制,因而在提供公共物品方面常常缺乏改善的动力,难以及时适应新的社会需求和发展机遇,表现出保守、不敏捷的特点。这种情况可能导致政府在提供公共物品时存在成本高、效率差、资源浪费,甚至贪污腐败等问题。

(三)政府行为的失范

政府有可能违背自己的宗旨而损害公众利益。政府的管理活动常常缺乏明确的利益主体和责任主体。在实践过程中,政府与人民之间的法理或法律上的契约关系往往因制度缺陷或实施不力等原因而面临困境。同时,政府工作人员也是经济人,可能出现寻租现象,即凭借垄断特权,产生超额收入。此外,由于对政府违约行为的惩罚机制不够完善,政府的行为难以监管和制约。

三、契约失灵理论

契约失灵理论是由美国学者亨利·汉斯曼(Henry Hansmann)在《非营利企业的作用》中提出的。如果说市场失灵理论和政府失灵理论共同解释了为何某些公共物品需要非营利组织介入提供,那么契约失灵理论进一步阐释了为何某些私人物品同样需要非营利组织介入提供。

契约失灵是指由于信息不对称的存在，导致仅凭生产者和消费者之间的契约，难以有效防止生产者利用信息优势坑害消费者。现实中，生产者比消费者掌握更多关于产品数量和质量的信息，因而生产者完全有可能背弃契约，通过提供劣质的产品获得额外的收益，甚至出现劣币驱逐良币的现象。

这种契约失灵的存在将使消费者的利益蒙受损失。以医院提供的医疗服务为例，患者往往缺乏足够的医学知识和诊断能力，难以准确了解自己的健康状况和提出治疗的需求，而医院和医生则拥有更多的专业知识和诊断手段，地位优势更为明显。这种信息不对称可能导致医院在治疗费用、药品使用、医疗方案评估等方面利用信息优势，制定不完善的治疗方案，从而损害患者的权益。

生产者和消费者之间的信息不对称是客观存在的，契约失灵问题往往无法依靠市场机制自行解决。因而，对于再分配的慈善福利事业、消费者购买复杂的个人服务时需要寻找新的非市场主体。非营利组织是重要的主体，非营利性和非分配性约束原则使得非营利组织利用信息不对称的优势，故意提高价格或降低质量的可能性相对要小得多。

市场失灵、政府失灵和契约失灵理论从经济学视角为非营利组织的兴起和发展提供了有力的理论支撑。根据这些理论，由于市场和政府存在固有的局限，他们无法全面满足多元化社会中不同群体的需求，而非营利组织能够提供市场和政府所不能提供的服务，从而弥补市场和政府功能的不足。

四、志愿失灵理论

正如市场和政府有失灵的时候，非营利组织也有内在的局限性，也会出现失灵的情况。美国学者萨拉蒙认为，非营利组织本身存在以下四大缺陷。

(一)慈善资源不足

非营利组织所能筹集的资源和实际支出之间存在较大缺口。非营利组织的资源主要来自社会捐赠、政府资助和收费。非营利组织的特点是自愿和公益，服务性收费很容易引发社会的反感，志愿捐赠占非营利组织开支的比例通常也不高，因此政府补贴一直是非营利组织最重要的资金来源。然而，随着新公共管理和政府改革的推进，政府资助的意愿和数量越来越不能满足非营利组织所需。

非营利组织失灵
与治理之探讨

(二)家长式作风

在非营利组织中，实际掌握慈善资源和经济命脉的人对如何使用资源拥有很大的发言权，且缺乏对公众负责和接受监督的机制，存在内部决策过程非透明化和非民主化的风险。

(三)业余性

非营利组织强调志愿服务和义工劳动，其工作常常由热心公益事业的志愿者担当，相当程度上影响组织的绩效和服务质量。此外，由于非营利组织无法提供市场化的薪酬和福利待遇，在吸引专业人才方面面临困难，也影响到组织的运转和发展。

(四)对象的局限性

非营利组织的服务对象往往只是某些特定种族、宗教、区域、性别或年龄的社会群体，其他一些需要帮助的社会群体的利益被忽视，并由此造成资源浪费。同时，不同非营利组织的筹款和组织能力也存在较大差异，因此不同群体受到的服务也有所不同。

通过上述分析可知，社会当中存在市场、政府和非营利组织三大部门，三大部门的关系可用图 2-1 表示。市场是创造价值的第一部门，呈现出利润导向、市场竞争的特点，但存在市场失灵、契约失灵的问题。政府是分配价值的第二部门，具有行政制、垄断性的特点，可以干预传统形式的市场失灵，但政府也会出现失灵的问题。非营利组织是填补价值的第三部门，体现出自愿、自治的特点，可以缓解政府失灵和市场失灵的情况，但非营利组织同样存在失灵的情况。因此只有三大部门形成一个稳固的铁三角，才能对社会进行良好的治理。

非营利组织
填补价值的第三部门

社会

市场
创造价值的第一部门

政府
分配价值的第二部门

图 2-1　市场、政府、非营利组织之间的关系

第三节　自治组织和社会资本理论

一、自治组织理论

自治组织理论的代表人物是美国学者埃莉诺·奥斯特罗姆(Elinor Ostrom)，她基于对小规模公共池塘资源问题的研究，提出了自治组织理论。自治组织理论的核心是探讨一群相互依赖的个体如何能够自我组织并实施自我管理，以便在每个成员都可能面临搭便车、逃避责任或采取其他机会主义行为的诱惑时，实现长期的共同利益。自治组织理论强调了在没有外部强制力的情况下，通过合作和自我约束来解决公共资源的可持续利用问题。

奥斯特罗姆认为，在一些规模较小的公共资源开发和公共事务治理方面，人们能够通过相互接触、沟通，建立信任和依赖关系，从而实现自主治理。由于长时间的共同居住和交流，人们之间建立了共同的行为准则和互惠的处事模式，个体与个体之间能够就维护公共利益而组织起来，采取集体行为。在个人能够自发组织和自治的情况下，外部政府强制实施管制、干预乃至私有化改革等都是不可取的,可能会造成弊大于利的后果。

自治组织理论认为,群体实现自治需解决三大关键问题:一是制度供给的问题,即由谁来设计组织的制度。二是可信承诺的问题。三是相互监督的问题。

为解决上述问题,奥斯特罗姆提出了实现自主治理的八项具体原则:(1)分享资源单位的个人或家庭之边界界定清晰。(2)使用、供给与当地具体情况相适应。(3)集体选择安排。(4)有效监督。(5)越"规"的分级制裁。(6)低成本如论坛式的冲突协调机制。(7)对组织权的认可。(8)分权制组织。[①]

自主治理是非营利组织的特征之一。自治组织理论为非营利组织,特别是从事公共事业服务的非营利组织搞好自身内部建设提供了思路。

二、社会资本理论

1980 年,法国社会学家皮埃尔·布尔迪厄(Pierre Bourdieu)正式提出了"社会资本"这一概念。社会资本是处于一个共同体之内的个人、组织(广义上的)通过与内外部对象的长期交往、互利合作形成的一系列认同关系,以及在这些关系背后积淀下来的历史传统、价值理念、信仰和行为范式。

社会资本与物质资本、人力资本既存在相似之处,也存在区别。相似之处包括:(1)通过积累而成。(2)有规模效应。(3)需要不断更新。(4)有生产性。区别之处包括:(1)使用上可实现互惠,社会资本的使用往往产生双赢结果。(2)不可转让,社会资本与拥有者共存并有一定的使用范围。(3)社会资本具有可再生性。(4)社会资本直接通过不同主体间的合作发挥作用。(5)虽然社会资本有所有者,但其利用的效果更具有社会性,收益具有更大的扩散性。

社会资本因素,如社会信任、社会规范和社交网络等,在经济和政治集体行动中扮演着重要角色。社会成员间的相互信任程度越高,实现合作的可能性也就越大。互惠程度是衡量社会信任水平高低的一个重要指标。社会规范设计的互惠程度越高,整个社会的信任程度也更高,集体活动也更容易开展。

社会网络类型也是影响社会信任高低的另外一个重要因素。通常,社会网络可以分为水平型和垂直型两大类。水平型社会网络由社会地位和权力相近的个体构成。在这样的网络中,公民参与较为活跃,互惠行为受到鼓励,成员间沟通顺畅,因此人们的信任感较强。当水平型社会网络的联系越紧密时,成员们越倾向于为了共同的利益而进行协作。相比之下,垂直型社会网络由社会地位和权利不平等的个体组成,反映了依附和层级关系的特点。在这种社会网络中,信息是垂直流动的,其可信度较低,因此难以产生社会信任,其中的个体也难以为了共同利益进行合作。

▶▶ 复习思考题

1. 公共物品有哪些特征?

---

① 李玫.非营利组织管理学[M].北京:高等教育出版社,2016:19.

2.简述非营利组织在解决市场失灵、政府失灵和契约失灵方面的独特优势。

3.简述自治组织理论的要点。

▶▶ 案例分析题

案例一　廉价药品为何如此短缺？

2019 年,两岁半的豆豆被确诊为线状 IgA 大疱性皮肤病,亟需一种名为氨苯砜片的特效药。但其家长辗转各大医院,却只找到一位患者多年前用剩的半瓶过期药。过期特效药发挥了作用,用药仅三天后,豆豆身上的疱疹就开始结痂脱皮,白蛋白也慢慢升至正常值。然而,豆豆的病随时可能复发,医生建议服用氨苯砜片 3 年才可停药。至此,寻找氨苯砜片便成了豆豆一家心头萦绕不去的问题。

氨苯砜片其实是一种"老药",最初被广泛用于治疗麻风病。后来,随着麻风病在我国基本被消灭,氨苯砜片涨价、断货的消息屡见报端。2016 年,国家卫计委将氨苯砜片纳入了"2016 年临床必需、用量小、市场供应短缺药品定点生产企业招标公告",但即便如此,生产企业依然缺乏生产动力。一位药厂质量部经理透露,"这个药上市之后就卖两三分钱一片,十年过去了,成本和员工的工资都涨了好几倍,药的定价还是几分钱一片。我还记得 2016 年时,这款药大概 65 元/瓶,摊下来 6 分钱/片,成本都不够"。

在市场竞争中,药企为了生存和发展,自然会追求利润最大化。而廉价药频频短缺的结果,可能是药品消失,也可能是药企改变剂型、规格、包装,研发新药、贵药予以取代,还可能是廉价救命药成为囤积居奇的目标。

资料来源:谭琪欣.廉价救命药氨苯砜片停产,患者家属:等着救命,但没有人愿意生产[EB/OL].(2021-06-06)[2025-03-17]. http://www.jksb.com.cn/html/xinwen/2021/0606/171213.html.有删改。

讨论题:政府是否应该干预解决廉价药品短缺这一问题?

案例二　梧桐山隧道事件:公用事业民营化的"深圳困境"

梧桐山隧道连接深圳市盐田区和罗湖区的交通要道,采用 BOT(building operating transferring)模式建设,即由企业融资、建设、运营与维护,并且获得收费权,在特许期满(2027 年)后,再无偿移交给政府。隧道建成后,随着当地经济飞速发展,梧桐山隧道的车流量迅速增加,超过了当初设计的流量,收费站经常性堵车,使盐田区的经济发展遭遇瓶颈。

为此,部分市民持续呼吁政府取消设卡,当地人大代表连续多年提交议案,有的主张减少收费,有的则主张彻底取消收费。梧桐山隧道是由企业投资建设的,如果政府计划提前收回,就需要通过协商的方式来达成一致。然而在 38 次长达多年的谈判之后,因"企业要价高于政府预期,安置员工等附加条件难以实现"等原因,收费站仍然屹立不倒。

在谈判久拖未决的情况下,为缓解梧桐山隧道交通拥堵状况,深圳市政府于 2002 年投资 1.18 亿元重新开通了梧桐山盘山公路,2006 年投资 11.5 亿元建成了全线免费的盐排高速。

在这场旷日持久的"隧道战"中,出现了不少讨论的声音。例如,相关人士分析指出,如果深圳市政府能够回购梧桐山隧道并实行免费通行,那么该隧道的通行能力将显著增加,建设第二隧道根本没有那么迫切。有学者认为,在该项目中,政府守信的成本明显超出了它所能承受的极限,而开发商的投资回报却远远超出了正常资金运作回报率。他进一步指出,梧桐山隧道是大型市政交通工程BOT模式,政府与开发商之间实质是合作博弈的关系,因此,原则上此种模式不宜运用在垄断型公共基础项目的建设上,政府应多分析预测,避免决策失误,同时政府与开发商之间应有一个强调互利、公正、公平的约束协议,梧桐山隧道的建设和管理是一个"深刻的教训"。

资料来源:金太军.公共管理案例分析[M].广州:广东人民出版社,2015:99-103.

讨论题:造成梧桐山隧道民营化困境的原因有哪些?

第三章　国外非营利组织的发展

▶▶ **知识导图**

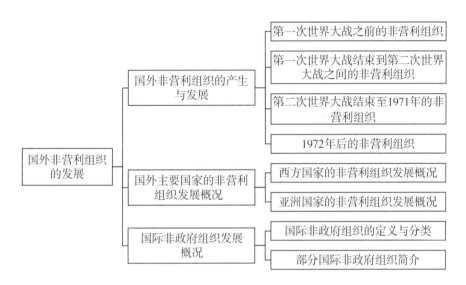

▶▶ **案例导入**

美国非营利性戏剧组织的运营模式

美国非营利性戏剧组织是指符合美国税法 501c3 所规定的具有正式法律地位的戏剧团体,包括专业剧团、儿童剧团、大专院校剧团、街头剧团、聋人剧团等。绝大多数非营利性戏剧组织的建立源于艺术家(通常是演员或导演)的构想,随后吸引信托人、志愿者组建董事会,并获得社会捐助支持,同时还吸引优秀的艺术家和管理人加入,创作出高质量的作品。

非营利性戏剧组织可通过票房销售获得收入,但其主要目标并非盈利,其经营所得在扣除工资和日常运营成本后,所有盈余均须用于组织的持续经营,禁止用于分红。由于不以营利为目的,非营利性戏剧组织的宗旨与使命成为工作人员、观众、捐赠者评价其贡献和做出捐赠决定的重要依据。

对于非营利性戏剧组织而言,社区是其会员观众的主要来源。为吸引社区居民,这些组织会举办各种深入民众的戏剧活动,并提供较为优惠的票价,以此培养观众群体。非营利性戏剧组织的资金有近半数来自补助和捐赠,而捐赠部分中基金会和个人的捐赠又占了近一半。这不仅是因为非营利组织的宗旨和使命吸引了捐赠者,还因为捐赠者对非营利组织较为熟悉。社区居民通过参与戏剧活动,能够深入了解非营利性戏剧组织的人员构成、运营状况和艺术作品,从而在情感上认同,在经济上支持,成为非营利性戏剧组织重要的资金来源。

资料来源:张蔚,何岳.美国非营利性戏剧组织透视[J].南京艺术学院学报(音乐与表演版),2024(3):131-136,10.

讨论题:试分析美国非营利戏剧组织如何在艺术使命与财务可持续性之间实现平衡。

第一节 国外非营利组织的产生与发展

一、第一次世界大战之前的非营利组织

早期非营利组织的兴起与发展直接受到资产阶级政权建立和资本主义生产方式确立的影响。近代资本主义开始于 17 世纪的英国。资本主义带来了意识形态、社会观念、思想文化等一系列深刻的变革,也导致经济危机、贫富不均、阶级对立等矛盾频发。在此背景下,各主要资本主义国家陆续出现了一些带有政治色彩的社会团体,以及主要开展慈善救济等社会公益活动的非营利组织。

英国在 17 世纪初颁布了《慈善法》和《济贫法》,1825 年废除了《禁止结社法》,1834 年通过了《新济贫法》。在这些法案的影响下,英国成立了不少开展慈善救济的非营利组织,以及一批由产业工人自发成立的工人协会。美国在 17 世纪已经出现了哈佛大学、普林斯顿大学等非营利性大学。独立战争期间和南北战争期间都涌现了消防队、仓储团、废奴协会等大量的非营利组织。

总体而言,第一次世界大战之前的非营利组织可划分为两大类:一类是宗教慈善色彩浓厚的操作类非营利组织,另外一类是充满道义诉求的倡议类非营利组织。前面一类的代表性组织包括 1734 年设于瑞士的摩拉维善会堂,1855 年在伦敦成立的世界基督教青年会,以及 1865 年成立的国际救世军;后面一类的代表性组织包括泛英反奴组织,反鸦片贸易的英欧协会,妇女国际非政府组织,以及诸多世界环境保护组织等。

可见,在欧美一些国家,早期非营利组织伴随着资本主义的产生和发展登上历史舞台,早期非营利组织体现了民主、自治、慈善、道义等价值取向。

二、第一次世界大战结束到第二次世界大战之间的非营利组织

第一次世界大战到第二次世界大战前后,原有的倡议类非营利组织得到了较快的发展。如 1915 年在日内瓦成立了和平和自由妇女国际联盟,该组织致力于推动世界各地妇女的平等权利和自由发展。其他倡议类非营利组织还包括 1922 年成立的国际鸟类保护

委员会等环保组织,致力于推进环境保护和生态平衡。

在此期间,全球范围内还出现了三种新的非营利组织,即私人慈善组织、紧急救助组织和专门性组织。此时的私人慈善组织带有比较浓厚的宗教色彩,如关注高等教育领域的卡内基基金会,关注发展医疗、公共卫生和农业的洛克菲勒基金会。这些私人慈善组织在后期的发展中逐渐褪去了宗教束缚,越来越专注于解决社会问题。

两次世界大战为众多致力于紧急救助的非营利组织成立提供了契机,代表性的组织包括 1914 年成立的美国战地服务团、1919 年在英国成立的救助儿童会。此外,战争带来的灾难和饥荒促成了大量专注于促进世界和平和战场救护的非营利组织产生,如 1942 年在英国成立的专门救助穷人的乐施会。

随着国际交往日益频繁,各国在多个领域形成越来越多的共同利益。为更好维护共同利益,各国跨越国界组成联盟并成立了一大批专门性的非营利组织。如,1928 年成立于美国的水污染控制联合会,1929 年同样在美国成立的人口咨询局等。

三、第二次世界大战结束至 1971 年的非营利组织

第二次世界大战结束至 20 世纪 70 年代,随着全球经济复苏和社会的重建以及国际政治经济结构的转变,非营利组织呈现出良好的发展势头。社会重建和转型的背景下,各类社群组织如雨后春笋般涌现,扮演的角色也日益重要。由于两次世界大战后普遍存在的经济衰退和社会结构重整,加之全球范围内民族自决和革命运动的持续兴起,社会各界对于自我解放、自我保护和自我管理的意识逐渐增强。在这个过程中,各种社群组织在世界各国逐渐涌现,包括妇女组织、工人组织、农民组织、儿童保护组织和青少年组织等。

随着联合国体系诞生,非营利组织开始登上国际政治的舞台。1945 年,50 个国家的282 名代表聚集在美国旧金山召开大会,签署通过了《联合国宪章》并正式宣布成立联合国。《联合国宪章》第 71 款正式使用"非政府组织"(non-governmental organization,NGO)一词,并规定"经济及社会理事会作为负责协调经济和社会活动的联合国机构,在提出建议和开展活动时,须与有关非政府组织进行磋商。"1952 年,联合国经济及社会理事会在其决议中将非政府组织定义为"凡不是根据政府间协议建立的国际组织"。在此背景下,非营利组织得到了更多的国际政治关注和认可,开始在世界舞台上占据一定位置。

人权问题越来越受到国际社会关注,出现了一批人权非营利组织。联合国于 1946 年成立了联合国人权委员会,并于 1948 年通过了《世界人权宣言》。在联合国的带动下,世界范围内形成了人权的国际化活动潮流。人权观察、美洲观察等著名的国际人权非营利组织相继诞生。大量人权非营利组织的成立,推动了世界人权事业发展。

在战后的恢复重建过程中,一批专注于慈善救助和和平事业的非营利组织发展壮大,成为推进人类社会和谐发展的重要力量。1947 年,美国人罗伯特·卜皮尔(Robert Pierce)创立了世界宣明会,旨在帮助世界各地的贫困人口,特别是那些生活在贫困和困苦之中的儿童。此外,还出现了反对军备竞赛、反对核武器、反对越南战争、反对朝鲜战争等反战组织,以及国际红十字会等战争灾难的救援组织等。这些专注于慈善救济和和平事业的非营利组织通过多种途径,努力提升人们的福利保障和生活水平,成为现代社会中不

可或缺的一部分。

随着环境问题日益引发关注，环境保护类非营利组织应运而生，为人类的环境保护工作作出积极贡献。二战结束后，环境问题就已经引起了人们的重视。1948 年，国际自然保护联盟在法国的枫丹白露成立。此后，伴随战后科技革命带来的经济快速增长，环境问题日益突出，越来越多广为人知的环境保护类非营利组织相继成立，如成立于 1961 年的世界自然保护基金、成立于 1969 年的地球之友、成立于 1971 年的绿色和平等。

四、1972 年之后的非营利组织

1972 年，在联合国人类环境大会上，召开了一次具有划时代意义的国际会议——"环境 NGO 论坛"，来自世界各国的非营利组织代表齐聚瑞典首都斯德哥尔摩，就日益严重的环境问题进行了热烈讨论。此次会议是史上首次非营利组织国际会议，标志着非营利组织已成长为国际政治舞台上的一支重要力量。

20 世纪 80 年代后，随着市场化、民主化、全球化等浪潮的出现，非营利组织在全球呈现出蓬勃发展之势。据美国约翰·霍普金斯大学的调查结果，几乎所有国家都存在大量的非营利组织，且非营利组织在增加就业机会方面表现十分亮眼。人们愈来愈认识到存在于政府和企业之外的非营利组织在社会发展中的作用，"全球结社革命"方兴未艾。

冷战结束后，国际非营利组织数量持续增加。据统计，冷战时代，国际非营利组织数量最多达到 1.4 万个，2001 年增长为 1.5 万余个，到 2003 年增加为 3 万个，非营利组织已经逐步涉足所有的国际关系领域。[①] 与此同时，非营利组织对全球政治、经济、安全等领域的影响日益增强。1997 年，非营利组织国际禁止地雷运动获得诺贝尔和平奖。1999 年，非营利组织无国界医生获得诺贝尔和平奖。在环保、人权保护等领域，非营利组织的活动对相关国际机制的建立起到了不可忽视的推动作用。非营利组织在联合国的地位稳步上升，1948 年仅有 41 个非营利组织被授予联合国经济社会理事会磋商资格，到 2002 年这一数字已经增长为 2500 个。[②]

在学术界，非营利组织研究成为国际问题研究领域的重要话题，受到国内外学者的广泛关注。总体而言，非营利组织研究的主要议题包括非营利组织对国家功能的补充，非营利组织对人权、环保、发展和平等议题的贡献，非营利组织对民主政治的推动等。

第二节　国外主要国家的非营利组织发展概况

限于篇幅，本教材无法对所有国家和地区的非营利组织一一进行介绍，只能选取英国、美国、德国、日本和印度五个具有代表性的国家进行介绍。这些国家有不同的地理、政

---

① 黄波，吴乐珍，古潇华.非营利组织管理[M].北京:中国经济出版社,2008:41.
② 黄波，吴乐珍，古潇华.非营利组织管理[M].北京:中国经济出版社,2008:41.

治和经济条件,其非营利组织发展也呈现出各自的特点。值得注意的是,本教材对于非营利组织的选取并不排除其他国家和地区非营利组织的重要性。虽然本书无法全面介绍,但读者可以从所选的国家和地区的经验中获取启示,并增加对全球非营利组织的认识。

一、西方国家的非营利组织发展概况

(一)英国的非营利组织发展概况

英国官方和大众传媒通常将非营利组织称为"慈善组织"或"志愿部门"。英国拥有悠久的民间公益传统,早在12—13世纪就已出现了约500家民间自发的慈善组织。1601年,英国通过了世界首个有关民间公益组织的法规——《慈善法》。该法明确了慈善组织的范畴,突出了这些组织的公益性、慈善性和民间性等,并提出了政府支持民间慈善事业的法律框架,为通过各种社会募捐活动筹集公益资金提供了法律支持。英国非营利组织的发展程度较高,其规模仅次于美国,居世界第二,在国民经济中发挥了重要作用。

英国非营利组织最为集中的活动领域是教育、文化休闲和社会服务。根据功能不同,英国的非营利组织可大致划分为服务型、互助型、压力型和中介型四类。服务型非营利组织主要包括医院、学校、法律援助中心等;互助型非营利组织主要包括社区组织、各类互助协会等;压力型非营利组织主要包括儿童贫困行动等通过游说对公共政策制定施加影响的组织;中介型非营利组织主要包括全国志愿组织理事会、住房协会全国联合会等。

英国非营利组织的一个重要特点是对政府资助的依赖程度较高。据统计,1995年政府资助约占非营利组织总收入的45%。不过,英国还存在数量众多的小规模慈善组织,这些慈善组织的筹款能力相对不高,需要通过设立并运营相关的社会企业拓展筹资渠道,获取一定的收益。

英国从事志愿服务的人数较多,非营利组织拥有丰富志愿者资源。据统计,英国平均16岁以上的每月都会从事志愿服务,这显示出英国社会对于慈善事业的重视。英国的志愿者资源不仅具有数量上的优势,更具备多样性和专业性。一些志愿者具备专业的技能和经验,如法律咨询、营销策划、会计和财务等,为慈善组织的持续发展提供专业的支持。

(二)美国的非营利组织发展概况

美国是世界上非营利组织数量最多的国家,其非营利组织是一个十分庞大的部门,与政府、企业呈三足鼎立之势。2016年,在美国国税局登记的非营利组织数量达到154万个。[①] 美国非营利组织的服务领域非常多元化,涵盖研究、教育、医疗、文化、体育、宗教、环境、国际事务等,在满足公民需求方面发挥举足轻重的作用。

美国的非营利组织主要可划分为会员性组织和公益性组织两大类。会员性组织是由具有共同利益或相同爱好的个体自愿组成的团体,它们的核心目标是满足成员的需求和提供服务。这类组织涵盖了业主和专业组织(如商会、贸易协会、银行家协会等)、社交和联谊组织(如业余俱乐部、房主协会、退伍军人协会等)、互助合作组织(如法律援助组织、

---

① 张远凤,梅继霞.非营利组织管理理论、制度与实务[M].北京:北京大学出版社,2023:54.

救援信托、信用合作社等)以及其他类型组织(如政党、所有权凭证管理公司等)。

公益性组织则可划分为资金中介组织、宗教团体、服务组织和政治行动组织。多样的公益性组织提供包括环保、慈善、医疗、教育、援助、艺术等各种服务,致力于应对各类社会问题。其中,基金会是最具代表性的资金中介组织,如知名的福特基金会、洛克菲勒基金会、卡内基基金会等。

美国特有的历史背景和文化环境为非营利组织的蓬勃成长提供了肥沃的土壤。美国深厚的个人主义传统产生对集权的反对,促使民众倾向于不依赖政府来处理社会和经济议题,从而为民间自发的志愿活动提供了广阔的空间。同时,在美国的历史进程中,社会发展常常走在政府之前,这促使人们更倾向于通过团体合作来满足公共需求,而非寻求政府的干预。作为一个移民国家,大量的移民涌入为美国带来了多样的文化价值观和社区运作方式,加之创建和运营非营利组织的流程简便,这些因素共同推动了非营利组织的快速扩张。

美国非营利组织拥有大量的捐款和志愿者资源。据统计,超过四分之一的美国人经常参与志愿者活动,超过五分之三的美国人有一年及以上参加志愿者活动的经历。2017年,约有 25.1% 的美国成年人参加了志愿服务,贡献了近 88 亿小时,约合 1950 亿美元。[1]这与美国政府对非营利组织的态度和制度建设息息相关。美国政府将非营利组织视为政府和企业的有益补充,因而在注册管理、税收和社会环境方面都为非营利组织创造了有利条件。例如,美国非营利组织的注册程序十分简单,只需提交一份机构章程,注明机构名称、目标,阐明不为任何个人或机构谋取利益的宗旨,然后交由州内政司批准即可。

(三)德国的非营利组织发展概况

19 世纪末,德国政府在与天主教会的冲突中达成了"辅助原则",即从政府、教会、社区、家庭到个人,上一层对下一层负有保护和辅助的责任,同时需保持下一层的相对独立性。下一层能做的事,上一层不应越俎代庖,但当下一层无法完成某个目标时,上一层有伸出援手的责任。

德国的非营利组织范围较广,可大致分为公益性和互益性两大类。公益性组织占比较高,其主体是社会福利组织,主要涵盖医疗、教育、文化、环保、体育等领域;互益性组织以行业协会和商会数量较多。

德国政府对非营利组织的管理既强调追责也强调激励。通常,政府不直接介入非营利组织的日常运营,而是将关注点集中在那些获得公共资金支持的非营利组织的财务和项目执行情况。当发现有违规行为时,相关非营利组织会面临司法部门的审查和处理。与此同时,对于做出显著贡献的非营利组织,政府不仅表彰其精神价值,还会提供物质奖励。政府的这种策略,旨在鼓励非营利组织自我监督和自我完善,同时通过奖励机制激发其积极性,从而在不增加行政负担的前提下,提升整个社会福祉水平。

德国各级政府每年都会拨款资助社会福利项目,政府资助通常会占非营利组织年收入的三分之二。为获得政府资助,非营利组织必须向相关政府部门提交翔实的申请报告

---

① 张远凤,梅继霞.非营利组织管理理论、制度与实务[M].北京:北京大学出版社,2023:55.

和项目执行计划。政府会仔细考察这些组织的愿景、执行能力以及项目规划的可行性,并最终做出资金分配的决定。

通过这种资金分配和项目执行实践,德国政府与非营利组织之间建立了互补的合作关系,共同致力于社会福利事业。非营利组织的存在和活动减轻了政府在社会服务领域的工作压力,他们能够有效连接企业和公民,从而提升政府工作的效率。此外,政府在运作社会福利服务事务方面的成本相对较高,而非营利组织能够动员和利用社会上的志愿资源,并且有能力向社会各界募集资金,这些都使得他们在执行社会服务项目方面存在相对优势。

二、亚洲国家的非营利组织发展概况

(一)日本的非营利组织发展概况

日本非营利组织主要成立于20世纪70年代以后,集中在医疗卫生保健、社会福利和国际合作领域。一开始,日本政府对发展非营利组织心存疑虑。20世纪80年代,受政府财政危机等因素影响,日本政府开始正视非营利组织及其功能,日本社会亦有了更多接纳非营利组织的空间。直到20世纪90年代,特别是非营利组织在1995年阪神大地震中展现出惊人的动员能力、效率和灵活性,日本政府和民众越来越意识到发展非营利组织的重要性,进而促成了《特定非营利活动促进法》的出台,日本的非营利组织自此得以快速发展。据统计,1996年日本具有正式法人地位的非营利组织共有25万余个,尚未拥有正式法人地位的非营利组织有近8万个。[①]

日本对设立非营利组织进行了较为严格的限制,出台了大量用于规范非营利组织的法律文件。例如,日本的《民法》和《非营利组织法》都对如何设立非营利组织进行了规范。这种做法有利于监管,确保非营利组织的合法性,维护共同利益和社会秩序,但也可能增加非营利组织设立的成本,削弱非营利组织的创新性,出现规定上的前后不一致等情况。

日本的非营利组织被行业法规分割为分散且功能相对单一的领域。总体而言,日本的非营利组织可划分三类:共同利益法人、广义公益法人和任意团体。其中,共同利益法人与中国的行业协会、商会等互益性组织较为类似。广义的公益法人包括社团法人、财团法人、特定非营利活动法人、社会福利法人、医疗法人、学校法人、宗教法人、职业训练法人和改造保护法人九种。任意团体是指无法人资格的公益性、非营利性团体,与中国的社区民间组织和乡村民间组织比较相似。

日本政府出台了针对非营利组织的税收优惠政策,非营利组织无须对其获得的非营利性收入缴税,对其从营利性活动中获得的收入也只需按比一般性企业团体低得多的税率进行缴纳。总体而言,日本政府并不是非营利组织的主要资金来源,有60%的资金来源于私人付费。

---

① 田毅鹏,张炎.地域力与社会重建:以日本阪神淡路地震为例[J].福建论坛(人文社会科学版),2008(8):37-39.

(二)印度的非营利组织发展概况

印度有着悠久的慈善和志愿精神传统,基督教、印度教、锡克教等都倡导善行,鼓励个人为社会服务。印度有关非营利组织的记载可追溯至公元前1500年,然而现代非营利组织是在其成为英国殖民地后逐渐形成的。在18世纪末至1947年的殖民时期,基督教传教士在印度建立了大量的学校、医院等慈善机构,并将西方的自由、民主等价值观念带入印度。19世纪末至20世纪初,印度兴起了反抗英国殖民统治的民族主义运动,其中甘地提倡的非暴力不合作和他领导的民族独立运动对印度非营利部门产生了深远影响。

获得独立后尤其是20世纪60年代起,在西方国家的支持和本国的努力下,印度的非营利组织迎来大发展。如今,非营利组织在印度社会各阶层尤其是中低收入群体中享有广泛的支持与影响力,它们积极参与政府决策和项目实施,从而为印度社会的稳定和发展做出了显著的贡献。

印度非营利组织的活动遍及各个领域和地区。根据活动范围不同,可以大致将印度的非营利组织分为三个类别:第一类是以提供福利为主要目标的非营利组织,它们专注于提供自然灾害救援和资助儿童福利教育;第二类是以现代化和可持续发展为目标的非营利组织,它们致力于实施可持续发展项目和工程,旨在满足贫困人口的基本生活需求;第三类是致力于为底层民众争取政治权利的非营利组织,它们通过积极培训民众参与政治进程,推动有利于底层民众的社会改革。

印度非营利组织的资金主要来源于本国企业和个人捐赠。与其他发展中国家的情况不同,印度的非营利组织并不高度依赖于政府、国外非营利组织或国际非政府组织的资金支持。这种资金结构可能增加非营利组织的筹款压力,但也在一定程度上确保了非营利组织的独立性,使其受到政府和其他组织的影响相对较少,在推动社会变革和践行使命时更具自主性和自由度。

第三节　国际非政府组织发展概况

一、国际非政府组织的定义与分类

(一)国际非政府组织的定义

1950年,联合国首次提出国际非政府组织的定义,"国际非政府组织就是任何不通过订立国际条约而成立的国际组织"。1968年,联合国经济及社会理事会规定:在有关国际公益性事务中发挥作用的国际非政府组织可获得联合国体系的咨商地位,获得这种地位的组织即为国际非政府组织。这一年,联合国经济及社会理事会给予了377个非政府组织咨商地位。截至2022年12月,全球具有咨商地位的非政府组织共有6343个。

在我国,一些组织通过被联合国经济及社会理事会授予咨商地位,得以在国际舞台上以非政府组织的身份积极参与全球治理和交流合作,如中国联合国协会、中国人权研究会、中国残疾人联合会、中华全国妇女联合会、中国网络社会组织联合会等。在我国,人们普遍将国际非政府组织与国际非营利组织视为同一类型的社会组织,并不对它们进行严格的区分。

中国网络社会组织
联合会简介

根据联合国协会的定义,判断一个组织是不是国际非政府组织的基本标准如下:

(1)该组织是否具有国际性的目标?(不含致力于两个国家之间友好关系的团体以及纪念个人的团体。)

(2)该组织是否有国际会员?应至少有来自三个以上国家的个人或团体会员,他们应拥有该组织内的完全投票权;同时应允许同类活动领域的其他个人或团体加入该组织。

(3)该组织有既定的章程,且其管理机构及理事会的成员应由会员定期选举产生;该组织有固定的办公场所,开展的活动应是可持续的。

(4)该组织的理事会成员在一定期限内可由同一国家的公民担任,但在一定期限之后必须实行轮流制。

(5)该组织开展活动的资金的主体部分,应来自三个以上的国家。

(6)当该组织与其他组织之间建立了一定的隶属关系时,仍始终能开展独立活动,且在其理事会中享有独立的席位。

(7)该组织的活动一直在继续。

上述七条标准仅在一般意义上描述了评定国际非政府组织的基本标准。但是,若一个组织希望被正式认定为国际非政府组织,那么其还必须向联合国经济及社会理事会提交正式申请,并经过该理事会的审查与批准。

(二)国际非政府组织的分类

1968 年,联合国经济及社会理事会通过了有关国际非政府组织参与联合国事务的第 1296 项决议,该决议规定:具备一定条件经申请并得到联合国认可的非政府组织,有资格参加联合国经济及社会理事会或其他相关国际会议,可提交提案、发言或者提交相应文件,从而获得相应的咨商地位而成为国际非政府组织。根据这项决议,国际非政府组织包括一般咨商地位的国际非政府组织、专门咨商地位的国际非政府组织、注册咨商地位的国际非政府组织三类。

1. 一般咨商地位的国际非政府组织

拥有一般咨商地位的国际非政府组织是那些与联合国经济及社会理事会一半以上的活动相关,具备广泛咨商参与能力,并且其会员遍布多个国家的非政府组织。这类组织能够就广泛议题向经济及社会理事会提供咨询,具备提案权,并且有权参加经济及社会理事会的所有会议,进行发言和提交建议。这样的组织在全球范围内数量有限,我国包括中国联合国协会、中国民间组织国际交流促进会在内的一些组织,已获得这样的一般咨商地位,成为国际非政府组织中的重要成员。

2. 专门咨商地位的国际非政府组织

拥有专门咨商地位的国际非政府组织是指那些与联合国经济及社会理事会的特定活

动领域相关联,能够在某一专业领域内参与咨商,并在国际舞台上具有较高知名度的非政府组织。这类组织有权就特定议题向联合国经济及社会理事会提供专业咨商,可以参加联合国经济及社会理事会举办的相关会议并提出意见和建议,同时也可以提交建议书。在中国,获得联合国咨商地位的组织大部分属于这一类别。

3. 注册咨商地位的国际非政府组织

拥有注册咨商地位的国际非政府组织是指那些能够在必要时向联合国经济及社会理事会及其相关附属机构,以及联合国的其他部门提供咨商的非政府组织。这些组织不具备参与联合国经济及社会理事会常规会议的资格,仅当联合国处理与其专注领域相关的议题时,它们才被允许参与会议并呈递建议。中国残疾人联合会就属于这一类别。

二、部分国际非营利组织简介

(一)红十字国际委员会

红十字国际委员会(International Committee of the Red Cross)成立于 1863 年,总部设在瑞士日内瓦,是一个独立而且中立的组织,致力于为战争和武装暴力的受害者提供人道保护与援助。红十字国际委员会的发起人是瑞士慈善家亨利·杜南(Henry Duant),他在意大利小镇索尔弗利诺目睹战争伤员无人救治的惨状后,于 1862 年出版了具有划时代意义的《索尔弗利诺回忆录》,呼吁在战时为伤兵提供更好的救护。1864 年,各国政府通过了第一部《日内瓦公约》,规定无论受伤士兵属于哪一方,军队都有义务照顾他们,该公约还为医疗服务引入了一个统一的标志:白底红十字。

红十字国际委员会发起了国际红十字与红新月运动。国际红十字与红新月运动是全球性的人道工作网络,拥有 8000 万名工作人员,他们致力于帮助那些面临自然灾害、冲突以及医疗和社会问题的人们。运动由 191 个国家的红十字会、红十字国际委员会和红十字与红新月会国际联合会共同组成。

国际红十字与红新月运动的工作遵循以下七项基本原则。

(1)人道原则。呼吁交战方对战俘实行人道主义,不加歧视地救护战地伤员,保证伤员中立化。

(2)公正原则。不因国籍、种族、宗教信仰、阶级或政治见解不同而有所歧视,仅根据需要努力减轻人们的疾苦,优先救济困难最紧迫的人。

(3)中立原则。在冲突双方之间不采取立场,在任何时候不参与涉及政治、种族、宗教或意识形态的斗争。

(4)独立原则。虽然各国红十字会是本国政府的人道工作助手并受本国法律的制约,但必须始终保持独立自主,以便任何时候都能按本运动的原则行事。

(5)志愿服务原则。红十字会通过招募热心红十字事业的人士作为志愿者,既弘扬了奉献、博爱的精神,又能让红十字事业轻装上阵,不断发展。

(6)统一原则。任何一个国家只能有一个红十字会或红新月会。它必须向所有的人开放,必须在全国范围内开展人道工作。

(7)普遍原则。国际红十字与红新月运动是世界性的,在本运动中,所有红十字会均享有平等地位,负有相同的相互帮助的责任和义务。

中国红十字会成立于1904年,一直致力于开展援助难民、救治伤员以及救灾工作,努力缓解遭受冲突和自然灾害影响的民众的苦难,并积极参与国际人道主义救援行动。1952年,在第18届国际红十字大会上,中国红十字会被正式确认为中国唯一合法的全国性红十字组织。由此,中国红十字会也成为新中国成立后首个在国际组织中恢复合法地位的团体。中国红十字会以保护人的生命和健康,维护人的尊严,发扬人道主义精神,促进和平进步事业为宗旨。中国红十字会的主要工作包括灾害救援、应急救护、造血干细胞捐献、遗体和人体器官捐献、无偿献血、国际交流合作、志愿服务与青少年工作等。

中国红十字会
的主要职责

(二)世界自然基金会

世界自然基金会(World Wide Fund For Nature)[①]成立于1961年,总部位于瑞士格朗,是在全球享有盛誉、规模最大的独立性非政府环境保护组织。世界自然基金会在全世界超过100个国家和地区设有办事处、拥有约5000名全职员工和超过500万名志愿者。

世界自然基金会专注于保护全球生物多样性及其栖息地,确保自然资源得到可持续地开发与利用,并倡导减少污染和避免过度消费的行为。自成立以来60多年里,世界自然基金会在超过150个国家开展了超过13000个项目,投入资金总额达到约100亿美元。世界自然基金会时刻保持有近1300个项目在同时进行中。这些项目紧密关注地方性问题,覆盖范围广泛,从赞比亚学校内的花园建设到本地超市商品包装上的环保倡议,再到猩猩栖息地的恢复工作以及大熊猫保护区的创建等。

世界自然基金会始终坚守着遏制地球自然环境恶化,创造人类与自然和谐相处的美好未来的核心使命,并以此为基础,确立了四项核心价值观。

(1)正直。遵循并呼吁他人共同遵守原则,做事需秉承正直、透明和负责任的态度,尊重事实,用科学来指导自己,以保障自身的学习和发展。

(2)尊重。尊重所服务的人和社区的言论及其认知,并致力于确保他们拥有可持续未来的权利。

(3)合作。在面临挑战时,通过集体行动和创新的力量来发挥不同凡响的影响力。

(4)勇气。通过行动来展现勇气,为需要的变革和改变做出努力,面对那些对于自然和地球家园的未来的最大威胁,鼓励个人和机构积极应对。

自1980年起,世界自然基金会开启了在中国的活动,其活动始于对大熊猫及其生存环境的保护,成为首个受中国政府邀请来华开展自然保护工作的国际非政府组织。到1996年,该组织在北京正式设立了办事处。随着时间的推移,世界自然基金会在中国的

---

①　WWF最初代表"World Wildlife Fund",即世界野生动植物基金会。1986年,为更好反映组织活动,WWF更名为"World Wide Fund For Nature",即世界自然基金会。目前,全球大部分地方已使用新的名字,但美国和加拿大仍然保留了原来的名字。

项目范围已经从最初的大熊猫保护扩展至包括物种多样性保护、淡水与海洋生态系统可持续利用、森林的保护与可持续管理、可持续发展教育、气候变化与能源问题、野生动植物贸易、科学研究以及国际政策合作等多个领域。

(三)绿色和平组织

绿色和平组织(Green Peace)是一个全球性环保组织,总部位于荷兰阿姆斯特丹。该组织的成立源于1971年的一次抗议行动。当时,为反对美国在阿姆奇特卡岛进行核试验,由工程师、科学家、工匠、医生等组成的12位成员共同租下一艘渔船,并在船上悬挂写着"绿色和平"字样的横幅,勇敢驶向阿姆奇特卡岛进行抗议。尽管此次行动一度遭遇挫折,但却引发了广泛的舆论和公众声援。次年,美国终于放弃核试验,阿姆奇特卡岛恢复了原有的平静。

阿姆奇特卡岛的抗议行动确立了绿色和平组织后续的行动模式。绿色和平组织深知,保护地球的重任无法单靠一个组织的力量来实现,需要团结公众的力量,借助公众舆论的广泛影响,才能够打赢环保战役,让地球变得更绿色、更和平。

绿色和平组织现已成长为世界上最具声望的环境保护团体之一,遍布全球55个国家和地区,并且拥有超过300万的核心支持者。绿色和平组织持续弘扬创始人的勇敢独立精神,深信积极的行动是实现变革的关键。同时,绿色和平组织通过开展研究、教育和游说等活动,鼓励政府、企业和公众携手合作,共同探索解决环境问题的有效途径。

绿色和平组织在全球的工作,基于以下七条共同理念。

(1)尊重民主。在推动项目时,充分尊重民主,并寻求对全球不同地区、阶层都公平的解决方案。

(2)行动带来改变。相信积极行动会带来改变。

(3)和平、非暴力。以和平、非暴力的方式,见证环境破坏。

(4)推动讨论。推动公开的、有充分信息支持的环境议题讨论,以便让全社会对解决方案达成共识。

(5)非暴力直接行动。将环境问题呈现给公众,以非暴力直接行动的方式提升全社会对环境问题的认识和理解。

(6)没有永远的盟友或敌人。旨在揭露环境危机及解决问题,没有永远的盟友或敌人。

(7)公正性和独立性。不接受任何政府、企业或政治团体的资助,只接受市民和独立基金的直接捐款。

绿色和平组织北京办公室成立于2001年5月,次年开始全面开展环境保护活动,拥有约80名工作员工,在应对气候变化、推动能源转型、提升生物多样性、保护海洋环境、推广绿色生活等多个领域积极开展环境保护项目。

▶▶ 复习思考题

1.简述非营利组织的产生和发展过程。

2.归纳各国非营利组织发展的特点。

3. 简述国际非政府组织的发展概况。

4. 简述西方和亚洲国家非营利组织发展对我国的启示。

▶▶ 案例分析题

案例一　苏塞克斯大学发展研究中心的功能定位

高校智库是依托高校发展，主要从事政策研究和决策咨询的非营利组织。英国是欧洲智库的发源地，培育出了多个有国际影响力的高校智库。苏塞克斯大学发展研究中心（Institute of Development Studies）成立于 1966 年，依托著名的苏塞克斯大学发展，性质是一家独立注册的慈善公司。苏塞克斯大学发展研究中心深耕"发展学"学科，发挥学术研究、政策咨询、公共外交、人才培养等多重功能。

苏塞克斯大学发展研究中心与英国政府部门、国际基金会等资助方建立了稳定的合作关系，以学术研究为基础，同步推进政策咨询实践。苏塞克斯大学发展研究中心提供多样化的研究成果，既包括期刊论文、会议报告、学术专著等理论成果，也包括咨政建议、调研报告等实际应用成果。

苏塞克斯大学发展研究中心陆续与巴西、中国、欧洲、加纳、巴基斯坦等合作推出国际倡议，为跨国跨地区人员的思想交流和互联互动提供平台。比如，苏塞克斯大学发展研究中心发起的国际倡议促成了英国外交、联邦和发展办公室，非洲联盟发展署，以及巴西合作署三大机构的合作，共同致力于建立英国、巴西和非洲之间的三边发展合作机制，帮助非洲国家应对人口快速增长带来的挑战。

苏塞克斯大学发展研究中心于 1973 年率先开设了英国首个发展学硕士项目。该中心提供 9 个硕士项目和 2 个博士项目，涵盖学术型和应用型，依据苏塞克斯大审定的方案培养学生，致力于让学生毕业时掌握开展发展研究的理论知识和实践能力。2020 年，苏塞克斯大学发展研究中心吸引了来自 60 个国家的 354 名研究生，共同探讨与国际发展相关的议题。

资料来源：根据苏塞克斯大学发展研究中心官网资料整理而成。

讨论题：请结合苏塞克斯大学发展研究中心的实践案例，分析高校智库如何发挥作用。

案例二　"地球一小时"活动的使命

"地球一小时"是世界自然基金会于 2004 年发起的一项全球性倡议，旨在应对全球气候变化，倡导每年 3 月最后一个星期六的当地时间晚上 8 点 30 分，关闭不必要的照明和耗电产品一个小时。目前，"地球一小时"已经成为世界上最大规模的公众环保活动。2023 年，全球共有 190 个国家和地区参与了这项活动，涵盖了全球 97% 的地区，人们在这个时间点共同用行动表达了对自然的关切和对环保的支持。在国际主流社交媒体平台上，关于"地球一小时"的关注和讨论累计超过了 96 亿次，并且在 42 个国家成为热门搜索话题，显示出该活动在全球范围内的深远影响力和广泛参与度。

2024 年 3 月 23 日，"地球一小时"中国主场城市活动在内蒙古自治区鄂尔多斯市成功举行,此次活动是由生态环境部宣传教育中心、世界自然基金会北京代表处、鄂尔多斯市人民政府共同主办的。在活动现场,乒乓球世界冠军邓亚萍携手当地儿童一同诵读了由生态环境部联合其他4个部门在2023年更新的《公民生态环境行为规范十条》,号召大家做生态文明理念的传播者和践行者。活动现场汇聚了来自政府、行业和企业界的近百名代表,共同探讨绿色低碳高质量发展路径。在现场嘉宾的倒数声中,鄂尔多斯标志性建筑逐一熄灭灯光,共同为地球贡献出宝贵的一小时。

针对公众对"地球一小时"活动可能对电网造成影响的担忧,主办方回应称,该活动引起的电压波动完全在电网可调节的范围内,不会给电力系统造成太大负担。事实上,与每天早上八九点工厂开工的这一升、半夜停工这一降时电网所承受的负荷波动相比,"地球一小时"活动对电网负荷的影响是非常有限的。活动的核心价值在于通过宣传和倡议,激发更多人投身于节能减排的实际行动中,从而为全球环境和气候治理做出积极贡献。这一活动不仅有助于推动自然环境的持续改善,也有利于实现碳达峰和碳中和的"双碳"目标。

资料来源:陈欣怡.2024"地球一小时"中国主场城市活动举行　邓亚萍现场助阵[EB/OL].(2024-03-24)[2024-04-14]. https://www.chinanews.com/sh/2024/03-24/10185869.shtml.

讨论题:"地球一小时"活动有哪些意义?

第四章　我国非营利组织的发展

▶▶ 知识导图

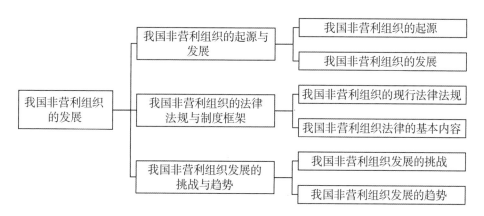

▶▶ 案例导入

壹基金的转型之路

壹基金是由功夫影星李连杰发起的公益组织,倡导每人每月至少捐赠一元钱,通过集聚众多个体的微薄之力,共同汇聚成强大的公益力量。2006年底,李连杰与中国红十字会总会合作,成立了"李连杰壹基金计划",并于2007年正式投入运作。

在一段时间内,壹基金的成长受到了双重管理体制的限制。壹基金最初仅是中国红十字会下属的一个"计划",而非具有独立法人资格的实体,因此它没有自己的账户和公章,也无法独立管理所筹集的资金,这导致其在项目运作上遭遇限制。2008年汶川地震期间,壹基金作为挂靠组织在开展慈善工作时遇到了诸多限制。尽管成功募集了超过4000万元的善款,但仅有200万元由壹基金自主决定如何使用,其他资金则由中国红十字会负责分配。

2008年10月,壹基金为了推进项目执行,在上海成立了上海李连杰公益慈善基金会,作为一个非公募性质的基金会。然而,该基金会的成立伴随了一些法律和操作上的隐忧。其一,现行法律并未明确是否允许一个独立的基金会作为另一个业务主管单位下属计划的执行机构。其二,作为非公募基金会,上海李连杰公益慈善基金会在使用通过壹基金公募渠道筹集的资金时,在实际操作中遇到了一些障碍。

2010 年 7 月,上海市民政局对上海李连杰公益慈善基金会接收李连杰壹基金善款的合法性表示质疑。同时,壹基金与中国红十字会的合作即将到期,面临续约与否的两难选择。如果合同到期后不再续约,壹基金的运作可能会中断;而如果选择继续合作,壹基金则仍旧缺乏独立法人身份,这使得壹基金处于一个复杂的矛盾局面中。

在壹基金面临困境之际,深圳市民政局向其抛出了橄榄枝,邀请壹基金在深圳设立机构。2010 年 3 月,深圳市开始实施"部市合作"计划,推动社会组织登记管理的改革,启动了"基金会登记管理试点工作",以促进非公募基金会的发展,并探索涉外基金会的登记工作。以这次改革为契机,2010 年 12 月 3 日,深圳市民政局正式核准了"深圳壹基金公益基金会"的注册。紧接着,在 2011 年 1 月 11 日,深圳壹基金宣布其正式成立,成为国内首家转型成功的民间公募基金会。自此,壹基金拥有了独立的法人资格,能够自主地向公众募集资金,独立决策资金的使用和运作方式。

李连杰壹基金转型
引发的法律思考

资料来源:廖楚鑫.以"壹基金"为例对社会组织管理体制的思考[J].中国商论,2019(11):95-96.

讨论题:如何理解壹基金的身份危机源于双重管理体制的限制?

第一节　我国非营利组织的起源与发展

一、我国非营利组织的起源

(一)早期的民间结社活动

我国具有悠久的民间结社传统。"社会"一词起源于祭祀土地神的活动。早在殷商时期,我国就形成了居住聚集点,被称为"邑聚","邑聚"普遍立有"社"。"社"意起于土地神,一般每年的春秋两季,有定期祭祀社神的日子,春祈秋报,即为"社日"。人们在固定的"社日"聚会,举行庆典活动,逐渐固定为"社会"。可见,我国"社会"的概念最初起源于民间自发形式的非固定聚会活动,"社会"活动因时而举、因事而聚。

有学者考证,春秋之后我国已存在突破血缘、家庭及氏族的结社活动。[①] 最初的结社活动主要涵盖以下五种。

1.政治结社

政治结社主要是由新兴地主阶级组成的政治社团,如春秋末期的政治结盟和东汉的朋党。中国人的乡土情结、儒家思想、科举制度下的师生关系以及官员的朋比党援都是促进政治结社的重要因素。

---

① 王世刚.中国社团史[M].合肥:安徽人民出版社,1994:12-13.

2. 文化结社

诗文社和讲学会是两种代表性的文化结社。诗文社是文人士大夫的文学团体,常是官场失意者的社交场所,他们通过文学创作消闲自乐,同时争取社团的合法性。讲学会则更偏重学术,与书院和理学的发展紧密相关,其兴衰受官方学术政策的影响。这些学术团体的形成和学术争鸣,促成了"百花齐放、百家争鸣"的局面。

3. 宗教结社

由于古代中国物资匮乏和医疗条件落后,此时的劳苦大众容易遭受战乱、自然灾害、苛政和疾病的威胁,需要精神慰藉。民间秘密宗教的教义通俗易懂,因此拥有众多信徒。从东汉的五斗米道到明清及近代的各种秘密宗教和社会组织,如大成教、罗教、哥老会、青帮、洪帮等,虽然其间存在黑暗和争斗,但也体现了仗义和行善的精神,构成了我国历史上独特的民间社会现象。

4. 经济结社

经济结社主要包括合会和工商团体。合会是一种民间互助型经济合作组织,其兴起与平民面对自然灾害或重大生活事件时的金融需求有关,旨在救济会员、共同承担地方事务。合会体现了民间互助精神,帮助平民解决困难,共同抵御风险。工商团体,如行会、会馆、商会等,起源于周朝,至唐初开始出现在历史文献中。其中,行会制度依靠政府建立,主要协助官府征收赋税、定价等。到了明清时期,行会开始强调维护会员利益和协调竞争的互助功能。鸦片战争后,中国行会受到西方影响,开始出现不同层面的整合,以适应现代化进程。

5. 慈善结社

慈善结社主要指明清时期兴起的民间慈善团体,如善会。善会起源于明代末年,首个善会是1590年杨东明在河南虞城县成立的,随后推广至全国。善会主要进行救济、育婴、医疗、养老等慈善活动,早期还会通过"会讲"进行道德教育和劝善。

(二)民间结社的思想基础与现实条件

儒家文化的"仁""义"等思想是我国传统民间慈善和公益活动重要的思想基础。儒家文化以"仁"为核心,强调爱人和助人。古代社会中,许多慈善行为如慈幼、养老、赈穷等都是儒家理念的体现。同时,孔子提倡"君子喻于义,小人喻于利",主张轻利益、重义举。儒家文化舍利取义,促进了以"义"为名的民间慈善活动,如义舍、义仓、义学等,这些组织通常由民间私人兴办,具有互助性质。

汉传佛教的"善""慈""普济"等思想也是我国传统民间慈善和公益活动另一个重要的思想来源。南北朝时期,佛教行善理念开始实践,如恩田、敬田、悲田的设立。[①] 5至9世纪,宗教慈善组织发展兴盛,对社会产生深远影响。唐代,民间寺院成为一股强大的经济社会力量,引发政府的关注。宋代,政府主动参与慈善,建立社会救济机构,成为慈善活动的

---

① 合称三福田,恩田用于供养父母老人,敬田用于供养僧人,悲田用于施贫救病。

主体。明末清初,民间慈善组织再次兴起,融合儒释道精神,以善会、善堂为代表,影响广泛。

民间慈善事业发展的现实需求使国家福利力量难以满足民众的巨大需求。古代社会抗风险能力有限,灾害频发,百姓生活困苦,统治者需要建立国家福利制度和慈善机构专门从事灾害救济。为此,统治者出台激励措施鼓励社会资源投入慈善救灾。例如,康熙帝曾规定捐粮的士绅可获得官府赐匾,捐得越多,匾的级别越高。从事慈善既可为士绅带来乐善好施的美名,也可得到朝廷奖励,体现了精神和物质资源的等价交换,是官府动员社会资源的方式之一。古代公益慈善事业的资源既来自官方,也来自民间。尽管官方对民间慈善有所警惕,但也会采取激励手段,引导民间参与,以弥补国家救济能力的不足,维护社会稳定,保证长治久安。

二、我国非营利组织的发展

我国非营利组织在近现代的发展大致经历了以下三个阶段。

(一)第一阶段:20世纪初至1949年

近代中国涌现的商会和行业协会就是由商人自愿组成的新式社会团体,具有一定程度的自治性和独立性。此后,中国陆续出现了多种类型的社会团体,包括互助慈善组织、学术组织、政治组织、文艺团体等,这些都是民间自发形成的组织。因此,这一时期的非营利组织主要呈现自下而上的民间自发性特征。

这一阶段,政府出台了若干政策以规范非营利组织的管理。1932年10月,南京国民政府发布了《修正民众团体组织方案》。1942年,中国共产党领导的边区政府颁布了《陕甘宁边区民众团体组织纲要》和《陕甘宁边区民众团体登记办法》。然而,由于当时的中国正处于多方势力争夺的半殖民地半封建社会状态,非营利组织缺乏有效的制度保障,其发展受到了限制。

(二)第二阶段:1949—1978年

中华人民共和国成立后,我国实行高度集中的计划经济体制,政府根据社会主义原则对非营利组织进行了整顿,取缔或转化了一些组织。1950年,周恩来主持制定了新中国成立后首个关于公民结社的行政法规《社会团体登记暂行办法》,明确了社会团体的类别和登记范围。1951年,中央人民政府内务部颁布了实施细则,各级政府据此开展了对旧社会遗留社会团体的整顿。其间,部分封建组织、反动组织、带有浓厚封建色彩的慈善组织以及宗教团体被取缔;部分民间组织在党的引导下逐步政治化;部分政治倾向明显的团体被定义为"民主党派",如民盟、九三学社等,从民间组织转变为政党组织。

在这个阶段,非营利组织具有较为浓厚的政府管理色彩,主要是出于党和政府发挥政治职能的需要而设立的。数据显示,新中国成立初期,全国性社团只有44个;"文革"前夕的1965年,全国性社团接近100个,地方性社团6000个左右。[①] 1966至1976年"文革"

---

① 民政部负责同志就《关于铲除非法社会组织滋生土壤 净化社会组织生态空间的通知》有关问题答记者问[EB/OL]. (2021-03-23)[2024-04-22]. https://china. huanqiu. com/article/42Q7F6tykJi.

期间,各类社团基本处于"停滞"状态。

(三)第三阶段:1978 年至今

1978 年改革开放以来,随着市场经济的发展和社会的转型,我国的非营利组织迅速发展,成为推动社会进步的重要力量。总体而言,可以将改革开放以来我国非营利组织的发展划分为以下四个时期。

1.初步恢复时期

1978—1991 年为初步恢复时期。1978—1988 年是我国非营利组织发展过程中管理较为松散的十年。社会经济类、学术研究类等社会团体迅速涌现,尤其是 1978 年全国科学大会在北京召开后,中国环境科学学会、中国教育学会、中国统计学会、中国社会学研究会等一批全国性的学术团体相继成立。同时,基金会和境外非政府组织在我国迅速发展。1981 年,中国儿童少年基金会成立,成为中国第一家全国性公募基金会。1988 年,福特基金会在中国设立办事处,成为第一个在中国设立机构的国际非政府组织。

由于管理较为松散,出现了非营利组织无序发展现象,国家着手规范和控制非营利组织发展。1984 年《关于严格控制成立全国性组织的通知》明确社会团体由各归口部门审查,国家体改委审定。1986 年《中华人民共和国民法通则》规定社会团体法人是四类法人之一。1988 年民政部成立"社团管理司",负责全国范围内的社团管理工作,同时保留业务主管部门的审查核准和日常管理权。同年,国务院通过《基金会管理办法》和《社会团体登记管理条例》,确立了非营利组织的管理政策框架与体制。1989 年国务院通过《外国商会管理暂行规定》,成为首个针对外国商会的行政法规。

2.快速发展时期

1992—1997 年为快速发展时期。1992 年邓小平南方谈话后,民政部组织召开了新中国首次全国社会团体管理工作会议。1996 年 7 月,中共中央政治局常委会专题研究了民间组织工作。1997 年 10 月,党的十五大报告强调要培育和发展社会中介组织,作为推动经济政治体制改革的重要举措。

这一时期,非营利组织开始在政治、经济和社会各个领域发挥越来越显著的作用。各类中介组织,如律师事务所、会计师事务所、评估机构等纷纷成立,与此同时,行业协会、商会等工商业组织也迎来了快速发展。此外,随着城市单位体制的解体和福利服务社会化改革的不断深入,民办非企业单位作为一种新型的社会组织形式开始崭露头角。

3.规范发展时期

1998—2006 年为规范发展时期。1998 年 6 月,为加强对非营利组织的规范管理,国务院在原有社会团体管理局的基础上,批准成立了民政部民间组织管理局。同年 10 月,国务院对《社会团体登记管理条例》进行了修订,并发布了《民办非企业单位登记管理暂行条例》。民政部民间组织管理局及各级民政部门的民间组织管理机构根据法规,开始了对非营利组织的登记管理工作,引导其向规范化方向发展。其间,基金会作为一类独立的非营利组织类型,从社会团体中分离出来。到了 2004 年 3 月,国务院进一步颁布了《基金会管理条例》,为基金会的管理和运作提供了法律依据。

4.战略发展时期

2007年启动至今为战略发展时期。2007年,党的十七大报告首次引入了"社会组织"这一概念,并将发展社会组织提升到了中国特色社会主义现代化建设的战略高度。报告强调了社会组织在扩大公众参与和表达公众诉求方面应发挥的积极作用,以及增强社会自治功能的重要性。紧接着,在2008年汶川地震和2009年玉树地震的救援工作中,社会组织全面参与救援,进一步实现了自身的发展壮大。

2012年,党的十八大报告突出强调加强基层社会管理和服务体系建设,增强城乡社区服务功能,强化企事业单位、人民团体在社会管理和服务中的职责,引导社会组织健康有序发展,充分发挥群众参与社会管理的基础作用。报告将社会组织的建设与发展置于经济、政治、文化、社会和生态文明建设"五位一体"总体布局中进行阐述,体现了党中央对社会组织建设与发展的高度重视。

2016年,《中华人民共和国国民经济和社会发展第十三个五年规划纲要》明确提出支持行业社区服务类、公益慈善类、科技类、协会商会类社会组织的发展,同时强调要加快行业协会商会与行政机关的脱钩进程,完善法人治理结构,鼓励有条件的事业单位转型为社会组织,推动社会组织承担政府转移的职能。同年8月,中共中央办公厅、国务院办公厅联合发布了《关于改革社会组织管理制度 促进社会组织健康有序发展的意见》,明确了社会组织改革与发展的方向和路径,对社会组织的登记规范、扶持政策、监督管理以及自身建设等方面提出了具体要求。

2017年,党的十九大报告强调要推动协商民主的广泛、多层和制度化发展,提出要统筹推进包括政党、人大、政府、政协、人民团体、基层以及社会组织在内的协商。报告还强调要加强社区治理体系建设,推动社会治理重心向基层下移,发挥社会组织作用,实现政府治理和社会调节、居民自治良性互动。

2022年,党的二十大报告进一步提出要完善协商民主体系,统筹推进政党、人大、政府、政协、人民团体、基层以及社会组织各层面的协商,健全制度化协商平台,以推进协商民主的广泛、多层和制度化发展。此外,报告还提出要完善办事公开制度,扩大基层群体有序参与基层治理的渠道。

第二节　我国非营利组织的法律法规与制度框架

一、我国非营利组织的现行法律法规

承认和保护非营利组织的合法地位是确保其正常运作和功能发挥的基础。由于非营利组织从事的活动具有公共服务性质,全球大多数国家和地区都通过制定多层级的法律,对非营利组织的性质、设立要求、运营规则等进行规范,以促进非营利组织的有序和健康发展。

《中华人民共和国宪法》第三十五条规定了结社自由。新中国成立以来,我国逐步构建了非营利组织法律法规体系。学者谢寿光、杨曦和王海宇将我国非营利组织法律法规及规范性文件划分为综合类、社会团体类、民办非企业单位类、基金会类、志愿服务组织类、社会工作组织类、境外非政府组织类、基层组织类,见表 4-1。

表 4-1　我国部分非营利组织法律法规及规范性文件

类别	法律法规及规范性文件名	出台部门	时间
综合类	《中华人民共和国政府采购法实施条例》(国务院令第 658 号)	国务院	2015 年发布
	《社会组织登记管理机关行政处罚程序规定》	民政部	2022 年施行
社会团体类	《社会团体登记管理条例》(国务院令第 250 号)	国务院	1998 年发布
	《关于社会团体登记管理有关问题的通知》(民函〔2007〕263 号)	民政部	2007 年发布
民办非企业单位类	《民办非企业单位登记管理暂行条例》(国务院令第 251 号)	国务院	1998 年发布
	《民办非企业单位年度检查办法》(民政部令第 27 号)	民政部	2005 年发布
基金会类	《基金会管理条例》(国务院令第 400 号)	国务院	2004 年发布
	《关于进一步加强基金会专项基金管理工作的通知》	民政部	2015 年发布
志愿服务组织类	《民政部关于在全国城市推行社区志愿者注册制度的通知》	民政部	2007 年发布
	《志愿服务条例》	国务院	2017 年发布
社会工作组织类	《关于加强社会工作专业人才队伍建设的意见》	中组部等	2011 年发布
	《关于加快推进社会救助领域社会工作发展的意见》	民政部、财政部	2015 年发布

续　表

类别	法律法规及规范性文件名	出台部门	时间
境外非政府组织类	《外国商会管理暂行规定》(国务院令第 36 号)	国务院	2013 年修订
	《民政部受理境外非政府组织设立代表机构业务主管单位申请工作办法(试行)》	民政部	2018 年发布
基层组织类	《关于大力培育发展社区社会组织的意见》	民政部	2017 年发布
	《社区社会组织章程示范文本(试行)》	民政部	2021 年发布

资料来源:谢寿光,杨曦,王海宇.中国社会组织概论[M].社会科学文献出版社,2023:421-433.

实践层面,对非营利组织影响最大的法规文件主要包括:民政部作为非营利组织的登记管理机关所发布的行政规章和规范性文件,国务院各部委作为非营利组织的业务主管单位所发布的行政规章和规范性文件,以及地方政府所出台的地方性法规和规范性文件。

二、我国非营利组织法律的基本内容

(一)双重管理体制

双重管理体制是指我国的非营利组织在民政部门完成登记注册的同时,还需接受其业务领域内主管部门的监管。这种体制下,非营利组织的登记注册管理和日常运作都受到登记管理部门和业务主管单位的双重审查、双重负责和双重监管。双重管理是我国政府对非营利组织进行登记管理的核心原则之一。

1998 年,国务院发布的《社会团体登记管理条例》和《民办非企业单位登记管理暂行条例》明确指出:"国务院民政部门和县级以上地方各级人民政府民政部门是本级人民政府范围的社会团体登记管理机关。"同时,条例还规定:"国务院有关部门和县级以上地方各级人民政府有关部门、国务院或者县级以上地方各级人民政府授权的机构,是有关行业、学科或者业务范围内社会团体的业务主管单位。"

其中,《社会团体登记管理条例》第二十八条明确规定了业务主管单位的五大职责:"(1)负责社会团体筹备申请、成立登记、变更登记、注销登记前的审查;(2)监督、指导社会团体遵守宪法、法律、法规和国家政策、依据其章程开展活动;(3)负责社会团体年度检查的初审;(4)协助登记管理机关和其他有关部门查处社会团体的违法行为;(5)会同有关机关指导社会团体的清算事宜。"

依据上述规定,民政部门是非营利组织的法定登记管理部门。非营利组织在向民政部门申请注销登记之前,须先得到其业务主管单位的批准。只有党政机关或由党政机关授权的单位才有资格成为非营利组织的业务主管单位。

双重管理体制强化了政府对非营利组织的监管,并通过分散责任减轻了登记管理部门与非营利组织之间潜在的直接冲突。在非营利组织获得合法地位之前,政府职能部门或授权机构就能对其进行一定程度的管理与控制。这一体制是我国特定历史背景下社会政治现实的产物,但它也提高了非营利组织的登记门槛,间接限制了这类组织的成立,并可能对其长期发展产生不利影响。

(二)分级管理原则

分级管理原则是指根据非营利组织活动影响的范围和层级,实施相应的分级登记和分级管理的制度。这一原则意味着,非营利组织将根据其服务和活动所覆盖的地理区域、涉及的行业领域以及影响力的大小,被赋予不同级别的管理要求。这种分级管理模式可以更有效地适应不同规模和性质非营利组织的管理需求,确保监管既符合实际又高效有序。

我国非营利组织的分级关系大致存在以下三种情况:(1)全国性的非营利组织以及在两个以上省、自治区、直辖市开展活动的非营利组织,应由国务院民政部门作为其登记管理机关,同时其业务主管单位应为中央级的党政机关或中央政府授权的机构。(2)地方性的非营利组织由其所在地人民政府的民政部门负责登记管理,其业务主管单位则为当地的党政机关或同级人民政府授权的机构。(3)跨区域活动的地方性非营利组织,应由所涉及区域共同的上一级人民政府民政部门负责登记管理,其业务主管单位为所跨行政区域共同的上一级党政机关或同级人民政府授权的机构。

一旦社团在民政部门完成登记,它便获得了独立的法人资格,依法享有民事权利并承担民事责任。无论社团是在国家级还是地方级登记管理机关登记,无论其业务主管单位属于哪级政府,也不论其规模大小或会员人数多少,所有社团在法律地位上是相同的,它们都是平等的民事主体,不存在权利大小的差别,相互间不存在隶属或领导与被领导的关系。分级管理不妨碍社团之间的协作,社团还可以作为团体会员加入其他社团,并根据相关章程履行会员责任,并享有会员应得的权利。

(三)非竞争性原则

非竞争性原则是指为了避免相似非营利组织之间开展竞争,不允许在同一个行政区域内成立业务范围相同或高度相似的非营利组织。

《社会团体登记管理条例》第十三条第二项和《民办非企业单位登记管理暂行条例》第十一条第三款均规定,若在同一行政区域内已存在业务范围相同或类似的非营利组织,且没有必要再成立新的组织时,将不批准非营利组织的成立申请。此外,一些地方民政部门还会主动撤销或合并它们认为业务上有重复或不必要存在的非营利组织。

实施非竞争性原则有助于减少不必要的资源浪费和行业内的恶性竞争,鼓励非营利组织之间开展合作而非对抗,促进整个非营利组织行业的健康发展。同时,这也有助于避免对服务对象造成混淆,确保每家非营利组织都能在其独特的服务领域内发挥最大的效能。

(四)优惠政策

税收是许多国家和地区对非营利组织实施管理的重要工具。由于非营利组织旨在服务社会而非追求利润,它们从社会获取资源通常是无须回报的,同时它们向社会提供的服务也大多是免费的。因此,在许多国家和地区,非营利组织并不被列为纳税主体。即便在一些情况下非营利组织被纳入纳税范围,它们通常也能享受到各种税收减免甚至免税的优惠政策。

我国的非营利组织税收优惠政策主要针对三个对象：非营利组织本身、向非营利组织捐赠的企业，以及向非营利组织捐赠的个人。例如，1999年实施的《中华人民共和国公益事业捐赠法》规定企业和个人按照法律规定向公益事业捐赠财产，可以依法享受所得税优惠。同时，境外捐赠给公益性社会团体和事业单位的用于公益事业的物资，也可以依法享受减免进口关税和增值税的优惠。1999年，国家税务总局出台的《事业单位、社会团体、民办非企业单位企业所得税征收管理办法》明确了对事业单位、社会团体、民办非企业单位的部分收入项目免征所得税的规定。2008年新实施的《中华人民共和国企业所得税法》对公益捐赠税前扣除及非营利组织收入免税等事项做出了重要规定，为非营利组织及其捐赠者提供了税收优惠，以支持公益事业的发展。

第三节　我国非营利组织发展的挑战与趋势

一、我国非营利组织发展的挑战

(一)非营利组织独立性不够

目前，我国非营利组织的整体独立性仍相对不足。非营利组织常常不具备独立的人事任免权，主要管理人员往往由政府的相关部门指派和任命，或者是在组织负责人提名之后，经过业务主管部门的批准才能正式任命。只有少部分组织根据组织章程，通过民主选举的方式产生管理人员。

从资金来源结构看，我国非营利组织对政府财政拨款和补贴的依赖性较高，企业资助和公众捐赠所占的比例偏低。在资金使用上，非营利组织将相当部分收入用于人员开支，导致在活动经费上的投入相对较少。在财务管理方面，尽管部分组织能够编制年度财务报告，但普遍缺乏严格的审计流程。财务透明是保证组织廉洁性、形成非营利组织公信力的基石，建立完善的财务报告制度对于非营利组织的规范化运作至关重要。

(二)非营利组织能力不足

由于规模有限、社会地位不高、工作条件较差、薪酬保障不足等问题，非营利组织面临对高素质人才吸引力不足和人才流失的双重困境。许多非营利组织的运作主要依赖于创始人或个别精英，高流失率导致非营利组织员工多为新人，缺乏经验丰富的中层管理者和能力不足的基层员工。一些组织的工作人员未经过专业培训，缺少必要的价值观、项目管理知识和调控能力。同时，非营利组织对志愿者的过度依赖增加了活动的不可控性，影响了项目质量和效果。此外，专业人才的缺乏制约了非营利组织的发展水平和整体素质，导致其管理能力、创新能力、可持续发展能力不强，承担公共服务的能力有限，专业服务质量难以保证。

部分非营利组织在运作中出现了偏离自身使命的情况，主要表现在营利倾向和行政化色彩浓厚两个方面。一方面,部分非营利组织在成立初期公益性较强,但随着专职人员增加,组织的生存成为主要任务,导致其逐渐产生逐利倾向。还有部分组织成立的初衷就是为了享受税收优惠,低价拿地,从而获得超额利润。另一方面,社会团体在我国非营利组织中占比较高,有大量的社会团体最初是由政府机构改制而来的,由政府人员担任负责人。这些组织与政府之间存在上下级关系,或被视为政府的一个部门或延伸。许多非营利组织依赖政府资源和权威开展业务,通过行政手段募捐,行政化色彩浓厚。

社会公信力是决定非营利组织成败的关键。目前,我国公众对非营利组织的了解相对有限,且受传统文化影响,在遇到困难或需要帮助时,人们往往更倾向于向政府而非非营利组织求助。非营利组织内部也存在不少问题,如鱼龙混杂、"挂羊头卖狗肉"等。一些组织自我问责意识不强,存在信息不透明、违规开展业务、内部管理松散等问题。一旦某个非营利组织曝出丑闻,整个公益行业的公信力都会受到冲击。这些问题亟待非营利组织加以重视和解决。

(三)非营利组织相关法律法规不健全

虽然宪法第三十五条赋予了公民结社自由的权利,但囿于我国缺乏违宪审查制度,宪法的这一规定在实际法律实施中难以发挥直接作用。目前,规范非营利组织的主要法律依据是国务院出台的《社会团体登记管理条例》《民办非企业单位登记管理暂行条例》和《基金会管理条例》。在具体实践中,民政部作为非营利组织的登记管理机关,其颁布的行政规章和规范性文件具有重要影响。此外,国务院各部委及地方政府出台的相关行政规章、地方性法规和规范性文件也在非营利组织的管理中扮演着重要角色。

《社会团体登记管理条例》主要聚焦于社团登记管理的程序性规定,对于公民结社的具体内容缺乏系统性的规范。从立法内容来看,无论是《社会团体登记管理条例》《民办非企业单位登记管理暂行条例》,还是《中华人民共和国公益事业捐赠法》《基金会管理条例》《事业单位财务审计规则》,这些法律法规的内容都集中在行政管理方面的规定,而对非营利组织的内部治理结构和财产关系等民事法律问题则缺乏关注。特别是财务规范的缺失,给非营利组织的日常运营带来了挑战。

(四)非营利组织管理不畅

作为承担公共责任的社会组织,非营利组织可以享受优惠政策,同时必须接受政府部门的监管。我国对非营利组织实行双重管理体制,即民政部门作为登记管理机关,相关业务主管部门作为业务主管单位,两者共同行使监督管理职能。双重管理体制的核心在于控制发展和分散监管责任。在这一体制下,各级民政部门作为政府的统一归口部门,依法对非营利组织进行监督管理,其职能由相关法规和政府授权确定。与此同时,与非营利组织业务相关的政府部门或政府授权的单位,作为业务主管单位,同样承担着监督管理职责。这导致在同一行政层级上,存在两个监督管理非营利组织的部门,即统一的登记管理机关和分散的业务主管单位。这种双重管理模式在一定程度上影响了非营利组织的运作效率和发展活力。

在双重管理体制下,非营利组织的登记注册面临两重门槛,这导致其合法身份的获取变得极为困难。为规避这一难题,一些非营利组织选择通过工商注册的方式变相成立,而另一些则冒险在未完成正规登记注册的情况下开展活动。此外,现行的法律政策环境在双重管理体制的基础上形成,过分侧重于通过审批登记注册来把关,而对于非营利组织的成长培育、监督管理以及合法运作的引导和支持则显得不足。这种偏重事前审批而忽视事中、事后监管的做法,不仅提高了非营利组织的成立成本,也影响了其健康发展。这需要政府在坚持监督管理的同时,更多地为非营利组织的发展提供良好的法律环境和政策支持。

非营利组织的内部管理存在一些普遍问题,主要表现在组织结构和规章制度方面不够完善。许多组织尚未建立一套标准化的决策流程、议事规则、员工激励政策、监督管理办法以及财务管理体系。这导致了组织内部的决策过程不够透明,缺乏有效的监督和问责机制,进而影响了组织决策的质量和执行力。此外,非营利组织的理事会和监事会等内部监督机构的功能未能得到充分发挥,很多情况下仅仅成为形式上的设置,缺乏实际的监督和制衡作用。这种情况往往使得组织的宗旨和使命难以得到有效实施和推广。

部分非营利组织内部存在权力集中的问题,决策和管理过于依赖个人意志,而不是依靠制度化的管理。这种现象使得组织对个别领导者的依赖性过强,而缺乏一个稳定和持续的发展机制,不仅影响了组织的健康运营,也增加了组织运营的风险。

二、我国非营利组织发展的趋势

(一)增强非营利组织发展的独立性

在现代社会,国家不应作为非营利组织取代者的角色出现,而应成为其支持者和推动者。政府可以通过合同外包将一些公共服务委托给非营利组织执行,并通过公共财政购买服务,这样既减轻了政府的负担,又促进了非营利组织的成长。政府对非营利组织的管理应遵循"放手但不放纵"的原则。通过建立专业的监督机构来进行非营利组织的宏观管理,同时将微观管理的权力下放给非营利组织本身,以增强其自主管理能力,为非营利组织的发展提供更大的空间。在非营利组织合法自主运作时,政府应提供必要的支持,避免过度干预。然而,对于非法运营的非营利组织,政府必须严格监管并引导其规范运作。

非营利组织应形成多元化的资金来源,规避对单一资金来源的依赖,增强自身的财务稳定性和可持续发展能力。首先,非营利组织应积极获取政府资助,利用政府购买服务的机会,争取各级政府部门的支持。其次,非营利组织应扩大社会捐赠,鼓励社会各界,包括高收入个人和企业,进行慈善捐赠,同时提升自身利用社会资源的效率。再次,非营利组织应与基金会合作,主动接触并建立与基金会的信任关系,积极申请资金支持和项目合作。最后,非营利组织应增加服务收入,可以通过提供服务并合理收费来增加收入,但所得收入应用于组织发展,不得分配给成员。

(二)提升非营利组织发展的能力

非营利组织必须意识到,增强自身的独立性和自主管理能力是与政府建立平等对话和有效沟通的前提。非营利组织的成功需要依赖于具有专业能力和奉献精神的人才。为了培养和吸引这样的人才,可采取多种策略:(1)政府应将非营利组织人才发展纳入国家人才培养计划,提供资格认证、职称评定、晋升机会和人才流动支持。(2)鼓励资深社会工作者担任领导角色,以他们的经验和专业知识引领组织发展。(3)提高薪酬和福利,以留住现有人才并吸引更多优秀人才加入非营利组织。(4)通过持续的业务培训、知识分享和合作教育,提升员工的专业技能和服务能力。(5)推动高等教育机构开设相关专业和课程,结合实际需求开发相关教材和培训资源,为非营利组织培养专业人才。

为了提升非营利组织的社会认知度和支持度,需要在更广泛的社会层面加强宣传工作。这包括增进公众对非营利组织重要性的认识,提高他们对公益领域的认知水平,以及培养一种积极的社会氛围,鼓励和支持非营利组织的发展。此外,通过这些努力,可以激励公众更积极地投身于慈善捐助、社区互助和志愿服务等公益活动,从而助力非营利组织实现其既定的使命和目标。

随着信息技术和网络的快速发展,非营利组织的运作方式也发生了显著变化。越来越多的非营利组织开始利用互联网资源,建立信息交流、资源共享和集体行动的平台。技术进步让信息传播、组织间合作变得更加迅速和高效,尤其为小型非营利组织降低了活动成本,有助于非营利组织更好地实施项目,包括保障项目管理的畅通、严密、高效,使信息交换变得快捷、准确而透明等。目前,非营利组织的网络化主要有两种形式:一是通过建立网站进行宣传、活动交流和在线募捐的有形社团或公益项目;二是完全在网上建立和运作的虚拟社团,如网络社区、聊天室等。

(三)完善非营利组织相关法律法规

随着非营利组织在社会服务和公共事务中扮演的角色越来越重要,我国正致力于完善非营利组织相关法律法规。这主要包括完善法律体系,确保非营利组织有法可依,同时构建一套综合的优惠政策体系以激励其履行公共服务职能。制定关键性的法规政策,涉及组织登记管理、公益捐赠、税收免除、员工就业权益保障等重要方面。立法进程中,特别强调非营利组织运作的透明度,要求其对外界公开信息,建立公众信任。

我国应加速推进非营利组织法的立法进程,为非营利组织提供明确的法律地位、权利和义务,同时明确政府对非营利组织的监管职责和扶持政策。通过这一立法行动,可以构建一个更加成熟和完善的法治框架,为非营利组织营造一个稳定、透明、公平的运作环境。这不仅有助于保护非营利组织的合法权益,也有利于提高它们的透明度和公信力,进一步促进社会力量参与公共服务,推动社会公益事业的健康发展。

(四)优化非营利组织管理

政府应采取积极引导和依法严格管理相结合的方式,增强对非营利组织建设与管理的支持力度。政府需要进一步优化向非营利组织购买服务的制度,完善财政支持机制,确保项目中的非营利组织专职人员经费得到合理保障,并增强服务采购项目的规范性。此外,政府应当对现有的双重管理体制进行改革,减少对非营利组织成立过程的不必要限制,适当简化包括登记、变更、注销在内的相关手续。此外,政府还需完善并执行非营利组织的税收优惠政策,确保税收措施能有效激励非营利组织的发展。

非营利组织应加强内部规范管理,提升自身的自治能力。首先,明确产权关系,界定非营利组织资产的归属。其次,优化内部治理机制,包括完善会员大会、理事会、监事会的相关制度和重大事项的请示报告制度,同时加强组织章程的执行力度。最后,非营利组织需致力于提高信息透明度,通过自身官网、主管部门网站和相关行业平台公布募资情况、资金流向、管理费用比例以及服务成效等信息,并对财务信息进行严格审计。对于大额捐赠者,非营利组织应提供详细的资金使用报告,并鼓励捐赠者参与项目监督,确保他们能够清楚地了解捐款的使用和所产生的社会影响,以此增强捐赠者与组织之间的信任。

▶▶ 复习思考题

1.分析我国传统民间结社对非营利组织发展的影响。

2.归纳中华人民共和国成立后我国非营利组织的发展历程。

3.当前我国非营利组织发展面临哪些挑战?

4.简述我国非营利组织发展的趋势。

▶▶ 案例分析题

案例一 数字技术赋能基层妇联参与社会治理

第52次《中国互联网络发展状况统计报告》显示,我国约有5.33亿女性上网,占女性总人数的77.44%。这凸显了女性在我国网络空间中的重要地位,也为数字技术赋能基层妇联参与社会治理提供了广阔空间和可能性。

在数字化时代,运用数字技术为基层妇联参与社会治理赋能具有重要意义。数字技术能够加强各部门间的信息共享,助力对数据的有效识别与分析,从而提升基层妇联工作的效率和规范性。此外,数字技术使得构建基层妇联管理专用网络成为可能,通过将基层妇联的各类信息接入智慧管理平台,可实现"一网统管"和"一网通办"。总之,在数字技术的加持下,基层妇联能够更充分地发挥其在社会治理中的作用,推动治理的协同化与精准化,助力构建和谐、包容、平等的社会治理体系。

基层妇联在数字化转型过程中,面临诸多现实挑战:一是存在信息孤岛现象。上下级妇联之间以及不同部门之间的数字平台缺乏有效的统筹规划与数据对接,导致重复建设和资源浪费。二是专业人才匮乏。由于薪酬待遇等因素的制约,基层妇联难以吸引和留住数字化专业人才,现有工作人员在年龄结构和技术能力上存在局限性。三是思想观念滞后。部分基层妇联工作者对数字化转型的重要性认识不足,缺乏主动性和积极性,甚至存在保守的本位心态,不愿主动分享本部门的信息资源。

资料来源:徐艳红,唐茹月.数字技术赋能基层妇联参与社会治理:价值、困境与路向[J].淮南师范学院学报,2024,26(6):44-49.

讨论题:试分析如何更好实现数字技术赋能基层妇联参与社会治理。

案例二 L市政府购买居家养老服务的实践

L市60岁及以上老年人口数量为71.48万,占全市常住人口的17.19%,这一比例超出了当地的平均水平;80岁及以上的老年人口则有11.35万,显示出人口老龄化趋势的加剧。随着年龄的增长,老年人的身体和能力可能会逐渐下降,甚至部分功能丧失,这使得他们对居家养老服务的需求不断增加。长期来看,随着人们寿命的延长,老年人对养老服务的需求将持续存在,并且随着时间的推移,这种需求可能会逐渐增加。此外,由于老年人的身体状况、精神状况等个体差异,他们对养老服务的需求也呈现出多样性。特别是对于失能或半失能的老年人,他们对护理服务的依赖性更为显著。

2015年,L市出台了《L市政府购买居家养老服务实施方案》,明确了政府购买居家养老服务的内涵、受益老年群体的类别以及具体的补助标准。2016年,L市正式启动了居家养老上门服务项目,由市级民政局通过公开招标后确定由一家企业负责全市的服务工作,服务期限初定为一年。然而,鉴于一年的时间不足以全面展开服务,2018年服务期限被延长至三年,并引入安康通作为服务提供商。同时,政府支持本地企业和社会组织参与日间照料中心的运营,为中心周边的老年人提供照护服务。

到了2021年,政府将购买服务的权限下放至各城区,由各城区自行招标、考核和监督服务。服务提供商数量从一家增加到十三家,每家负责一个或多个城区。此外,将日间照料中心的社会化运营与居家养老服务相结合,服务提供商在运营日间照料中心的同时,也为附近老年人提供相关服务。

L市政府在购买居家养老服务的实践中也面临一些问题。第一,政府希望通过站点运营扩大居家养老服务的覆盖范围。然而,由于缺乏自我盈利能力,站点运营主要依赖政府补贴,出现亏损对政府和供应商均不利。第二,缺乏统一的第三方评估机制来确保服务质量,导致服务水平不一。第三,政府对居家养老服务的支持主要体现在资金补贴和场地提供上,但在鼓励企业参与养老服务行业方面力度不足,且运营制度尚不完善。例如,随着服务提供商数量的增加,结算制度未能相应调整,加之"人户分离"的政策,使得供应商在结算时需与多家供应商协调,增加了行政负担。第四,老年人参与决策的渠道有限,政府往往在服务实施后通过回访收集反馈,而缺乏让老年人在服务设计阶段表达需求的有效机制。

资料来源:田忻.政府购买居家养老服务的实践研究:以L市为例[J].中国市场,2024(8):70-75.

讨论题:结合案例,分析政府购买居家养老服务在实践层面会遇到哪些挑战?

管理实务篇／第二篇

第五章　非营利组织战略管理

▶▶ **知识导图**

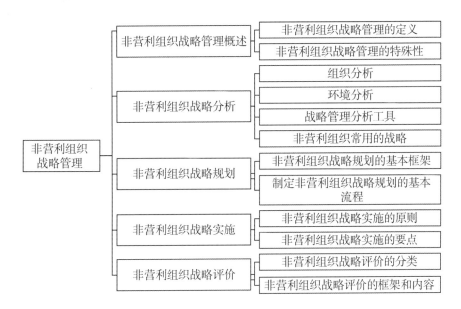

▶▶ **案例导入**

基于 SWOT 分析法的上海真爱梦想公益基金会战略管理

上海真爱梦想公益基金会(以下简称"真爱梦想")成立于 2008 年 8 月,2014 年 1 月转为地方性公募基金会,以"发展素养教育,促进终生成长,推动社会进步"为使命,以"帮助每个人自信、从容、有尊严地成长"为愿景,通过"梦想教育"公益服务体系助力义务教育阶段的学生全面成长。截至 2023 年 12 月,真爱梦想累计捐赠建设学校梦想中心超过 5900间,运营期内梦想中心 2502 间,项目惠及受益师生超过 677 万人。SWOT 分析法是一种评估组织或项目优势、劣势、机会和威胁的策略工具。本文运用 SWOT 分析法,对真爱梦想的发展战略进行分析,结果如下。

优势(strength)分析

首先,真爱梦想由一群曾就职于金融领域的金领人士发起,将商业管理的模式引入其中,取得了巨大的成果,是转型期我国公益组织稳定发展的典范。其次,该基金会从项目策划、筛选与执行,到资源整合,再到过程控制与项目评估,整个流程科学严谨,标准统一,效率极高。最后,该基金会连续被福布斯评为中国最透明的慈善基金会。自 2010 年起,其财务报表便按照上市公司标准进行披露。2012 年 2 月,该基金会顺利通过了会计师事务所的年度审计,且每年的年度审计报告均在官方网站上全文公布,以便捐赠者和其他相关人员查询。

劣势(weakness)分析

真爱梦想起步较晚,宣传力度不足,导致公众认知度较低,品牌影响力有待提高。同时,该基金会的筹款来源不够稳定,网上捐款等筹款方式缺乏信任基础,募捐活动面临发展困境,尚未形成健康、可持续的筹款结构。此外,该基金会采用集决策与执行于一体的治理机制,面临可持续难题,成为其发展的瓶颈。

机遇(opportunity)分析

真爱梦想获得了来自多个方面的支持。媒体支持者群体为基金会提供了有力的助力。自成立之初,真爱梦想便建立了网站,且在日常运营中注重运用博客、电子邮件、微博、短信群、QQ、豆瓣和视频网站等新媒体平台。该基金会还专门召开会议,探讨如何借助新媒体优化工作流程、增强与志愿者的互动。这些举措不仅提升了工作效率,也显著提高了真爱梦想的知名度。此外,真爱梦想得到了社会各界人士和组织的广泛支持。基金会以提升社会公信力和项目吸引力为出发点,逐步构建起专业、规范且可持续的项目管理体系,从而赢得了社会各界的广泛关注与认可。

威胁(threat)分析

一方面,"中国青少年基金会""希望工程"等知名组织影响力较大,基本形成了标准化的筹资、合作和监督模式,对真爱梦想在社会认可和筹款竞争方面构成威胁。另一方面,受某些非营利组织的负面事件影响,公众对非营利组织的信任下降,真爱梦想也受到影响,如曾被质疑为传销组织。非营利组织社会信誉脆弱,公众一旦失去信任,就不愿捐资,使其无法实现公益价值。

资料来源:郭筱娜.基于 SWOT 分析法的助学类非营利组织的战略管理研究:以上海真爱梦想公益基金会为例[J].营销界,2021(2):27-28.

讨论题:根据材料对真爱梦想的 SWOT 分析,如何对该基金会的发展提出针对性的建议?

第一节　非营利组织战略管理概述

一、非营利组织战略管理的定义

(一)战略及战略管理

战略管理是自 20 世纪 60 年代发展起来的一门新兴管理科学。当今,战略管理日益受到非营利组织管理的关注和重视,成为非营利组织管理中的重要内容之一。

1. 战略及其特征

战略(strategy)一词最早出自我国古代兵法,指将帅的智谋,后来指军事力量的运用。后来,战略被逐渐应用于管理领域,战略的价值也就从最初的军事领域逐步演变成泛指统领性的、全局性的、决定胜败的谋略、方案和对策。战略涉及的是组织如何赢得一场战争的胜利,而不是某一场具体战役的胜利。

战略主要有全局性、前瞻性、竞争性、风险性等特征。

(1)全局性。战略就如同一个组织发展的蓝图,制约着组织经营管理的全部具体活动,涉及组织活动的方方面面,对组织管理的所有方面都具有普遍的、全面的、权威的指导意义。

(2)前瞻性。战略的目标不是组织的现在而是组织的未来,是为了谋求组织的长远利益而不是单纯的眼前利益。其根本目的是通过战略活动的不确定性来谋求组织的长期存续与发展,既要对现实环境进行正确的辨识,又要对环境的发展趋势做出有效的预测。

(3)竞争性。战略是竞争的产物,竞争的法则是优胜劣汰、适者生存。非营利组织要想很好地生存和发展,就必须引入战略思想,从全局角度分析内外环境,从战略角度审视组织的现状,思考变化的环境对组织可能产生的影响,从而更好地推动组织的发展。

(4)风险性。随着时代的发展和技术的进步,非营利组织所面临的环境变得变幻莫测,也给非营利组织带来了各种可能的风险。有效的战略管理能够帮助非营利组织预测环境,最大限度降低风险。

2. 战略管理及其特征

战略管理是使用战略手段对组织的活动和发展实行总体性管理,是组织制定和实施战略的一系列管理决策与行动。《战略管理思想》一书的作者费雷德·大卫将战略管理定义为一门着重制定、实施和评估管理决策和行动的具有综合功能的艺术和科学。战略管理的特征主要体现在以下五个方面。

(1)主体性。战略制定必然有主体,这个主体既可以是组织的高层管理者,也可以是组织的中层甚至低层人员,还可以是各层次人员的结合。战略的形成和实施是一个带有主观影响的过程,主体的价值观、愿景会影响战略的形成和实施。

（2）科学性。战略管理需要运用科学的方法和工具,通过定性分析(诸如战略分析中的 PEST、SWOT 分析)和定量分析工具(战略评价中使用的平衡记分卡)进行规划与管理,从而确保战略目标的科学性与规范性。

（3）前瞻性。在快速发展变化的时代背景下,成功的战略必须能够预见未来,引领变革,为组织描绘出清晰的发展蓝图。为此,战略管理需要具有前瞻性,有长远的眼光,能够想到组织还未发生但又有可能发生的事情,它确定了一个组织在未来一段时间内发展的方向。

（4）稳定性。战略管理需要具有一定的稳定性,一旦确定后不能轻易改动,不然可能会给组织发展带来混乱。当然,这种稳定性也是相对的,从战略管理的过程看,管理者也需要结合内外部环境的变化适时做出调整。

（5）情境性。战略活动离不开组织所处的特定情境,同时组织战略也应随着情境的变化而发生变化。这里的情境主要包括组织的内部环境和外部环境。战略管理就是一个组织通过学习不断调适自身与其所处环境关系的过程。

3. 非营利组织战略管理

鉴于非营利组织面临外部环境的复杂性,在其管理过程中也会不断涌现出许多新情况和新问题。在此背景下,战略管理作为一种先进的管理方式开始被越来越多的非营利组织所采用。根据非营利组织的公益性和非营利特点,非营利组织战略管理的最终目标是要通过管理手段使组织在激烈的市场竞争中能够更好地服务社会,满足公共利益。非营利组织战略管理是非营利组织为了实现预定目标所做出的全局性考虑和高层次的统筹安排。

二、非营利组织战略管理的特殊性

非营利组织在战略管理上吸取了企业界的许多经验。但是,非营利组织的公益性和非营利性特点决定了其战略管理的独特性。相较于营利组织,非营利组织在战略管理上的特殊性主要体现在以下几个方面。

(一)组织业务目标的稳定性

与营利组织通过业务的不断扩大和转换来获取利润和实现企业发展的目标相比,非营利组织的最终目标是为了服务公众利益或特定群体的利益。因此,非营利组织的业务目标相对于营利组织目标而言,更具有稳定性和固定性。

(二)组织战略规划的复杂性与高参与度

与营利组织不同的是,非营利组织在制定战略规划时必须考虑到更广泛的受众,包括服务对象、志愿者、资助者、理事以及全职员工等,这些群体的期望和需求可能大相径庭,他们之间的利益关系也较为错综复杂。因此,非营利组织在制定战略规划时需要确保更高的参与度,积极听取多元的意见,并将这些意见整合到组织的战略中去。

(三)组织业务战略的差异性

营利组织业务战略的成功最终表现为其产品和服务在市场上获得消费者的认可,并具备竞争力。这些组织通过销售产品或提供服务来赚取收入,以覆盖成本并为股东带来回报,形成一个完整的资源循环链。相比之下,非营利组织的业务战略侧重于扩展其使命的影响力,增加受益群体的数量和提升服务质量,同时努力降低成本以提高组织的运作效率。

第二节　非营利组织战略分析

战略管理是一个复杂的有机体。在运作过程中,非营利组织强调每一个阶段的相辅相成,努力解决好各阶段之间的结合问题。通常,非营利组织的战略管理过程主要包括战略分析、战略规划、战略实施和战略评价等环节。

在明确组织的使命和目标,并决定组织实施战略管理后,非营利组织首先要对组织进行战略分析。战略分析涉及对组织内外部环境的全面评估,目的是识别组织相对于其竞争对手的优势和劣势,以及面临的机会和威胁。对于非营利组织而言,战略分析包括对较长战略周期内的内外部环境进行深入调查和分析,以确定这些环境因素如何影响组织的战略过程,并为战略管理提供方向。这一系列活动旨在为组织的战略规划和决策提供坚实的基础。

一、组织分析

组织分析,也被称作组织诊断或评估,是将组织视为一个动态的有机整体,对其整体及其各个部分的目标、功能等进行细致的系统性分析。通常,组织分析涵盖的具体内容包括对组织的战略资源进行评估、分析组织的管理与组织能力,以及对组织结构进行剖析等。

(一)战略资源评价

战略资源评价主要分析组织的战略资源,如资金、物质资源、人力资源、信息资源、服务或项目等,以及这些资源如何支持组织的短期、中期和长期发展目标。

(二)管理与组织能力分析

管理与组织能力分析涉及对组织的管理结构和能力进行深入分析,包括宗旨管理与组织文化、资金管理与筹款、资金运作能力、人事管理与组织能力、运作管理与能力、决策管理与能力、外部关系管理与组织发展能力等。

(三)组织结构分析

组织结构分析包括管理层次、部门设置、专业分工与责任划分、上下级、对信息流动和决策机制实施的影响、权力分析等,以及这种结构如何影响组织的运作效率和目标的达成。

此外,组织结构分析还考虑组织的长期目标和短期目标、组织战略方向、组织文化、组织氛围等因素。这些分析有助于组织识别自身在资源分配方面的约束条件,从而为组织的培训和发展提供指导。

二、环境分析

非营利组织的环境分析主要包括非营利组织的外部环境分析和内部环境分析。

(一)非营利组织的外部环境分析

外部环境分析通常分为宏观环境分析和微观环境分析两个层面。宏观环境分析涉及政治、经济、社会、科技、人口等宏观因素,这些因素通常对组织的长期战略选择、决策和执行产生影响;而微观环境分析则关注非营利组织的竞争者、客户、员工、所在社区以及利益相关者等微观因素,这些因素往往与组织的短期利益紧密相连。

非营利组织的外部环境分析通常包括三个主要步骤:环境调查、环境评价和环境预测。环境调查涉及通过广泛的调研和分析,识别与组织生存和发展紧密相关的各种因素,并从中筛选出关键要素。环境评价则是利用计算机模型等对这些关键外部因素和变量进行深入比较和分析,以识别组织面临的机遇与挑战。环境预测是在对组织当前环境进行分析的基础上,采用定性和定量的方法,对组织在特定战略期间内可能遭

非营利组织"慧灵"
的发展难题

遇的环境变化和总体趋势进行预测,为战略规划提供支持,这是环境分析的最后环节。

(二)非营利组织的内部环境分析

内部环境分析是指非营利组织战略设计者对本组织的优势和不足进行分析,对本组织的资源状况、管理模式和能力水平情况进行评估,做出定性和定量分析。相比于外部环境难以掌控,非营利组织对内部环境的了解和控制要容易些。一般需要重点分析非营利组织的内部管理、市场管理、财务分析等。内部管理的计划涉及人、财、物三个方面,对应人员安排、资金安排和物资安排,需要各部门合理分工、协调发展;市场管理要求预测和满足社会各阶层的需求,需要组织领导者有较高的敏感度,并能够理性地分析这些机遇可能给组织带来的回报或风险;非营利组织财务分析的首要目标是确保组织的稳定和持续发展,旨在帮助组织管理者和公众更好地了解组织的财务计划、活动和状况,帮助战略规划者制定更好地管理和利用财务资源的财务计划。

三、战略管理分析工具

参考和借鉴营利组织的战略管理分析工具,非营利组织战略管理分析工具也可以是波特的五力分析模型、PEST 分析模型和 SWOT 分析模型。

(一)波特的五力分析模型

迈克尔·波特(Michael Porter)于 20 世纪 80 年代初提出了波特五力分析模型,该模型认为有五种基本力量决定了行业内的竞争格局和强度,这些力量共同影响行业的吸引力以及企业的竞争战略选择。这五种力量分别是行业内现有竞争者的竞争能力、潜在竞争者进入的能力、替代品的替代能力、供应商的讨价还价能力与购买者的讨价还价能力

（见图 5-1）。将其运用于非营利组织战略管理分析，这五力可以理解为同类型非营利组织现在的竞争能力、潜在非营利组织进入的能力、其他非营利组织的替代能力、非营利组织与政府或其他权力部门的讨价还价能力、非营利组织与其受益者的讨价还价能力。

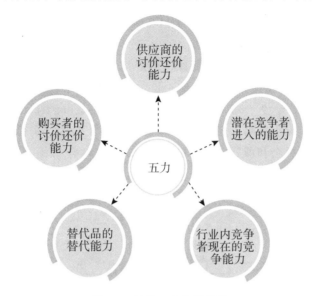

图 5-1　波特五力分析模型

（二）PEST 分析模型

PEST 分析模型是对宏观环境的分析，PEST 分别对应政治（political）、经济（economic）、社会（social）和技术（technological）四种环境影响因素（见图 5-2）。将其运用到非营利组织战略分析中，主要用于分析宏观环境对非营利组织的现实和潜在影响，是制定和评估非营利组织战略的基本工具。政治环境主要考虑影响非营利组织战略的政治、法律因素；经济环境主要考虑影响非营利组织战略的经济特征、经济联系、经济条件等；社会环境主要考虑影响非营利组织战略的民族特征、社会结构、文化传统、风俗习惯、价值观和教育水平等社会因素，以及地区的生态、资源、地理、气候等因素；技术环境主要考虑非营利组织战略的技术水平、技术政策、发展动态等因素。

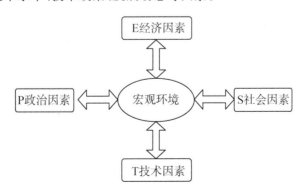

图 5-2　PEST 分析模型

(三)SWOT 分析模型

SWOT 分析即基于内外部竞争环境和竞争条件下的态势分析,就是将与研究对象密切相关的各种主要内部优势、劣势和外部机会、威胁,通过调查列举出来,并依照矩阵形式排列,然后用系统分析的思想,把各种因素相互匹配起来加以分析,从中得出一系列相应的结论,而结论通常带有一定的决策性。

运用 SWOT 分析,能够对非营利组织的内外部环境进行深入、全面且精确的评估,进而依据评估结果来制定相应的发展战略、计划和应对措施。其中,S 代表组织的优势(strengths)、W 代表劣势(weaknesses)、O 代表机会(opportunities)、T 代表威胁(threats)。按照企业竞争战略的完整概念,战略应当是组织内部的强项和弱项(即"能够做的")与外部环境的机会和威胁(即"可能做的")的有机结合(见图 5-3)。

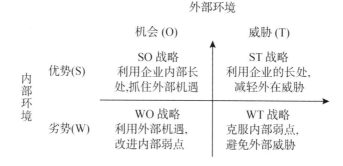

图 5-3　SWOT 分析模型

四、非营利组织常用的战略

组织的内部和外部环境是复杂多变的,所以非营利组织使用何种战略也往往难以确定,问题的关键在于每一个组织的实际情况。非营利组织在运营和发展过程中,面临着与营利企业不同的挑战和机遇。非营利组织的宗旨是为社会公益服务,因此在战略制定和实施上需要采取不同于营利企业的策略。一般而言,非营利组织常用的战略包括借力发展战略、成本领先战略、兼并战略和联盟战略。

(一)借力发展战略

借力发展战略由 R. P. 尼尔森(R. P. Nielsen)首先创造性地应用于非营利组织。[①] 该战略应用于非营利组织筹集资金,利用外部资源来推动其项目和活动的实施。借力发展战略主要包括与其他组织合作、争取政府或企业的支持,以及通过媒体和社会网络来提高组织的知名度与影响力。通过这种方式,非营利组织能够扩大其社会影响力,吸引更多的支持和资源。

(二)成本领先战略

非营利组织在运营过程中也应注重成本控制,通过有效的资源管理和高效的运营策

---

① 苗丽静.非营利组织管理学[M].大连:东北财经大学出版社,2010:37.

略来降低运营成本,从而提供更优质的服务。这种策略有助于确保组织的财务健康,同时也能够以更低的价格提供服务,增加服务的可及性。

(三)兼并战略

在某些情况下,非营利组织可能会考虑合并或兼并,以扩大服务范围和提高效率。通过合并,多个组织可以共享资源、减少重复工作,并可能获得更大的社会影响力和更强的谈判能力,以便更好地争取资源和支持。与企业兼并不同,非营利组织的兼并是考虑资源减少或降低机构的运作成本而选择的战略行为,一般兼并时更多考虑与非营利组织的宗旨是否一致以及管理机制和文化等因素。

(四)联盟战略

非营利组织通过与其他非营利组织或企业建立联盟,共同开展项目,共享资源和信息,形成合力。这种策略有助于扩大影响力,吸引更多的社会关注和支持,同时也能够更好地实现组织的使命和目标。

上述战略的共同特点是强调合作、资源共享和社会影响力的最大化,而非营利组织的成功往往依赖于其能够有效地利用这些战略来推动社会进步和改变。

第三节　非营利组织战略规划

一、非营利组织战略规划的基本框架

非营利组织的战略规划是一个综合性过程,旨在增强并保持组织的成就。非营利组织的战略规划基本框架包括理解战略规划的动力机制、运用战略转变循环的关键步骤、管理规划进程及开始战略规划等。

(一)理解战略规划的动力机制

这一部分涉及分析组织的内部和外部环境,包括市场趋势、竞争状况、政策法规等因素,以及这些因素如何影响组织的长期发展。通过分析,组织能够明确自身的优势和劣势,以及面临的机遇和威胁。

(二)运用战略转变循环的关键步骤

这一部分涉及制定具体的战略目标,包括长期目标和短期目标。通过制定这些目标,组织能够明确其发展方向和预期成果。此外,还需要制定实现这些目标的具体策略和行动计划,确保组织的行动与目标保持一致。

(三)管理规划进程

这一阶段关注如何有效地管理和实施战略规划,主要包括资源的分配、团队的协调,以及监控和评估机制的建立,以确保规划的有效执行。

（四）开展战略规划

开展战略规划涉及将上述所有元素整合到一起，形成一个具体的、可操作的战略规划。这包括确定关键的成功因素、制订行动计划，以及设定明确的里程碑和评估标准，以便跟踪进展并适时调整计划。

通过这一框架，非营利组织能够系统地规划和实施其战略，从而更好地应对外部环境的变化，实现其使命和目标。

二、制定非营利组织战略规划的基本流程

战略规划的制定是非营利组织战略管理中非常重要的一环。切实可行的战略规划，可以帮助非营利组织在瞬息万变的环境中有步骤地实现组织的使命和目标。

非营利组织的战略规划主要包括准备、分析、规划、实施、监督和评估五个基本阶段。

（一）准备阶段

准备阶段是战略管理的开始，主要任务是决定是否要进行战略规划，如果确定进行，则成立战略管理委员会，并确定大致的规划程序与进度安排，最后进行战略规划动员。

（二）分析阶段

分析阶段的任务是分析组织的内外部环境，为规划阶段提供基础。这一阶段包括组织诊断和环境分析两个部分，涉及资料的收集、整理与分析。

（三）规划阶段

规划阶段的核心任务是通过战略管理委员会组织的一系列会议，讨论和制定组织未来 3～5 年的战略规划。

（四）实施阶段

任何规划都需要通过实施转变为实际的行动和成果。战略管理的实施过程中可能会遇到资源分配、方案调整、目标改变等挑战。

（五）监督和评估阶段

监督和评估是战略规划执行之后组织必须定期开展的活动，目的是确保战略管理的顺利实施。

这些阶段既相互独立又相辅相成，构成一个完整的战略管理系统工程。每个阶段都有其特定的任务和目标，共同推动非营利组织实现其战略愿景。

第四节　非营利组织战略实施

一、非营利组织战略实施的原则

非营利组织战略实施是指为实现组织战略目标，将战略方案转化为行动从而产生结

果的过程。即使有了正确的战略,如果不付诸实施或不认真组织实施,再好的战略都是空谈。

战略实施必须以非营利组织全体成员理解组织战略为前提,同时还需要遵循一些基本原则,主要包括民主管理原则、自愿参与原则、非营利性原则、合法合规原则等。

(一)民主管理原则

民主管理原则要求非营利组织的决策应民主,充分听取和尊重成员的意见和建议,确保组织决策的科学性与合理性。

(二)自愿参与原则

自愿参与原则强调任何个人或组织都有权自愿选择是否加入非营利组织,不受任何外部强制或影响。成员有权在遵守组织章程的前提下自由退出非营利组织,组织不得设置不合理障碍。成员享有参与组织活动、决策、监督等权利,同时也有义务遵守组织章程、履行承诺、积极参与组织活动等,共同推动组织发展。

(三)非营利性原则

非营利性原则指非营利组织的设立和运作不是为了谋取私人利益,而是为了社会公益或特定群体的利益。非营利组织的活动符合社会公共利益,维护社会的和谐稳定。

(四)合法合规原则

合法合规原则要求非营利组织的活动必须遵守国家的法律法规,在法律规定的范围内进行,确保组织的合法性和合规性。

这些原则共同构成了非营利组织战略实施的基础,旨在规范非营利组织的行为,确保其能够有效地开展社会公益活动,促进社会公益事业的发展。

二、非营利组织战略实施的要点

非营利组织战略实施的要点包括明确组织的宗旨和界定组织的任务、树立组织的愿景和明确组织发展的优先目标、分析诊断组织发展中存在的问题和密切注意外部环境的变化等。

(一)明确宗旨,界定任务

明确组织的宗旨,并通过战略管理确保所有成员对其有深刻理解并形成共识,以此作为指导组织行动的纲领。同时,明确组织的具体任务,让每个成员都清楚自己要做什么和为什么服务,确保整个组织能够准确定位并实现其宗旨。

(二)树立愿景,确立目标

确保所有组织成员对组织的发展前景有共同的认识,充分激发他们参与活动的热情和创造力,从而使组织焕发活力。同时,明确组织的发展目标,区分工作的优先级,放弃那些效果不佳或不相关的任务,将有限的资源集中投入对组织发展最为关键的事务中。

(三)分析问题,关注变化

识别并分析组织发展过程中遇到的问题,推动制度上的创新,以便更好地适应持续变化的环境和需求。同时,保持对外部环境变化的敏感性,捕捉有利于组织发展的机遇,确保组织的灵活性和适应性。

这些要点共同构成了非营利组织战略实施的核心,旨在确保组织能够有效地实现其社会使命,适应不断变化的环境和挑战。

第五节 非营利组织战略评价

一、非营利组织战略评价的分类

战略评价是非营利组织战略管理的最后阶段,是监督控制战略实施,并对战略实施的效果进行评估和战略调整的过程。根据不同的标准,可以对非营利组织战略管理的评价进行不同的分类。

(一)按照评价进行的时间分类

按照评估进行的时间,可以将非营利组织战略评价分为事前评价、中期评价和事后评价三种。事前评价也可称为预评价,即在非营利组织战略规划开始实施之前进行的可行性分析;中期评价是指在战略实施过程中对实施效果的评测,包括内外部环境的重大变更对战略的影响和调整、问题的诊断与纠正等方面的评价;事后评价也叫系统评价,是在整套战略实施后,对战略实施全过程进行的一种系统性评价。

(二)按照战略评价的主体分类

根据评价主体的不同,可以将非营利组织战略评价分为自我评价和外部评价两种。其中,自我评价是在战略实施的过程中根据自身发现的问题及时进行调整的一种评价,是一种过程性评价;而外部评价一般是第三方评价,是由其他组织(可以是专门的评价机构或公众)对非营利组织战略过程的一种评价。

二、非营利组织战略评价的框架和内容

(一)审视潜在的战略基础

评审战略基础主要是对非营利组织内外部环境的评估,主要回答以下问题:(1)组织的优势是否依然是优势?(2)组织是否增加了其他优势? 如果是,有哪些?(3)组织的不足是否依然是不足?(4)组织是否有了新的不足? 如果是,有哪些?(5)组织机遇是否仍然是机遇?(6)组织是否增加了其他机遇? 如果是,是什么?(7)组织以前的威胁是否仍然是威胁?(8)组织其他威胁是否增加了? 如果是,是什么?(9)组织是否容易被竞争对手所兼并或接管?

非营利组织可以用建立修正的外部因素评价矩阵和内部因素评价矩阵的方法检查组织战略的潜在基础。修正的内部矩阵应侧重于组织在管理、组织机构、研究及计算机信息

系统方面优势和弱点的变化。修正的外部矩阵则应表明组织战略如何对关键机会与威胁做出反应。

(二)度量绩效

度量绩效主要衡量组织是否令人满意地朝既定目标发展,具体包括以下内容:(1)战略规划是否依目标执行?(2)哪些部分已经完成和尚未完成?(3)核心战略的整体成就与实施状况如何?(4)长、短期目标重点的整体成就与实施状况如何?(5)没有完成规划的原因。

这一活动需要对比预期结果与实际结果,研究实际进程对计划的偏离,评价个人绩效。战略评估的标准应当是可度量的和易于调整的,所以在这一过程中长期目标和年度目标都普遍地被采用。

(三)采取纠正措施

非营利组织在对组织内部因素进行评估之后,要决定是否有必要修改核心战略及长、短期重点目标,它包括重新审视长期目标(方案)、短期目标(作业/管理)、核心战略三个方面。一般来说,除非内外部环境均未发生变化或发展方向一如既往,否则均需采取纠正措施。

作为战略评估的最终步骤,采取纠正措施意味着组织需要通过变革来重新定位自身,以增强未来的竞争力。这可能涉及的变革包括:重组组织架构,调整关键岗位的人员配置,重新设定或修订目标,制定新的政策,重新分配资源,或实施新的绩效激励机制等。需要注意的是,采取纠正措施并不一定代表要放弃现有的战略,也不一定意味着必须制定全新的战略。

▶▶ 复习思考题

1. 简述非营利组织战略管理的概念及特征。
2. 简述非营利组织战略管理分析工具。
3. 简述非营利组织战略实施的基本原则。
4. 试述非营利组织战略管理的基本过程。

▶▶ 案例分析题

案例一　南都公益基金会召开第四届理事会第十四次会议

南都公益基金会成立于 2007 年 5 月 11 日,是一家经民政部批准成立的全国性非公募基金会,业务主管单位为民政部。南都公益基金会原始基金 1 亿元人民币,来源于上海南都集团有限公司。南都公益基金会的使命、愿景和价值观都十分明确:使命是"支持民间公益";愿景为"社会公平正义,人人怀有希望";价值观是"公共利益为上、行业发展为先、民间立场为本、杠杆作用为佳"。

2024 年 4 月 9 日,南都公益基金会第四届理事会第十四次会议在杭州举行。会议以投票表决的方式,通过了《南都公益基金会 2024—2027 战略规划落地方案》《南都公益基金会 2023 年工作总结与 2024 年工作计划》《南都公益基金会 2023 年度财务报告》《南都公益基金会 2024 年度预算及说明》以及《南都公益基金会 2023 年投资管理情况及 2024 年投资计划》。

2023 年,南都公益基金会收入 5566 万元,其中投资收入 4450 万元、捐赠收入 1032 万元、其他收入 84 万元;全年支出 4859 万元,其中慈善活动支出 4666 万元,管理费用 192 万元。年度慈善活动支出和年度管理费用的比例符合民政部、财政部和国家税务总局《关于慈善组织开展慈善活动年度支出和管理费用的规定》。

2023 年,南都公益基金会主要支持了以下几方面慈善项目的开展。

好公益平台项目通过提升优质公益产品执行能力,向政府、企业、公益组织和公众呈献优质公益产品,助力资源配置效率的提升,来推动公益慈善事业高质量发展。全年遴选出新的 11 个优质公益产品入驻平台,截至 2023 年底,好公益平台共支持 81 个优质公益产品,覆盖乡村振兴、教育、特需人群关爱、社区发展等 8 个领域,这些优质公益产品的价值获得了广泛认可。

2023 年,好公益平台项目给 44 个优质公益产品提供了非限定资金支持,并且通过费用补贴、与多个公益组织能力建设的专业机构合作等方式,针对好公益平台伙伴机构人才发展和组织发展的不同需求提供分层次的能力建设支持,推动公益从业人员、公益组织的能力提升和专业化发展。

自 2016 年启动的"好公益平台"项目,关注到人民群众日益增长的多样化公共服务需求与公益组织所提供的服务供给不足之间的矛盾。经过 7 年多的探索,该项目在全国范围内选出能有效回应人民群众需求的公益解决方案,并支持这些方案推广,带动更多地区的公益组织学习和引入创新服务模式,一定程度上补充了养老和儿童服务等重要民生领域的服务供给,推动了社会组织从数量和速度方面的外延扩张,向质量化、规模化和效益相统一的方式前进。

行业建设板块通过深化公益慈善基础设施建设,促进资源方要素和执行方能力要素发展及资源和能力要素间的良性互动,提升社会组织的能力,促进慈善事业高质量发展。

2023 年行业建设板块开展了沃土计划、区域公益生态和百个项目资助计划三个方面的工作。全年沃土计划支持了 10 个公益慈善基础设施项目,包括慈善组织保值增值助力计划、基业长青机构资助、资助者圆桌论坛、基金会救灾协调会、社区中心机构资助、捐赠圈孵化和工具开发项目、未来乡村教育协同网络等。

南都公益基金会通过公益好声音项目与主流媒体和优秀公益组织深度合作,积极拓展传播渠道,弘扬慈善文化,传播公益组织正能量。新华社、中国新闻社、《光明日报》、《中国妇女报》等主流媒体参与了主题媒体沙龙的公益项目,挖掘典型、凝练亮点,产出媒体报道 40 篇,讲好公益组织故事、传播公益组织声音。

另外,以南都公益基金会微信公众号为主要渠道,持续为公益行业提供有价值的信息、知识、经验、观点和理念,助力社会组织高质量发展。

2023 年,南都公益基金会发布《中国公益基础设施:分析框架与投资策略》研究报告。该报告旨在构建并完善公益基础设施发展的框架,基于经济学视角,在回顾基础设施和公益基础设施相关研究基础上,从公益组织这一公益活动的基本单元入手,构建微观、中观和宏观的三层公益基础设施分析框架,并基于这一框架分析中国公益基础设施发展状况和投资策略,提出聚合政府、市场和公益跨部门力量推动中国公益基础设施发展的策略建议。

资助银杏基金会开展"银杏伙伴成长计划"等项目,持续支持公益人才的发展。2023年,作为银杏基金会实施新战略的第一年,银杏基金会遵循"保有并发展公益行业关键人才,提升银杏公共价值"的战略目标,初步形成了资助业务体系,以此支持具有社会创业家精神的公益行动者实现个人成长与突破,助力他们探索创新解决方案、促进协同行动,有效地解决社会问题。

2023年,"银杏计划"更新了业务模式,全年共支持114位银杏伙伴,272人次银杏伙伴机构关键人才的成长突破;在调研基础上形成"下沉拓展"业务,支持面向云南公益人才的"青云伙伴"成长支持计划和面向残障群体的"破茧工程"残障人才支持计划,来回应行业内更多人才亟待支持的需求。

2023年,在正常推进业务工作的同时,南都基金会开展了新一轮的战略规划工作,在理解公益行业和外部形势的变化、回顾和反思2021—2023年战略成效的基础上,提出2024—2027年战略规划草案和落地方案,经理事会两次全体会议审议后通过。

资料来源:南都公益基金会召开第四届理事会第十四次会议[EB/OL].(2024-04-15)[2025-03-17]. https://mp. weixin. qq. com/s? _ _ biz ＝ MjM5ODM4NzM5Mg ＝ ＝ &mid ＝ 2651944377&idx＝1&sn ＝ 4ddbb6b447e5a4f38b04cb18bf4217bd&chksm ＝ bcafec6b76bd2ebb8aa 693c1cbd59a759d673a2948c1852c30aeb993fdeb882f46ff65f9e83f&scene＝27.

讨论:结合组织的使命、愿景以及价值观,谈谈这些对其制定战略规划的影响。

案例二 科技类社会组织助力实施科技创新战略

党的二十大报告突出了科技、人才和创新的重要性,强调要深化科教兴国、人才强国和创新驱动发展战略;提出要加快创新驱动,实现科技自立自强,集中力量攻克关键核心技术。创新是民族的灵魂和社会进步的推动力。自2006年全国科技大会提出自主创新、建设创新型国家战略以来,我国已进入创新型国家行列,但在某些核心技术领域与世界先进水平仍有差距。

科技类社会组织在社会化创新网络中扮演重要角色,尤其在整合市场创新资源、促进产学研成果转化、提高科技决策民主化以及普及科技文化等方面。这类组织在民政部门注册,服务于科技创新,具有独立性、自发性和专业性等特征,包括科研团体、科技资助基金会和社会科技服务机构等。科技创新通常涉及方向确定、资源整合、活动开展、市场占领、自主创新、品牌建设以及核心竞争力形成等步骤。非营利组织的科技创新不仅包括其自身的创新活动,也包括通过科技服务促进会员企业创新的过程。

中关村产业技术联盟联合会成立于2009年,是一家具有影响力的科技创新型社会组织,是北京中关村乃至全国产学研合作创新的典型。中关村产业技术联盟联合会由13家活跃在中关村的产业技术联盟自发组成,并于2014年3月在北京市民政局正式注册为社团法人。中关村产业技术联盟联合会先后获批科技部第二批科技服务业行业试点单位、北京市市级"枢纽型"社会组织、北京市 5A 级社会组织、中国科协"科创中国"北京科技服务团、"科创中国"中关村产业技术联盟专业科技服务团、全国工商联全国"四好"商会、北京市中关村社团第二联合党委书记单位,以及北京市科协首批特色一流学会、科技服务业创新联合体、科技成果转化服务团等。

中关村产业技术联盟联合会拥有 100 余家会员单位,关联了小米、百度等一流高科技公司在内的万余家企业,清华大学、北京大学、中国科学院、中国工程院等数百家大学和科研机构,以及其他社会组织。中关村产业技术联盟联合会在中关村的关键产业如信息技术、生物健康、高端装备、新材料、新能源和节能环保、现代服务等领域有显著影响力。

2022 年 7 月,北京市科学技术委员会和中关村科技园区管理委员会共同发布了《北京市科技型社会组织服务企业聚力发展的行动方案》,提出到 2025 年要培育 30 家以上运作规范、专业过硬、代表性强和影响力大的科技型社会组织,并带动 100 家以上科技型社会组织提升科技服务能力,以支持北京国际科技创新中心和中关村国家自主创新示范区的发展。方案还包括支持社会组织推动企业参与制定和应用国际及国家标准,搭建服务平台,每年至少服务 10000 家企业;与国际科技组织合作,促进企业国际交流;以及编制有影响力的产业报告,为中小企业提供咨询服务。中关村产业技术联盟联合会积极响应这一行动方案,致力于挖掘科技企业的创新潜力,完善创新生态系统,服务于国家创新战略,成为推动中关村产业创新发展的关键社会力量。

资料来源:李水金.中国非营利组织管理[M].北京:首都师范大学出版社,2023:237-239.

讨论题:作为科技类社会组织,中关村产业技术联盟联合会是如何助力科技创新战略的?

第六章　非营利组织项目管理

▶▶ **知识导图**

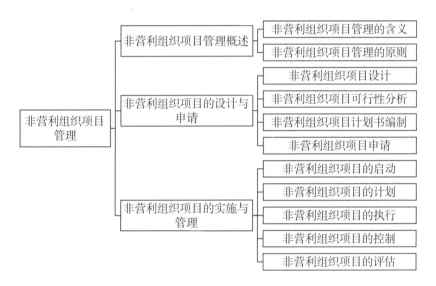

▶▶ **案例导入**

深圳龙华区开展公益项目管理赋能培训

为深入挖掘公益慈善事业在第三次分配中的潜力,适应公益项目业务场景多样化以及社会对慈善事业日益增长的需求,广东省深圳市龙华区慈善会致力于通过系统化、科学化的培训,提升慈善组织和慈善基金在公益项目运作中的专业能力。

自 2024 年 5 月 30 日起,广东省深圳市龙华区慈善会举办了为期 3 天的"行善者不独行"公益项目管理赋能培训活动。此次活动不仅为慈善工作者提供了一个学习和交流的平台,更为他们提供了必要的知识和技能,以更专业、更高效的方式管理和执行公益项目。

本次培训汇聚了公益慈善行业的精英,包括领域内的专家、学者及行业代表。培训主题覆盖了公益项目的合规管理与发展、慈善基金的运营管理、公益项目的传播与筹款策略以及社区慈善和社区治理创新。通过这次培训,参与者能够更好地理解和把握公益慈善事业的发展趋势,掌握先进的项目管理方法和工具,提高项目策划、执行和评估的能力。

资料来源:深圳市龙华区慈善会."行善者不独行"——2024 年助力龙华慈善高质量发展行业赋能培训—公益项目管理专场圆满结束[EB/OL].(2024-06-06)[2025-03-17].

https://mp.weixin.qq.com/s/O2T1720NHdtFJcaIqtBP4A.

讨论题：非营利组织开展高质量的项目管理有何意义？

第一节　非营利组织项目管理概述

一、非营利组织项目管理的含义

项目是非营利组织在现有的时间和资源条件下，为达成特定目标而展开的一系列行动。非营利组织的核心产出通常是"无形服务"而非"有形商品"，而这些"无形服务"往往通过项目的形式体现。每个项目都是独立存在的，拥有特定的受众和预期成果。对非营利组织而言，项目不仅是其实现社会使命的载体，也是其运作的中心和主要的工作方式。

非营利组织的项目以服务类为主，可按不同的标准划分为不同的类型：按其规模不同，可划分为小型项目、中型项目、大型项目和特大型项目；按复杂程度不同，可划分为简单项目和复杂项目；按资源来源不同，可划分为组织外部项目和组织内部项目；按服务的领域不同，可划分为环保项目、扶贫项目、教育项目、医疗卫生项目等。

非营利组织项目管理是指非营利组织为实现其宗旨，通过项目申请的形式获取资金和人力等资源，并进行有效配置，以组织、计划和控制项目运作过程，确保达成既定目标。与主流的项目管理相比，非营利组织项目管理有其特殊性：（1）它更侧重于服务类项目而非工程类项目；（2）项目主要向外部申请而非内部立项；（3）其主要目的在于实现组织宗旨而非追求利润最大化。

二、非营利组织项目管理的原则

由于非营利组织的特殊性，为确保非营利组织项目的成功和组织使命的实现，其项目管理需要遵循以下四条原则。

（一）紧扣非营利组织自身的宗旨

宗旨是非营利组织存在的基础和行动的最高准则。由于非营利组织具有强烈的公益属性，其项目立项和执行的每一环节都必须与宗旨保持高度一致。这种一致性是确保项目成功并实现组织目标的关键。只有在组织已经充分实现了其主要使命，并且拥有足够的资源和能力时，才应考虑涉足那些与宗旨关联度较低或不直接相关的项目。这种审慎的态度有助于确保组织资源的有效利用，并防止偏离其核心目标。同时，这也体现了非营利组织对于社会责任的承担和对公共利益的承诺。

（二）注重项目申请环节

在项目管理中，非营利组织须特别重视项目申请这一关键步骤。项目申请不仅是项目管理的起点,也是整个项目生命周期中至关重要的一环。项目申请的成功与否直接关系到组织的生存和发展。强化项目申请环节的重要性,有助于提升非营利组织的竞争力。通过精心准备和提交高质量的项目申请,非营利组织可以向资助者展示其专业性和对项目的承诺,从而增加获得资源支持的可能性。

(三)重视项目运作效率

尽管非营利组织不以营利为目的,但鉴于其内部资源的有限性,项目运作的效率同样至关重要。组织应致力于控制成本、优化资源配置,提升项目执行的效率与效能。这不仅有助于确保非营利组织在短期内实现项目目标,还能够为组织的长期发展和社会效益的持续增长打下坚实的基础。同时,非营利组织在项目管理中应坚持可持续性原则。由于许多项目周期较长,面临诸多不确定性,如人事变动和外部环境变化等,因此,项目管理的可持续性和稳定性对于减少这些突发事件带来的影响至关重要。

(四)实施目标管理策略

非营利组织在追求其总体目标的过程中,会将大目标细化为一系列具体的小目标,并将这些小目标以项目的形式分配给特定的项目团队或部门。进一步地,这些团队或部门将项目任务分解为更具体的工作单元,并将这些单元指派给更小的团队或个人,作为他们的具体工作目标。这种分层的目标管理方法确保了项目按计划进行,同时保障了项目完成的进度和质量。此外,非营利组织在团队构建上展现出高度的灵活性。团队成员的配置根据项目的特定需求和进展情况动态调整,打破了传统组织结构中的固定模式。项目团队的规模、成员的专业背景以及工作时间都保持了必要的灵活性,这不仅有助于提高团队的适应性和创新能力,也有利于有效控制人力资源成本。

第二节 非营利组织项目的设计与申请

非营利组织的项目以服务类为主,强调根据具体需求合理分配资源,并在既定的周期内实现可量化的目标。非营利组织要确立一个项目,必须进行深入的调查研究和需求评估,对可用资源和利益相关方进行全面分析,论证项目实施的可行性,编制详尽的项目计划书,并通过项目申请获得资源等。

一、非营利组织项目设计

(一)项目设计准备

在这一阶段,非营利组织运用多种方法和工具,全面收集信息,深入理解其服务对象的具体需求,识别服务对象未被满足的需求点,评估自身在哪些方面可以提供服务,从而确定组织可以发挥作用的范围,为设计项目方案奠定基础。总体而言,非营利组织在项目设计准备阶段主要关注组织自身、目标人群和合作伙伴。

1.评估组织自身需求

非营利组织对自身情况的评估主要包括对组织近期战略目标的审视,对以往项目工作经验的反思,对资源积累与筹措情况的分析等。非营利组织的宗旨是通过一系列战略目标来具体体现的。因此,在进行项目选择和设计时,非营利组织应尽量确保所选项目与组织的近期战略规划目标保持一致。同时,应充分利用组织在类似项目上的经验和知识,这些经验可以为当前项目的设计提供宝贵的参考。此外,非营利组织可运用SWOT分析工具确定自身的优势所在,识别和规避潜在的劣势,确保项目能够顺利推进并达成既定成果。

2.评估目标人群需求

非营利组织对目标人群的评估主要包括界定目标人群、识别需求的具体表现、评估需求的范围、探究需求存在的主客观成因、回顾满足需求的既往经验与成效、挖掘目标人群的潜在优势资源等。分析目标人群对项目的需求情况是非营利组织项目取得成功的关键因素之一。在这一过程中,非营利组织需特别关注建立与目标人群之间的信任关系,确保目标人群有效参与调研分析。

3.评估合作伙伴需求

非营利组织项目的成功离不开众多合作伙伴的共同努力,因而非营利组织在项目设计阶段,应当充分考虑合作伙伴的意见和需求,包括他们对需求的理解、过往在相关领域的工作经验、对待项目的态度,以及他们可能提供支持的方式和规模。

(二)项目课题选择

在评估组织内外部情况后,非营利组织可据此选择项目课题。项目课题的选择既需符合社会和项目资源供应者的需要,又需符合非营利组织自身的宗旨要求,且是非营利组织有能力完成的。

1.选题策略

(1)命题式选题。命题式选题是一种由项目资助机构设定的选题方式,它要求项目选题必须严格在既定的项目指南范围内进行。非营利组织只需评估和确定指南中的项目主题是否与组织的实际情况、资源能力以及战略目标相匹配。

(2)非命题式选题。非命题式选题是指资助机构不提供详细的项目指南,而是赋予申请者更大的发挥空间。但项目申请者与资助者都持有较为明确的课题意向,他们通过密切的沟通,不断对项目内容进行反思和调整,并最终确定选题。

(3)合作式选题。合作式选题是一种动态的、共同创造的选题方式。在这个过程中,虽然合作双方已经达成了合作的共识并确定了资金支持的意向,但项目的具体方向和目标尚未明确。双方在共同合作的基础上,通过深入的交流,逐步界定项目的核心内容。

2.项目生成策略

(1)创新。创新的核心在于其原创性和独特性,它要求非营利组织超越常规思维,提出一个新颖的点子,如找到新的社会议题、关注新的服务对象、找到新的问题破解之法等。

创新项目要求非营利组织勇于探索未知领域,通过提出和实施新颖的点子,应对社会挑战,推动社会进步。

(2)借鉴。借鉴其他非营利组织已经实施过的项目是有选择性的,不是简单的复制粘贴。在这个过程中,非营利组织细致地研究并吸收那些已经证明有效的项目实践,寻找其中符合自身实际情况的元素,然后通过内部的创新机制,将这些元素与组织的核心价值观相结合,做适当调整和优化,打造出既具有自身特色又能够满足特定需求的项目内容。

(3)移植。允许直接应用并推广其他组织的项目内容。在非营利组织领域,由于其公益性质,通常在推广理念或拓展服务时,不会存在恶意模仿竞争或违反职业伦理的行为。在这种情况下,直接移植通常是在得到原创方的许可和支持下进行的。

二、非营利组织项目可行性分析

在项目设计阶段,策划者往往会制定多个备选方案。可行性分析是对项目备选方案的最终抉择,是专门为决定每个方案在技术、政策法律、经济和管理等层面是否合理且可行所做的深入论证。当初步筛选后仅剩一个备选方案时,可行性分析重在对该方案进行更为详尽的分析,以验证其在实际操作中的合理性和潜在价值。而当初步筛选后仍有两个或两个以上的备选方案时,可行性分析则扮演着决策辅助的角色,通过对比各方案的优势和局限性,帮助决策者识别并选择最佳的项目方案。

(一)项目可行性论证

为充分考量项目设计方案的可行性,开展项目可行性论证十分必要。这一论证可以由项目团队的管理人员自行承担,也可考虑邀请外部的相关专家或组织内其他项目负责人及高层管理人员共同参与。论证过程应恪守科学、客观和公正的原则,通过逐一审视每个备选方案,提出切实可行的实施建议,帮助决策者确定最终的项目实施方案。项目可行性论证是一个系统化的过程,通常包括四个关键步骤。

1.准备阶段

准备阶段的首要任务是确定参与论证的团队成员,搜集项目设计相关的资料,并广泛搜集组织内外部的相关信息。同时,准备阶段需对收集到的信息进行初步分析,为后续的深入论证打下基础。

2.论证阶段

论证阶段主要对各个备选方案进行全面的比较分析,评估它们的优势与不足、成本费用以及预期成效。这一过程旨在识别出一个最优的实施方案,或者做出暂缓或否决整个项目的决定。

3.编制可行性分析报告

在论证阶段完成后,需要将分析结果整理成一份详尽的可行性分析报告。这份报告将作为项目决策的重要依据,向利益相关者展示项目的可行性和潜在价值。

4.制订资源筹集计划

制定资源筹集计划包括确定资助方、构建组织内部项目团队,以及评估是否需要招募志愿者等。一份良好的资源筹集计划将确保项目在实施过程中能够获得必要的资金和人力资源支持。

(二)编制可行性分析报告

可行性分析报告是整个项目可行性分析工作的核心成果,它不仅是提供给项目申请方的一份重要报告,也是对项目服务对象的承诺,还是给项目团队成员的一份指导性文件。因此,报告应当以通俗易懂的语言编写,同时确保内容的详尽性和准确性,以满足不同受众的需求。针对不同类型和规模的项目,可行性分析报告的内容会根据具体情况进行适当的调整。通常,一份全面、典型的可行性分析报告包含以下十个方面的具体内容。

(1)总论:介绍项目背景、可行性研究的主要结论、面临的挑战以及改进建议。

(2)项目背景和现状:阐述项目提出的背景、发展情况及其实施的必要性。

(3)服务对象和项目规模:调研服务对象、预测潜在服务对象数量、评估建设规模、预测项目产出对公共物品竞争性的影响。

(4)建设条件:分析现有资源与需求,选择适宜的建设区域和环境条件。

(5)技术方案:描述项目组成、生产技术方案及其他相关工程细节。

(6)项目组织:介绍项目执行团队的组织结构、工作流程,与合作伙伴的协作模式和团队培训计划。

(7)项目实施进度:列出项目实施的各个阶段,制定详细的实施进度表和预算。

(8)投资估算与资金策略:提供项目总投资估算、资金筹措策略和资金使用计划。

(9)社会效应分析:评估项目运行对社会的影响,包括对解决社会问题的贡献。

(10)研究结论与建议:总结研究结论,提出具体建议,并附上相关附件和图表。

可行性分析的结论通常有五种情况:第一种是项目具备即刻启动的条件;第二种是项目需增加资源以满足实施要求;第三种是项目需等待关键条件成熟方可进行;第四种是项目需经过局部调整修改才能继续;第五种是项目在当前情况下不适宜或无须实施。在某种程度上,识别并决定某个项目不可行,其实是一种更为深远的洞察,它有助于避免资源的无效投入,从而可能带来比推进项目本身更大的战略价值。

三、非营利组织项目计划书编制

项目计划书是项目申请是否成功的关键,是一份向资助方呈递的正式文档。精心撰写的项目计划书不仅能够反映组织的专业性和对项目的深刻理解,还能够展现出项目团队对细节的关注和对成功的承诺。项目计划书的核心目标是激发资助方的兴趣,说服其投入必要的资源以支持项目的实施。因此,对于非营利组织的项目人员而言,撰写项目计划书不仅是一项基础技能,更是一项至关重要的核心技能。

新田社区"党建十生态"社区治理模式探索项目申报书

(一)项目计划书的基本框架

项目计划书的撰写需适应不同资助机构的特定要求,这些要求往往千差万别。一些机构可能提供较为宽松的指导,不强制要求特定的格式;而另一些机构则可能规定了严格的格式标准,甚至要求包含特定的表格和模板。面对这些多样化的要求,项目设计人员需要在实践中不断积累经验,灵活调整计划书的撰写策略。尽管存在差异,项目计划书也有共性之处,通常符合以下的基本框架和要求。

1.封面

封面是项目计划书的门面,通常展示项目名称、实施地点、项目周期、资金需求、执行机构、项目负责人、申请时间等。

2.项目简介

项目简介全面而精练地阐述项目的背景、宗旨、价值、目标,以及预测项目实施完成后可能带来的积极成效。

3.主体部分

项目计划书的主体部分主要包括以下九个方面内容。

(1)项目背景和立项理由。这部分内容大致可划分为三块。第一块描述项目环境,包括地理位置、区域面积、人口统计、民族构成、交通与通信条件、经济结构、人均收入水平、教育和卫生服务情况等。第二块分析项目背景,挖掘项目需求的历史根源、发展脉络和当前状况,展现市场需求分析结果和项目实施的迫切性。第三块阐述项目意义,展望项目实施将如何影响受益人群和项目区域,描绘项目目标实现后可能带来的积极变化。

(2)项目目标。目标可划分为宏观的总体目标和细化的具体目标。在设定目标时,需关注总体目标与具体目标之间的关联性,避免设定过于宏大、抽象或难以执行的目标。

(3)项目内容。项目内容要围绕既定目标,策划一系列既具有针对性,又具备创新性的主要活动,以确保项目目标的实现。每项活动都应明确其对达成总体目标的贡献,并在项目实施过程中发挥其应有的作用。

(4)项目进度表。项目进度表是对项目内容进行细致的分解和安排。该表详尽地规划了每个阶段的任务、预定的完成时间、责任分配以及所需资源的具体要求。通过这种明确的规划,项目进度表有益于确保项目的各环节都能有序进行,每项任务都能按时完成,每项资源都能得到合理配置。

(5)项目预算。预算应尽可能详尽地列出所有预期开支,包括申请资助的部分和组织自筹的配套资金。预算项目通常涵盖以下内容:交通费、通信费、住宿和餐饮费、资料采购费、设备购置与维护费、会议和培训费、劳务报酬费、管理费以及其他可能产生的杂费。

(6)项目的不确定性及应对措施。项目在规划和实施过程中不可避免地会面临各种不确定性和潜在的挑战。因此,在设计阶段,必须对可能遇到的难题和不确定性因素进行全面评估。项目计划书中应详细描述这些潜在的风险点,并提出针对性的解决策略和应对措施。

世界宣明会针对某
社区种植养殖项目
的风险设计

(7)项目参与人员。该部分展现项目主持人和项目参与人员的个人简历,包括教育背景、工作经历、项目运作经验和相关领域的专长等。总体而言,主持人的情况要更为详尽一些,其他项目参与人员的介绍可相对简单一些。

(8)项目成果。该部分阐明项目实施后期望达到的具体成果。如果有需要,这一部分不仅要阐明项目最终目标的实现情况,还应包括项目在不同阶段,尤其是中期时所期望达到的关键里程碑。

(9)项目评估方法。该部分规定项目在实施前、实施中和实施后不同阶段所采取的评估方法。这些方法旨在监控项目进展,确保各项活动与既定目标保持一致,并在项目完成后进行深入的反思和总结。

4.附件

在项目计划书中,附件包括机构介绍、与政府有关部门的合作备忘书、项目的实物资料等。

(二)项目计划书的撰写

掌握项目计划书的基本框架并不意味着已经能够撰写出打动资助方的项目计划书。要想真正获得资助方的青睐,在撰写项目计划书时还需特别注意以下几个问题。

1.确定写作风格

撰写项目计划书首先要厘清写作的出发点和目标受众,明确计划书的目的和预期效果。例如,在撰写申请材料时,深入研读申报指南和理解信息发布者的关键信息导向是不可或缺的步骤。根据受众不同,我们应灵活调整文风和语言。若目标是政府机构,计划书应展现出严谨正规的态度,强调政策依据和官方表述,确保内容的权威性和合规性。若申请对象是基金会,了解其文化和偏好至关重要,根据其风格和价值观,我们可能选择更具感染力的叙述方式,以情感和故事来打动评审人员。

2.规范写作格式

大多数项目申请都会提供特定的格式指南,我们应依照这些指南来组织内容。在缺乏统一格式的情况下,我们可以根据前文提及的基本逻辑框架,自行设计一个结构清晰的框架进行撰写,确保所有必要的信息都能得到明确而完整的表述。根据计划书所处的不同阶段,我们可采取相应的撰写策略。在项目接洽的初期阶段,可以起草一份简洁的项目意向书,其主要目的是表达基本的合作意向和框架思路。一旦对方显示出兴趣,我们可以根据反馈进一步发展整合成为一个更为详尽和规范的项目计划书。如果项目计划书获得批准并准备进入实施阶段,就需要准备一个实施方案,重点描述具体的操作步骤和执行策略。此外,在项目的后期,还需要撰写总结评估报告,以反映项目的成果和经验教训。

3.追求创新性

非营利组织的价值不仅体现在其对社会的贡献上,还体现在其创新能力上。尽管单个非营利组织的资源有限,但通过发现新需求、提出新理念、创造新方案,并以示范效应扩大影响,非营利组织的潜在作用是巨大的。因此,在设计项目和撰写项目计划书时,非营利组织要注重创新而非重复旧有模式。真正的创新应具有持久性,能够持续产生价值。项目应设计成可复制、可推广的模式,以实现广泛的影响力。如果创新仅在特定条件下才能成功,难以被他人模仿或应用,其价值就会受到限制。

四、非营利组织项目申请

(一)项目申请的渠道

非营利组织申请项目的渠道主要包括政府资助、企业赞助、个人捐赠以及基金会支持四种,每种渠道都有其独特的关注点、合作方式和局限性,见表6-1。比如,政府往往特别关注项目是否具有创新性,能否突出工作亮点,能否提升政府形象,以及项目在缓解社会矛盾、促进和谐稳定方面的潜力。企业则会更加关注项目对企业经济效益和品牌形象的潜在影响。

表 6-1   非营利组织项目申请的渠道

渠道	核心关注点	合作方式	局限性
政府	创新性、亮点、政府形象	购买服务、资助服务	独立性、形象工程
企业	经济效益、品牌知名度	项目冠名、物资捐赠、慈善义卖、专项基金	经营风险、声誉
个人	解决服务对象遭遇的困难	捐赠、义卖、志愿者	公信力、信誉度
基金会	项目策划与实施效果	项目申请、项目支持	门槛、灵活性

资料来源:李飞虎,黄静.非营利组织经营与管理[M].北京:北京大学出版社,2016:129-130.

(二)项目申请的流程

在确定目标资助机构,并按照对方要求完成项目计划书之后,非营利组织下一步的工作就是提交申请报告。资助机构收到申请报告之后,一般会在一段时间之后做出答复。这个时间段可能是固定的,也可能是不固定的。比较成熟的资助机构都会公布一个做出回应的时间期限,如收到报告一个月之内或三个月之内将做出回应。也有一些资助机构对于不打算资助的申请不做回复。因此,非营利组织在提交申请后,应耐心等待资助机构的评审过程,并准备好在收到反馈后迅速做出回应。

通常情况下,资助方在审批申请时不会立即无条件批准,而是会提出一些建设性的调整建议。这些建议往往富有洞见,对提升项目质量和可行性具有重要价值。申请方在收到这些反馈后,需要审慎地根据资助方的意见对申请报告进行必要的调整,在保持项目核心理念和目标不变的同时,灵活地吸纳资助方的合理建议。

经过精心修改的报告应当重新提交给资助方进行审阅。若资助方对修改后的报告感到满意,申请便有望获得批准。若资助方认为报告仍需进行调整,申请方便需根据反馈继续进行优化。在某些情况下,如果资助方认为报告存在根本性问题,无法通过修改达到要求,那么申请可能会被终止。

(三)项目申请的注意事项

非营利组织项目申请的过程是一个与合作伙伴相互了解、建立信任的过程,其间需特别注意四点。

第一,与合作伙伴建立良好关系的基础不在于表面的拉拢或简单的应酬,而在于对资助方的工作模式、兴趣点和核心宗旨有深刻理解。只有深入掌握这些信息,申请者才能确保其项目与资助方的需求相契合,从而提高获得支持的可能性。

第二,资助者很少会在对申请者缺乏了解的情况下,仅凭一份项目申请书就做出是否资助的决定。实际上,成功的申请往往建立在面对面的会谈和深入讨论之上。虽然通过引荐可以在初期帮助建立联系,但真正的信任则需要通过直接的沟通和实地考察来深化。

第三,资源总是稀缺的,申请者在设计项目时必须严格遵循项目申报指南,确保项目内容与资助方的目标和专注领域保持一致。

第四,在提交申请书之后,持续地跟进是非常必要的。即使初次申请未能成功,通过定期更新项目进展,可以持续展示项目的价值,为未来的合作机会打下基础。

第三节 非营利组织项目的实施与管理

项目申请一经批准,便标志着项目正式步入实施阶段,项目管理的具体工作也随之展开。尽管各个组织在项目管理方法和程序上各有千秋,但它们的核心目标是一致的:通过优化资源配置和加强活动管理,确保在资源有限的前提下达成既定的项目目标。非营利组织的项目实施与管理过程通常遵循一个连贯的流程,涵盖了项目的启动、计划、执行、控制和评估五个核心环节。

一、非营利组织项目的启动

(一)组建团队

为确保项目的有效实施,非营利组织应依据项目特点组建专门的管理和执行团队。这个团队将承担起项目运作的引擎角色,负责动员和整合必需的资源,确保各项行动协调一致,并直接对实现项目目标担负起责任。

项目负责人通常冠以"项目经理"头衔,大型项目还会设立分项目经理。项目经理的主要职责是处理项目中的技术难题和组织协调工作,确保项目顺利进行。鉴于其职责的重要性,项目经理应具备深厚的项目管理经验、卓越的团队领导力和出色的公共关系技巧。此外,丰富的社会经验和一定的个人魅力也是其职位的加分项。项目经理通常从组织内部的资深员工中选拔,尤其重视那些拥有相关工作经验的候选人。同时,非营利组织也可以考虑从外部引进合适的专业人才,以满足项目管理的特定需求。为了确保项目经理能够有效地履行职责,组织需要对其进行充分的授权,提供足够的自主权,以便其在授权范围内根据项目实施计划,独立安排工作、调配资源和控制项目进度。

项目经理一人并不足以支撑整个项目的运行,一个高效协作的项目执行团队同样不可或缺。项目经理的角色是指导和监督团队成员的工作,确保项目目标的顺利实现。在组建团队时,应重视项目经理的意见和选择,因为他们对项目需求和成员能力匹配有深刻的理解。为了弥补项目团队在特定领域的专业技能不足,可以策略性地引入外部专家,他们的专业知识和经验可以为项目带来新的视角和解决方案。此外,为了体现项目的包容性和参与性,邀请受助方和资助方的代表加入项目管理团队是一种可行的做法。

(二)形成团队工作机制

项目团队的组建是一个汇聚顾问、执行人员、参与方及志愿者等多元角色的过程,它要求跨专业乃至跨领域的紧密合作。为确保这种多元化合作的顺利进行,项目团队必须建立一套合理的工作机制,包括明确分工合作的职责定位,确保每个成员都清楚自己的角色和任务;建立定期沟通的渠道,如通过例会、月报、简报等形式,保持团队成员间的信息流通和有效沟通;制定严格的财务管理流程,包括财务审批和监控,以确保资金的合理分配和使用;设定工作考核标准,通过进程规定和绩效评估来监控团队成员的工作表现和进度。

非营利组织的管理和执行团队必须对项目拥有深入且全面的理解,展现出深度的实践参与和宏观的视角。对于许多处于起步阶段的公益项目而言,执行人员可能以志愿者或兼职者的身份参与其中,这要求在选拔或聘请执行人员时,不仅要重视其专业能力,更要确保他们能够持续稳定投入必要的工作时间。没有充分的工作投入,即便是最出色的项目和最有才华的人,也难以发挥其应有的执行效果。

(三)召开启动会议

项目团队中的普通工作人员可能对项目的具体操作和实施细节不够熟悉,这就要求项目启动阶段必须组织一次兼具动员和培训双重目的的会议。项目启动会议的目的是让所有参与人员对项目的全局有一个清晰的认识,包括项目的基本概况、核心目标、服务对象、详细计划、各自的职责分工、资金的分配情况,以及可能遇到的潜在风险和挑战。通过这次会议,工作人员不仅能够明确自己的角色和任务,而且能够对项目的执行策略和运作机制有一个全面的了解。

二、非营利组织项目的计划

项目实施方案是指导非营利组织如何有效地调配所需的人力、财力、物力资源以及宣传策略,以确保项目目标实现的安排。虽然项目计划书已经明确了项目的基本信息,如目标受众、活动内容、预算分配等,但它往往不涉及具体的执行细节。项目实施方案的作用在于将项目的核心理念和战略转化为一系列清晰、可行的行动步骤,为执行团队提供明确的操作指南,并为项目的实施与管理提供依据。

并非所有组织都需制定一套正式且详尽的书面项目实施方案。实际上,只有规模较大、资源较为丰富的非营利组织才有能力详细规划项目实施方案,并对执行过程进行严格监控和管理。对于规模较小或资源有限的组织而言,项目实施方案可能更为简单,但仍需确保关键要素和行动步骤得到妥善规划与执行,以保障项目目标的实现。

长期项目还需要制订年度计划。年度计划应详尽阐述非营利组织一年内计划开展的活动及其优先级排序、具体的时间安排、所需的资金规模与筹资策略、人员的配置需求与培训计划、各项活动负责人及其职责明细、合作伙伴信息、评估与激励机制,以及进度监控方案等。根据项目的复杂性和需求,年度计划还可以进一步细化为季度、月度乃至周度计划,其制定原则和方法与年度计划保持一致。当然,非营利组织必须认识到,计划的制定不可能预见到所有可能发生的因素,因此它并不总是需要被完全严格地执行。组织内部的状况和外部环境都可能发生变化,这就需要我们在实施过程中保持灵活性,根据实际情况合理地、及时地对计划进行调整。

(一)项目实施方案的基本框架

制定项目实施方案有一套基本的框架,通常包含以下几个核心部分。

第一,项目目标:阐述项目的指导思想、总体目标以及分阶段的年度目标。

第二,工作内容:详尽描述项目的工作范围、具体任务和技术指标,应尽可能地将工作内容中的指标量化。

第三,方法与手段:介绍项目实施过程中将采用的方法和技术手段。

第四,预期效果:明确项目完成后期望达到的具体成效,包括有形的成果和无形的影响。

第五,进度安排:列出项目各阶段的工作计划和时间表,确保项目负责人能够全面掌控项目进度,并根据实际情况进行适时调整,以符合预定的时间框架。

第六,组织架构:阐释项目实施的组织结构,包括承担单位、合作伙伴及其职责分工,同时明确项目的管理和保障机制。

第七,项目预算:详细列出项目实施所需的资金计划,评估项目的经济价值和潜在收益。

(二)项目实施方案的编写

项目实施方案通常由标题、正文、落款三个部分的内容构成。

1. 标题部分

确定项目实施方案的标题通常有三种方法:第一种是二要素法,即"实施的内容＋文种",如"大学社团参与社会服务能力建设项目实施方案";第二种是三要素法,即"制文单位＋实施的内容＋文种",如"湖南光爱之家居家助残服务项目实施方案"。第三种是四要素法,即"制文时间＋制文单位＋实施的内容＋文种",如"二〇一二年长沙市社会工作人才队伍建设项目实施方案"。

中国妇女发展基金会 2023 年"@她创业计划"项目年报

2. 正文部分

项目实施方案的正文通常分为引言、核心内容和结尾三个主要部分。

(1)引言。引言的撰写应追求简洁明了,重点阐述制定项目实施方案的目的和所依据的原则。通常,先明确制定方案的目标,接着概述制定方案的理由,通过精炼的介绍,确保方案的目的和依据被清晰而准确地传达。

(2)核心内容。项目实施方案的核心内容通常包括四个部分:一是强调实施项目工作的必要性。二是明确项目的指导思想、目标要求和基本原则。三是规划项目的步骤、时间表和方法。四是提出包括资源配置、风险管理和激励机制在内的一系列保障措施。根据不同的项目需求和参与方特点,实施方案的主体内容可以适当调整,以确保方案的有效性。

（3）结尾。结尾部分通常需要对方案的实施提出明确的执行要求和期望。这一部分应当简洁有力,旨在确保所有参与方能够统一思想,形成共识,共同致力于方案的贯彻实施。对于较为复杂的项目,结尾部分还应鼓励参与方根据自身的具体职责,制订更为详尽的执行计划,并明确具体的操作步骤和相关要求。

3. 落款部分

在正文右下角写上实施机构的名称和起草日期。如果标题中已经写明实施机构,可以省略不写,直接写起草日期。

三、非营利组织项目的执行

非营利组织的项目执行是动员和利用组织所能筹集到的与项目相关的全部资源,以实施项目计划的具体行动。这一过程标志着项目从规划阶段过渡到实际操作,是实现项目目标的关键活动。由于项目最终的产出是在这一阶段被创造和完成的,因而它成为项目管理周期中至关重要的一环。

项目执行是一个连贯的工作流程,涉及对即将进行的任务进行周密安排。在这一过程中,对参与人员进行授权是关键,这不仅赋予他们执行任务所需的自主权,也确保了他们能够迅速响应并处理工作中遇到的各种情况。同时,时间管理和控制是确保项目按计划进行的核心,需要制定详尽的时间表并严格监控项目进度。项目费用预算管理同样重要,它涉及成本控制和资金的有效分配,以及对预算变化的及时调整。最终,组织项目团队按照项目计划协同工作,完成预定任务。通过这一系列紧密相连的步骤,项目团队能够确保项目高效、有序地向前推进,直至成功完成。

要将设计蓝图转化为具体的实践并实现既定目标,单靠项目设计、实施计划和管理机制是不够的,还需要依赖人力资源、资金支持、专业知识与技能、外部联系网络以及合作伙伴等资源。项目可以根据其资金来源划分为两大类:内部资助项目和外部资助项目。其中内部资助项目主要基于组织的目标、社会需求以及可动用的资源。而外部资助项目除了需考虑组织宗旨、社会需求和现有资源外,还必须兼顾潜在资助方的期望、偏好和财务能力。

在组织追求的目标与其所拥有资源和能力之间,往往存在一定的差距,这使得领导者们常感到愿景宏伟但资源有限。为了实现超越现有能力范围的目标,寻求合作伙伴成为关键。精心设计的项目往往能够巧妙地运用合作策略,通过与各方的协作来弥补自身的不足。成功的项目实施需要广泛的合作网络,这不仅包括受助者、资助方和志愿者,还涉及地方政府、媒体和其他非营利组织等关键合作伙伴。项目管理者的角色是建立并维护这些合作关系,发挥各方的资源和能力优势,以实现项目目标。

四、非营利组织项目的控制

在项目实施过程中,由于对环境认知的局限性和信息收集的不完整性,可能会出现一些意料之外的变数,这些变数有可能导致项目实际成果与预期目标之间产生偏差。面对这样的挑战,实施项目控制显得尤为关键。

项目控制是一个依据既定计划和指标,对项目实施的各个环节进行持续监督、审查和分析的过程。它涉及定期或不定期地检查项目进展,识别与原计划的偏差,深入分析偏差原因,制定并提出纠偏措施和实施方案。项目控制的内容主要覆盖进度、财务、人事和风险四个方面。

(一)进度控制

组织必须根据项目实施计划中设定的关键指标,对项目的实际进展进行细致的测量和评估。通过这一过程,组织能够识别计划与实际执行之间的差异,探究差异产生的根本原因,并据此制定解决方案。随后,组织需根据这些方案采取具体行动,确保项目按计划推进,实现既定目标。

在项目管理中,保持透明度和开放性至关重要。组织应及时与相关方进行沟通,对项目中遇到的问题采取积极解决的态度,而不是回避或隐瞒。这种沟通和问题解决的过程应通过定期的"进度报告"来体现,以确保信息的及时更新和共享。

(二)财务控制

健全的财务管理对于项目顺利实施至关重要,它确保了项目各参与方能够通过财务报告来监控资金流动和项目经济状况,同时这些报告需接受独立审计并对外公开,以增强透明度。为此,组织应为项目设立独立的账户,确保资金专用,并由专业财务人员管理,严格执行预算控制支出,避免无预算开支,且预算的任何修改都需得到上级管理层和资助方的批准。项目团队应保持警觉,尽早识别可能出现的财务缺口,并迅速寻找解决方案,对任何财务问题都采取积极态度,及时采取措施予以解决。

在一些情况下,项目团队可能无须承担筹资任务,只需专注于资金的有效使用,按照预算支出。然而,在许多情况下,项目团队还需承担筹资的任务,这时财务控制的重点不仅是支出,更重要的是收入的控制,以满足项目所需的资金需求。项目团队需要根据筹资计划和方案积极行动,确保项目能够获得所需的资金支持,完成筹资目标。无论是支出还是收入,项目团队都应展现出对资金管理的责任感,以保障项目的顺利进行。

(三)人事控制

组织应对项目团队成员,尤其是项目经理,进行定期的绩效评估,确保每位成员都能胜任其职责。一旦发现有不称职的情况,应及时采取措施,包括必要的人员调整,以保障项目管理的效率和效果。同时,组织应致力于营造一个和谐的工作环境,预防和解决团队内部的冲突,激发团队成员的积极性,增强团队的凝聚力。

合理的人员流动管理对于维护团队稳定性和持续发展至关重要。对于新加入的成员,组织应提供全面的培训和指导,确保他们能够迅速融入团队并发挥专业能力。通过上述措施,组织能够构建一个高效、稳定且具有强大执行力的项目团队,为项目的成功实施提供坚实的人力资源保障。

(四)风险控制

不确定性是不可避免的,风险总是存在。因此,如何有效地识别、预防和控制风险,以及如何在风险发生时迅速而有效地应对成为项目管理的重要内容。非营利组织应从每一次风险应对中吸取教训,不断提升自身的应对能力。

在风险控制方面,非营利组织应采取以下措施。首先,制订全面的应急方案,深入考虑各种可能的突发状况,并提前规划应对策略,确保在风险降临时能够迅速而有序地响应。其次,定期开展风险分析,形成详尽的报告,报告中应包含对风险的描述、发生可能性的评估、潜在影响的分析以及具体的应对措施。最后,保持对风险的高度警觉,一旦发现风险迹象,应立即采取行动进行处理,防止风险的扩散和升级。

五、非营利组织项目的评估

项目评估是指对已经完成的项目的目标达成情况、执行过程、成效、项目管理能力所做的系统的、客观的分析。

(一)项目评估的意义

项目评估的价值体现在多个层面:第一,项目评估通过对项目实施过程的细致审视和总结,验证项目是否已经实现了既定目标,评估项目执行的有效性,以及核心绩效指标是否已经达成。第二,项目评估通过深入分析和评价,揭示项目成功或失败的根本原因,从而积累宝贵的经验,促进组织成长。第三,项目评估通过提供及时且富有洞察力的反馈,为未来的项目规划、决策制定以及提升项目管理能力提供了重要的参考。项目评估不仅仅是对过去工作的评价,更是一种前瞻性的活动,它帮助组织从已完成的项目中汲取知识,不断优化,以更加明智和高效的方式推进未来的工作。

在某些情况下,非营利组织需要引入第三方进行独立的项目评估,这不仅是为了增强项目透明度和公信力,有时也是资助方的明确要求。与企业的产品或服务不同,非营利组织的项目受益人往往不直接支付所享用产品或服务的费用。这些费用通常由资助方承担,并且资助方往往直接将资金拨付给非营利组织,而非通过受益人转手,这可能导致受益人对非营利组织的监督和问责能力受限。此外,资助方可能由于缺乏兴趣、精力或专业技能,而无法对非营利组织的项目执行进行充分监督。在这种情况下,独立评估的作用变得尤为关键。它不仅能够提供一个客观的评价,揭示项目的优势和不足,为非营利组织提供改进的依据,同时为资助方提供决策支持,还能够增强资助方和公众对项目执行的信心。

(二)项目评估的内容

在启动正式的评估流程之前,评估工作的组织者必须精心挑选合适的评估人员,并制定详尽的项目评估提纲或评估标准,以确保评估工作的明确性和系统性。非营利组织项目评估内容的构建通常围绕四个核心维度:项目方案、项目实施、项目管理以及项目成效。

1.项目方案评估

项目方案评估着重考查项目方案的专业性和规范性,确保服务计划不仅逻辑严密、易于执行,而且能够切实满足服务对象的需求,并与项目的整体目标保持一致。同时,项目方案评估还包括对服务对象界定的适宜性,以及需求调查分析的精确度。评估过程中,需求分析报告的完整性和结构性同样受到关注,确保其能够为项目服务的覆盖范围和目标指向提供合理的依据。此外,预算方案的评估则着眼于其是否遵循了目标相关性、政策相符性、经济合理性以及公益导向性等原则，以确保资金的分配和使用既符合项目目标，又符合经济效益和社会责任。

2. 项目实施评估

项目实施评估着重于确认项目是否配备了符合项目方案要求的专业人才，并且这些人员是否能够在实施过程中充分发挥其作用。同时，评估还关注项目实施过程中所使用场地、设备、服务设施及相关物资是否充足并符合项目的实际运行需求。此外，项目实施评估还包括对项目工作与组织宗旨、使命的一致性进行核查，确保项目活动不仅与组织的核心价值和目标相符，而且与项目方案设计的内容基本保持一致。

3. 项目管理评估

项目管理评估着重检查项目是否已经建立并执行了一系列关键的管理制度，包括人事管理、财务管理、物资管理以及保密制度。同时，评估还包括对项目实施与管理规范和程序的完善性进行审查，关注服务对象权益保障制度的构建情况，以及项目团队是否基于服务方案制定了总体工作计划和阶段性工作安排。此外，评估还审查项目是否有明确的进度管理制度，是否合理安排了工作进度，以及是否建立了项目质量保障与评估指标体系。评估过程中，还会检查项目执行机构是否对实施过程中可能存在的风险进行了预估，并制定了相应的应急预案。最后，项目资金使用是否严格遵循预算执行方案和财务管理制度也是评估的重要内容。

4. 项目成效评估

项目成效评估重在审视项目是否达到了既定目标，以及这些目标的实现程度。评估不仅关注项目成果的量化指标，也深入探讨服务对象、购买方、项目执行方对项目过程和成效的满意程度，确保项目的成功不仅体现在结果上，也体现在各方的感知和评价上。此外，项目成效评估还着眼于项目带来的社会效益，包括项目的影响力、可持续性以及可推广性等。

▶▶ 复习思考题

1. 简述非营利组织项目管理的内涵与原则。
2. 分析非营利组织项目与一般工程项目的区别。
3. 简述非营利组织项目设计书的基本框架。
4. 归纳撰写非营利组织项目实施方案有哪些注意事项。
5. 简述非营利组织开展项目评估的主要内容。

▶▶ 案例分析题

案例一 杭州亚运会的公益项目

2023年9月23日晚，第十九届亚洲运动会在杭州隆重开幕，这是继北京和广州之后，中国城市第三次承办亚运会。

杭州亚运会将体育赛事与公益事业紧密结合，亚组委精心打造了"亚运梦想"这一公益品牌,力邀郭晶晶等6位杰出人士担任"杭州亚运会公益圆梦大使",共同推动体育与公益的深度融合。同时,杭州亚运会还成功组建了一个由18家单位组成的"联合助梦方",成员包括赞助企业、公益组织和新闻媒体等,汇聚了社会各界的力量。这一多方合作的模式,不仅展现了杭州独特的体育公益特色,更为大型体育赛事增添了丰富的文化内涵。

杭州亚组委精心打造的公益体系,成功吸引了高达7.8亿人次的关注和参与。这一公益举措不仅为社会各界参与体育赛事开辟了新路径,也借助亚运这一国际赛事平台,推动了亚运公益夏令营、亚运梦想圆梦系列行动等一系列活动,为共同富裕示范区的建设贡献了积极力量。例如,通过捐赠支持2022所"亚运足球梦想学校",点燃了无数孩子的足球梦想;将奥运冠军的体育课堂带入乡村小学,让孩子们近距离感受体育精神;为残障学校和残疾人之家提供定制的助残体育装备,让更多残障人士能够享受到体育的快乐;亚运场馆建设者子女和浙东革命老区的学生获得了宝贵的观赛门票,共享亚运盛事。

资料来源:李春漫.杭州亚运会打造亚运公益体系[EB/OL].(2023-10-10)[2024-12-20].http://www.csgub.com.cn/news/shehui/20231010138319.html.

讨论题:杭州亚运会的公益项目有哪些?公益活动在大型赛事中的运用对于传递亚运会的核心价值观有何积极影响?

案例二　"蓝信封"书信项目及其管理

蓝信封留守儿童关爱中心(以下简称"蓝信封")创始于2008年,是一家专注于乡村儿童心理陪伴领域的专业公益机构。蓝信封的宗旨是遵守宪法、法律、法规和国家政策,践行社会主义核心价值观,遵守社会道德风尚,弘扬爱国主义精神,致力于构建志愿者与留守儿童长期的朋辈间心灵交流的平台,引导留守儿童确立积极健康的生活态度,唤起社会对留守儿童的广泛关注,共创平等互爱的和谐社会。蓝信封持续得到社会各界的认可:中国社会组织5A评级认证,第六届中国青年志愿服务公益创业赛金奖,全国农村留守儿童关爱服务和权益保护示范项目等。

项目开发

蓝信封书信项目关注10～14岁青春初期的乡村儿童,他们情绪稳定性不足,对父母叛逆,对朋辈若即若离。他们背负着学习压力,为身体发育而困扰,开始追抖音快手,有自己喜欢的歌曲和明星,也开始有了懵懂的理想。该年龄段的孩子具有强烈的被倾听、探知外边世界的诉求,需要情感倾诉。

蓝信封项目招募志愿者与乡村儿童结交笔友,以一对一朋辈陪伴的方式,持续一年半时间,鼓励孩子在书信空间中的情感表达,引导其健康快乐成长。项目面向所有孩子开展,其核心是书信笔友活动,孩子可以在书信往来中尽情表达情感,志愿者扮演"树洞"、笔友的角色,为孩子提供心理陪伴而不是心理治疗。项目以社工"助人自助"理论为基础,强调孩子和志愿者的共同成长。16年来,蓝信封已为来自全国1478所学校的乡村儿童,提供书信陪伴服务,来往信件达181万封。

项目流程

1. 学校立项

蓝信封会前往拜访当地教育局/团委,建立合作关系。当学校成功提交申请表后,蓝信封将会对学校负责老师开展相应的培训,并签订立项协议书。

2. 通信孩子的需求调查、选取

蓝信封通过关于乡村儿童心理状况和倾诉需求的调查,选取出有需求、有意愿的孩子参与书信项目,优先选取特殊家庭的孩子,如留守儿童、孤儿等。

3. 通信志愿者的招募、选拔、培训

蓝信封面向全国招募优秀的志愿者(高校大学生和企业人士),并为通过严格筛选的志愿者提供专业培训。通过培训考核的志愿者正式成为"蓝信封通信大使"。

4. 通信孩子与通信大使的配对

蓝信封为入选的通信孩子一对一配对适合的通信大使,一般原则为女学生只能配对女通信大使,配对时会考虑孩子的兴趣尽量配对兴趣较为一致的志愿者。

5. 通信维护

蓝信封与乡村学校共同开展项目运营期间的通信维护,包括管理收发信、跟踪通信进展、处理通信过程中发现的通信儿童的特殊状况(如在信中表示想自杀、伤害他人、离家出走等)。

6. 通信咨询及月度培训

通信周期中,通信大使需要在 3 个学期分别完成 3 节基础类通信课程的学习和 12 节可自主选择的高级类课程(关于留守儿童心理、书写疗愈作用、青春期孩子心理及干预机制等),让通信大使了解通信孩子,从而更好地去响应孩子的问题,提升自身的情感连接能力。蓝信封设置专业的通信指导老师,及时给予通信大使回信指导。

7. 通信结业

一段关系的结束需要好好告别,蓝信封会在每一阶段的通信结束之际,给通信大使和通信孩子开启结业会,引导双方写好最后一封信,总结通信过程中的成长与收获。

8. 通信回访

通信结束后,蓝信封会通过填写结业回访表、家访等方式给通信孩子做回访,评估孩子的通信感受和效果。同时,蓝信封也会以电话回访的形式了解通信大使的通信感受,帮助其梳理与孩子之间的通信关系及收获。

项目检测与评估

首先,蓝信封建立了学校通信异常监控机制,实时监测书信来往周期,保障通信关系的持续性。根据距离通信大使信件寄出的间隔天数,划分为绿灯(1~19 天未回信,通信正常)、黄灯(20~29 天未回信,通信预警)、红灯(30 天以上未回信,通信异常)三级。其次,蓝信封构建了较为完善的项目信息公开制度:实时展示月捐人的捐赠明细,每月公开财务报表和工作报告,每年公开审计报告和年度报告。最后,蓝信封通过其他方式评估项目成效,如分析项目产生效果的机制,梳理典型案例,开展案例回访工作等。

资料来源:根据蓝信封留守儿童关爱中心官网资料整理而成。

讨论题:蓝信封如何设计与运作书信项目?

第七章　非营利组织营销管理

▶▶ **知识导图**

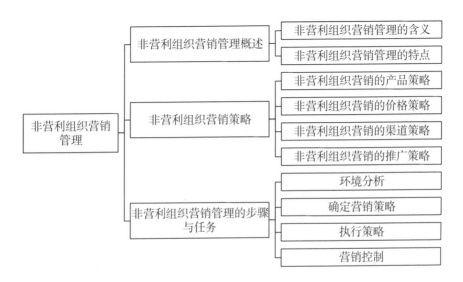

▶▶ **案例导入**

阿拉善 SEE 生态协会的品牌营销：首推"善仔"IP 形象

阿拉善 SEE 生态协会(以下简称"阿拉善 SEE")于 2004 年 6 月正式成立,它在中国公益领域有着独特的地位,是首个以社会责任为使命,由众多企业家参与组成,且将保护生态作为核心目标的社会团体。多年来,阿拉善 SEE 及其会员积极投身环保公益事业,为推动环保公益行业的蓬勃发展不遗余力,通过先后发起多家基金会,将业务触角延伸至荒漠化防治、气候变化与商业可持续、滨海湿地保护、生物多样性保护、自然教育、长江大保护、绿色供应链、行业发展支持等多个关键的环保议题,致力于构建起一个立体多元的环保组织架构。

"善仔"IP 形象的诞生和品牌营销初衷

2023 年 11 月,阿拉善 SEE 对外公布了其精心打造的首个品牌 IP 形象 ——"善仔"。这个名为"善仔"的 IP 形象极具特色,整体以清新的绿色为主色调,给人一种自然、环保的视觉感受。它的模样十分可爱,身材微胖,双颊透着淡淡的粉红,双腿笔直且修长,而那别具一格的梭梭状发型更是让人眼前一亮,整体形象呆萌可爱,仿佛是从大自然中走出的环保小精灵。

阿拉善 SEE 理事、品牌战略负责人吕曦详细介绍了推出"善仔"IP 的初衷。她指出，阿拉善 SEE 的诞生与内蒙古自治区阿拉善盟有着深厚的渊源，"一亿棵梭梭"项目更是协会广为人知的标志性项目之一。"善仔"被赋予了阿拉善 SEE 生态环境保护大使的重要角色，其名字一方面来源于阿拉善 SEE 的缩写，另一方面也蕴含着"上善若水"的美好寓意，旨在传递人与人、人与自然应当和善相处的理念。

吕曦坦言，阿拉善 SEE 内部机构、品牌以及项目众多，相互之间的关系错综复杂。在她担任本届治理团队工作后，首要任务便是对整个机构的品牌体系进行全面梳理。她解释道，如果协会在开展每一次活动或者项目宣传时，仅仅是进行单个点的信息输出，那么这些信息很容易就会湮没在如今海量的资讯当中。而"善仔"这样一个拟人化的形象出现后，情况就大不一样了，它能够在如今信息粉尘化的媒体环境里，发挥串联各个项目与活动的关键作用，助力品牌资产的沉淀，让外界对阿拉善 SEE 形成统一的认知。

IP 形象的筛选与确定过程

吕曦还分享了"善仔"IP 形象的确定过程。当时，他们收集了众多的 IP 形象设计稿，经过层层严格筛选，最终留下了两个比较满意的方案，然后依据这两幅纸面作品精心制作出实物样品，再交由阿拉善 SEE 评审组做最后的定夺。吕曦强调："每一个形象的创作背后都有着一套完整的构思逻辑，比如要塑造出何种类型的形象，着重突出哪些符号元素，还有身头比等细节方面都需要精心考量。因为一旦改变了这些元素的搭配，如把某个符号放到另一个不同的身头比当中，整体的美感就会大打折扣，所以我们在选择时是基于完整的设计进行抉择的，而不是抽取元素随意重组。"

公益组织品牌营销和运作的特点

在品牌营销和运作方面，阿拉善 SEE 有着明确的定位和考量。吕曦明确否认了阿拉善 SEE 会围绕"善仔"IP 形象展开深度商业运作的可能性，她表示："阿拉善 SEE 作为一个公益组织，始终将履行公益责任放在首位，大部分的资源和精力都投入各类公益项目当中。打造'善仔'这个 IP 形象，更多的是作为一种补充手段，用于向社会公众传递环保理念，提升公众认知，同时也是为公众筹款开辟一条补充渠道，助力品牌资产的积累。但它绝不是经营的主体，能够投入的资源也是相对有限的。"虽然公益组织和商业机构在品牌塑造时都重视清晰的战略定位，但公益组织有着更高的要求和底线。比如在内容创作方面，商业品牌在选择内容方向以及代言人等问题上，往往有着相对宽松的空间，有时候为了追求流量和关注度，甚至可能会刻意制造一些话题来博眼球。然而，公益组织必须时刻保持严谨性，无论是打造的人设、输出信息的语境、使用的材料，还是说话的口吻等，都要首先考虑其社会效益。这也是为什么阿拉善 SEE 在"善仔"IP 形象的打造上会耗费如此长的时间，力求做到尽善尽美。吕曦进一步强调，公益组织做品牌战略的规划相较于商业品牌要求要高出许多，在很多关键环节都需要取得突破。从"善仔"IP 形象的整个创建历程不难看出，品牌建设对于公益组织未来的发展而言，是极为重要的增长驱动力，所以必须投入一定的资源去用心经营。而且，公益组织在品牌建设过程中，要不断去适应其自身所要求的严谨性、规范性，确保品牌建设能够契合公益组织的使命和社会责任。

资料来源：全亚军. 阿拉善 SEE 推出首款 IP 形象"善仔"[EB/OL]. (2023-11-21)[2025-03-17]. https://www.zgcsb.com/news/pinDao/2023-11/21/a_481566.html.

讨论题：分析公益营销与商业营销的异同。

第一节　非营利组织营销管理概述

一、非营利组织营销管理的含义

科特勒在《营销管理》一书中将营销定义为"在适当的时间、适当的地方，以适当的价格、适当的沟通和推广手段，向适当的消费者提供适当的产品和服务的过程。"营销是一种将外部需求和期望与组织的目标、资源相匹配的方法。科特勒与凯勒将营销管理视为艺术与科学的融合，它涉及选择目标市场，并通过创造、提供和传播优质的顾客价值来吸引、保留和提升顾客的科学与艺术。对于营销管理，学者有着许多不同视角的诠释。比如，有学者认为营销管理是个人或群体通过创造、提供出售并同他人交换产品和价值，获得其所需、所欲之物的一种社会和管理过程。营销管理属于企业管理能力范畴，是指企业通过制定市场营销战略，建立组织机构、配备人员队伍，并在营销过程中管理文化的牵引下实现营销计划。

营销不仅仅是营利组织的专用工具，也同样适用于非营利组织。无论是倡导环境保护，还是保护多元文化、弱势群体；无论是政府扶助，还是志愿者奉献活动，都涉及营销。营销理念已经成为非营利组织成功的基本要素之一。对于非营利组织而言，进行营销管理意味着要通过对目标群体及其需求的分析，将组织提供的公益产品推向公益市场，与目标群体创造、建立和维护一种有益的交换关系，从而达成组织使命和目标，实现公共利益和价值。在此过程中，"组织面对的公益市场需要什么样的商品与服务""如何定价才能使顾客有购买的意愿""通过哪些渠道、媒介，以什么样的方式将产品与服务销售出去"等问题都是非营利组织营销管理者需要关注的焦点。

非营利组织
营销的作用

本教材将非营利组织营销管理定义为：非营利组织为满足目标群体需求，通过开展项目，向目标群体或社会大众提供具有使用价值和交换价值的准公共产品，以此来达到实现组织使命的目的的一系列管理活动。

二、非营利组织营销管理的特点

非营利组织营销管理一般具有以下特点。

（一）综合参与性

在非营利组织中，组织内部的每个人都应树立营销意识，不仅要"想顾客所想"，还要考虑捐助者的需求，尽其所能地创造价值。顾客涉及资源吸引和资源配置问题，捐助者则主要涉及资源吸引问题。

在非营利组织中树立全员营销理念，要求从组织最顶层的高级主管，到一般工作人员，每个人都必须关注营销并付诸行动，善于思考非营利组织与其他利益相关者的关系。例如，积极倾听包括学生、观众、患者、家庭成员、机构代表、赞助商等在内的利益相关者对组织的反馈和建议，主动挖掘利益相关者的需求和期望，明确组织应提供的价值，并基于市场动态推动营销创新。

(二)目标多元化

不同于以营利为目的的企业，非营利组织营销的目标不在于利润最大化，而是更注重实现多样化的目标，努力实现社会效益和公众利益最大化。非营利组织的营销不仅要确保组织自身的持续发展，更要关注目标群体的福祉，并将推动社会公共利益作为其营销活动的最终目的。对非营利组织的营销人员而言，实现所有目标是非常有难度的，需要善于确定关键目标，以便更高效地分配和利用资源。

(三)营销社会化

非营利组织的营销是一个复杂的社会化系统工程，它不仅涉及组织内部的因素，还需要考虑组织与外部社会环境之间的关系和互动。20世纪70年代，一些学者如杰拉尔德·蔡尔曼(Gerald Ialtwan)和菲利普·科特勒(Philip Rotler)等提出了社会营销的概念，强调追求社会效益的最大化。非营利组织的营销活动更侧重于客户的长期利益和社会福利，因此，营销策略和计划中通常包含较多的社会营销元素，有的非营利组织还设置了社会营销经理(manager of social sarketing)。另外，志愿者等社会力量的参与，可以降低非营利组织的营销成本，提高组织营销的效率。

(四)注重公共关系

公共关系是指通过有计划和持续的努力，构建并维持组织与公众之间的良好理解和沟通。在非营利组织的营销管理中，公共关系扮演着至关重要的角色。此外，公共关系也是塑造和维护组织形象的重要手段。例如，随着医疗改革的深入，国内一些医院也开始注重市场营销，其核心就是强调形象塑造和公关宣传。

此外，非营利组织的运作和管理工作同样受到社会公众的监督。非营利组织提供的公共服务通常享受资助和政府税收优惠，因此它们的营销活动必须符合或促进公众利益，并接受公众监督。在这个意义上，非营利组织与公众之间的联系显得尤为重要。

第二节　非营利组织营销策略

非营利组织的产品是介于政府提供的公共产品和营利组织提供的私人产品之间的产品形态——准公共产品。非营利组织提供的产品大多趋向于服务或综合利益。服务是一种活动或利益，是有形产品和无形服务的统一。非营利组织在目标市场上开展营销活动以实现自己的目标。产品（product）、价格（price）、渠道（place）和推广（promotion）是传统营销的四大基石,也同样构成了非营利组织营销策略的核心内容。

一、非营利组织营销的产品策略

(一)非营利组织的产品分类

非营利组织提供的产品是准公共产品,准公共产品的类型多样,既包括无形的价值观、态度及看法等,也包括实践行为和行动等。一般而言,按照产品的形式,非营利组织产品可以分为有形产品和无形产品,无形产品又可以分为观念产品和实践产品(见图7-1)。

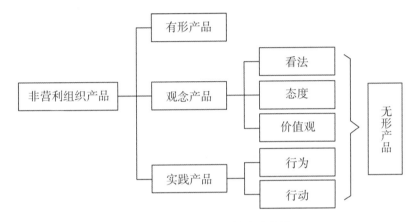

图 7-1 非营利组织的产品分类

有形产品,如非营利医院的药品、红十字会提供的物资等。这种产品与营利组织的有形产品区别不大,包括产品质量、外观、样式、品牌和包装等。但非营利组织的有形产品并不是主要产品,而是实现某个社会行为的工具。例如戒烟糖是为戒烟运动服务的,非营利性医院是为病人服务的。

观念产品和实践产品是无形产品。观念产品包括看法、态度、价值观,如"吸烟有害健康""贫困孩子需要救助"的观念等;态度是对人、物、观念积极或消极的评价;价值观是有关什么是正确的和什么是错误的总体观念。实践产品包括行为、行动等,如环保组织发放环保宣传单等。

值得注意的是,非营利组织产品对应人们的需求,是非营利组织营销需关注的核心。因此对非营利组织产品相对应的目标群体进行需求分析是有必要的。

(二)非营利组织的产品生命周期与阶段性营销

在某种意义上,所有的产品和服务都有生命周期,一旦它们进入市场,通常会依次经历导入期、成长期、成熟期以及最终的衰退期。产品和服务过程通常遵循这四个明显的阶段,每个阶段都与市场营销和需求紧密相关。通常,产品生命周期呈S形曲线。

1.产品生命周期

呈S形的产品生命周期阶段一般包括产品和服务缓慢增长的导入期、市场快速接受的成长期、增长有所减缓的成熟期、绩效明显下降的衰退期。

对非营利组织而言,进行产品生命周期分析是至关重要的。通过有效地运用生命周期分析,非营利组织能够在产品生命周期的不同阶段制定合适的营销策略。不同的市场因素在产品生命周期各个阶段呈现出不同特点,如表 7-1 所示,这些特点为非营利组织制定营销战略提供了有益帮助。

表 7-1　各种因素在产品生命周期各阶段的特点

因素	生命周期阶段			
	导入期	成长期	成熟期	衰退期
顾客	经验性的	大量市场	大量市场	迟缓
竞争	低	受主要竞争者影响	效仿	高
单位成本	高	快速下降	稳定	低
促销成本	高	总体增加	稳定	下降
价格策略	高	灵活	稳定	防守
销售	低	快速增长	缓慢增长	下降
现金流	负	适中	高	下降

2.产品生命周期的阶段性营销

根据产品生命周期的特点,非营利组织产品生命周期阶段性营销管理包括导入期、成长期、成熟期和衰退期的营销管理策略(见表 7-2)。

(1)导入期的营销战略。在导入期,由于收入较少,且促销费用较高,因此非营利组织营销的重点应是加大促销力度,以吸引人们的注意,并鼓励人们尝试使用新产品。

(2)成长期的营销管理。在成长期,产品的早期采用者是促使尝试成败的关键,因此,营销的重点集中于那些影响力较大的对象,以此来带动潜在购买者的大量采用。随着成熟市场的到来,非营利组织的管理者应积极调整自己的营销战略。

(3)成熟期的营销管理。进入成熟期后,非营利组织的产品和服务已经被市场广泛认知,目标客户群体的增长趋于稳定。此时非营利组织的管理者应积极调整自己的营销战略,加大宣传,及时实施产品改进和营销组合改进策略。

(4)衰退期的营销管理。在衰退期,非营利组织的供应总量开始缓慢或迅速下降,维持一个衰退的市场会使组织付出很高的风险和损失,因此必须及时调整对策,建立起衰退期产品的识别系统。在此阶段需支持产品创新,开始开发多样性产品,或提供附加产品或服务。具体可采取的策略有:第一,持续策略,即维持原有的细分市场、营销渠道、定价及促销活动,以保持组织在当前供应水平的稳定;第二,集中战略,即将组织的全部资源集中投入最具竞争力的细分市场上,放弃其他细分市场;第三,收获战略,即大量地缩减开支,增加现金收入;第四,放弃战略,即转手给其他组织,减少对原有顾客的服务。

表 7-2 非营利组织产品生命周期特点和营销策略

生命周期	特点	营销策略
导入期	消费者认识度低	促使公众首次尝试使用新产品
成长期	销售迅速增长,新竞争者开始加入	促使公众首次尝试使用新产品
成熟期	市场成熟,客户稳定,大量竞争者加入市场	加大宣传,增加产品,实施扩展策略
衰退期	由于技术创新或消费偏好转移导致产品供大于求	提升产品品牌,支持产品创新,开发多样性产品,提供额外附加产品

(三)非营利组织的产品品牌策略

与企业品牌类似,非营利组织也可以塑造自身的公益品牌形象。美国市场营销协会将品牌定义为"一个名称、术语、标记、符号或图案设计,或是它们的不同组合,用以识别某个或某一类企业或组织的产品或服务,使之与竞争对手的产品和服务相区别"。一个组织的品牌主要包括三个部分:名称、标志和商标。

品牌策略通常涵盖以下几种:产品线扩展策略、品牌延伸策略、多品牌策略、新品牌策略和合作品牌策略。其中,产品线扩展策略是指非营利组织在增加现有产品线的产品时,继续使用现有的品牌名称。例如中国青少年发展基金会采取的诸多活动都使用"希望工程"这一品牌。品牌延伸策略涉及将一个已建立的品牌名称应用于一个全新的产品类别。这种延伸不仅仅是品牌名称的简单借用,更是对品牌整体价值的策略性利用。品牌延伸是实现品牌无形资产转移、发展的有效途径。多品牌、新品牌、合作品牌策略分别是在相同产品类别中引进多个品牌、创造新的品牌和与别的品牌合作的策略。

二、非营利组织营销的价格策略

对非营利组织而言,价格意味着对组织提供的产品与服务收取一定的费用,而非营利组织营销管理的前提之一就是对产品与服务进行合理的定价。一方面,虽然非营利组织不以营利为目的,但这并不意味着非营利组织只能免费提供产品与服务,如果无法通过收费弥补提供产品与服务的成本,非营利组织的活动可能难以长期维持。另一方面,如果定价超出了受益者从使用产品与服务中所获得的收益,那么非营利组织的产品与服务也无法得到受众的认可,同样会影响组织的发展。因此,非营利组织管理者应当通过科学合理的产品定价增加顾客对产品的认同,从而获得合理的经济收入,用于支持组织的长远发展。

对非营利组织而言,合理的定价策略既是保护性措施,也是防御性措施。一方面,定价策略有助于预防或减少公共产品供给中可能出现的"搭便车"和"囚徒困境"现象,这些现象可能导致"公地悲剧"。通过定价可以补偿非营利组织在提供公共产品时的损失,减少普遍服务带来的社会公平问题,这是一种保护性策略。另一方面,定价策略也有助于防止非营利组织出于私利抬高公共产品的价格,这是一种防御性措施。因此,定价对于非营利组织具有双重意义,在确定价格时应该以组织的使命为基础,在覆盖公共产品供给成本的同时,确保公共利益的最大化。

具体的价格策略包括成本导向的价格策略、需求导向的价格策略和竞争导向的价格策略。

(一)成本导向的价格策略

成本导向的价格策略是以成本为基础进行定价,它是定价的底线,如博物馆的礼品店。成本定价操作简单可行,但容易被竞争对手复制模仿而失去优势。

(二)需求导向的价格策略

需求导向的价格策略是根据人们的需求程度而不是根据成本的高低来定价,需求导向定价所采用的最普遍形式是需求差异价格法。需求差异定价即使用两种或两种以上不同的价格来销售同一种产品或服务。

需求导向的定价方法又可分为以下几种:(1)根据顾客差异进行定价,即按不同的价格把相同的产品或服务提供给不同的顾客,例如部分博物馆对本地居民实施免费或低价门票政策,对外地游客收取全价门票。(2)根据产品或服务的差别进行定价,例如对公立医院来说,主任医师的挂号费高于普通医师的挂号费。(3)根据地点差别进行定价,例如非营利组织的贫困补助可能根据不同地区的消费水平来确定。(4)根据时间差别进行定价,例如对贫困儿童的培训费在周末进行可能收费要贵一些。

需求导向的定价策略能够挖掘市场的独特需要,可以很好地满足细分市场需求,但这种定价方法也容易被竞争对手所模仿,并且对价格进行差异定价也容易让顾客产生不公平感。

(三)竞争导向的价格策略

竞争导向的价格策略就是非营利组织在进行定价时,不用考虑价格和成本或需求间的关联,只瞄准竞争者的价格,可高于、等于或低于竞争者价格。

采用竞争导向的定价策略可以获取相对于竞争对手的竞争优势,可以有效推动产品的市场占有,并且能够与竞争对手维持均衡的局面;但是竞争导向的定价策略容易招致竞争者的反击,如果其价格低于成本,则可能给非营利组织带来经济损失。

三、非营利组织营销的渠道策略

(一)非营利组织营销渠道的概念和职能

营销渠道指的是产品或服务从供应商传递到消费者手中时,涉及的所有参与单位和个人,包括那些获得产品或服务以及协助转移其所有权的各方。简而言之,营销渠道是产品和服务从生产者流向消费者的具体通道或路径,亦即所覆盖的范围。在这一条营销渠道上,拥有三点一线,三点为:起点为供应商、生产者;终点为客户、消费者;中点即中间环节,包括所有参与商品交易活动的批发商、辅助商、代理商和经纪人等。所以,只要是从生产者到最终用户或消费者之间,任何一组与交易活动有关并相互依存、相互关联的营销中介机构均可称作一条分销渠道。对于非营利组织来说,渠道意味着组织需要知道面对的目标群体,他们如何能够以最快捷的方式获得产品与服务。

　　非营利组织要想把自己的产品或服务以最快捷便利的方式推广给目标群体,必须有良好的营销渠道。由于非营利组织以非营利自居,且自身资源具有稀缺性,想要完成一条营销渠道通常要借助中间环节经销商等,如非营利组织的出版社借助书店销售其图书。但中间环节也不是必要的,例如,中欧工商管理学院采用直销的方式销售其 CEO 的课程,只要非营利组织有足够的资源及能力,有时候也可以采取直销的模式。

　　市场营销渠道对产品或服务从生产者转移到消费者所必须完成的工作加以组织,消除产品或服务与使用者之间的距离。非营利组织市场营销渠道的职能包括以下八种:(1)研究,收集制订计划和进行交换时所需的信息;(2)促销,进行有关供应商品的说服性沟通;(3)接洽,识别潜在的买家并与他们进行沟通;(4)配合,调整供应的商品以满足买家的需求,包括制造、评分、组装、包装等;(5)谈判,就商品所有权转移的价格和相关条件进行最终谈判;(6)实体分销,从事商品的运输和存储;(7)融资,为覆盖渠道运营的成本而进行资金的筹集和使用;(8)风险承担,承担与渠道工作有关的风险。

(二)非营利组织营销渠道的类型

　　渠道的核心要素是如何落实产品与服务的可获取性和优质性。在资源有限的条件下,非营利组织必须考虑组织产品与服务的可及性,通过判断目标受众的活动和习惯以及对现存渠道系统的经验分析,获取更有效的营销渠道,使受益者能够以便捷的方式、在合适的场所获得自己需要的产品与服务,让组织的理念和信息有效地被目标群体接受。非营利组织营销渠道可分为有形产品和无形产品两大类。

　　1. 有形产品的非营利组织营销渠道类型

　　在非营利组织中,有形产品的营销渠道主要有四种,如图 7-2 所示。

　　零级渠道,也被称为直接渠道,从图 7-2 中可以看到,零级渠道是非营利组织直接到目标群体的一种直接营销的方式,也就是没有中间环节的营销渠道的一种特殊情况。没有了中间环节,非营利组织可以通过入户、邮寄或网上订购等方式实现营销。零级渠道通常是那些大宗、高价值或技术复杂产品的销售所采用的主要营销渠道,这类产品往往需要提供专门的服务和支持。

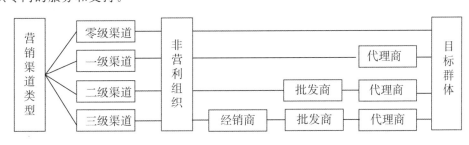

图 7-2　营销渠道的类型

　　一级渠道与零级渠道相比多了一个中间环节,这个中间环节通常是代理商、经销商(工业品市场)或零售商(消费品市场)。

　　二级渠道有两个中间环节,这两个中间环节通常是代理商和批发商或者批发商和零售商。

三级渠道有三个中间环节,即经销商、批发商和代理商。

2.无形产品的非营利组织营销渠道类型

无形产品虽然显得虚无缥缈,但非营利组织有多种方式将这些产品传递给顾客。许多研究者认为,大众传媒是信息传播和提供的主要工具,因此它成为分销无形产品的关键渠道。此外,非营利组织的特点是有大量志愿者参与,这些志愿者与顾客的互动构成了非营利组织独特的分销渠道。同时,专业人士如医生提供健康教育和咨询服务,也是分销无形产品的重要角色。

首先,在传媒领域,存在多种类型的传播渠道,包括电视、广播、报纸、杂志、户外广告和网络等。信息从组织传递到顾客通常会经过不同层级的传媒渠道。媒体传播可以分为三个层级:(1)一步传播模式,即非营利组织直接通过媒体将信息传递给目标顾客;(2)两步传播模式,即信息首先传递给最初接收者,然后由这些最初接收者再传递给最终顾客;(3)多步传播模式,即信息在广告机构和媒体间以更复杂的路径进行传播。

其次,志愿者常常是将非营利组织产品或服务传递给顾客的关键一环,他们的形象直接关联到非营利组织的整体形象,他们与顾客的互动对非营利组织的长期成功至关重要。因此,理解和满足志愿者的需求变得尤为关键。通常,志愿者加入非营利组织的动机可以归结为三点:追求个人兴趣、坚信组织的事业对社会有益,以及希望为他人提供帮助。这些动机是非营利组织在分析和激励志愿者时必须考虑的重要因素。

最后,专业人士在产品分销过程中也发挥着重要的作用。比如在戒烟活动中,医生作为专业人士是最重要的分销渠道,承担着促进吸烟行为改变的重要责任。非营利组织在分配产品时应当努力吸引这些专业人士的加盟。一方面,可以通过法律法规等强制性措施促使他们加入,让他们认识到如果不参加非营利组织的运动就可能增加他们的经营成本或损害他们的声誉。另一方面,也可以通过奖励机制和营销策略来激励他们的合作,让他们看到参与这些活动能够带来资金支持和声誉提升。

在无形产品分销过程中,媒体、志愿者和专业人士的作用不是孤立的,而是相辅相成的。非营利组织通常会综合运用这三种方式以优化分销效果。在某些情况下,可能会以大众传媒为主要渠道,同时辅以人际网络传播,有时则反之,具体需根据组织的实际情况灵活运用。

四、非营利组织营销的推广策略

推广对于非营利组织意味着通过何种方式来宣传组织以及产品,如何使得受益群体与社会公众更加全面地了解组织信息,吸引公众对产品的注意力和对组织的关注。推广是非营利组织营销中的一个重要因素,常见的推广方式包括广告、公共关系、人员推销和媒体宣传活动,或者上述手段的一系列综合运用,其核心要素是产生和维持对非营利组织产品或服务的需求。

多数非营利组织倾向于选择受众易于接受的媒介来传播有关目标市场的信息,目的是让消费者认识到其服务项目的价值。在推广过程中,非营利组织不仅宣传自己的产品和服务,还传递其理念、信仰、价值观和道德准则,以促使消费者的理解、信任和参与。非营利组织的推广通常包括以下几种方式。

(一)广告

广告是指以付费的方式,通过一定的媒体,向一定的人,传达有关产品、服务、品牌及形象的信息,以期达到一定目的的信息传播活动。广告对非营利组织具有以下几个方面的作用:(1)提高产品或品牌知名度。非营利组织将一个新产品或品牌投放市场后,要想提高产品或品牌的知名度,就必须主动进行广告宣传,让消费者每天通过各种媒体都能够接触到有关产品或品牌的信息,如电视上经常出现的节约水能源、安全驾驶、保护环境的广告。(2)广告有利于塑造品牌的个性或形象。(3)维护品牌地位。要想维护品牌地位,使品牌"如日中天",就必须进行广告宣传,让顾客随时随地能够看到、听到。

广告的一个重要方面是选择媒体,其目的是寻求最佳传送路线,可供选择的媒体有社交媒体、内容社区、广播、电视、报纸、杂志、户外广告牌、宣传册、海报与传单、电影、标志符号等。

(二)销售促进

销售促进是指在短期内进行信息传播活动的方法和手段。与经常的、有计划的广告活动不同,促销多用于一定时期、一定任务的短期或特别推销,不像广告活动那样具有滞后性,而是能迅速产生刺激作用。销售促进的形式有销售会议、招待会、POP 展示、抽奖奖券等。

销售促进的效果比较显著,但是也要注意避免使用不当,如果使用不当,会影响促销的目的,甚至损害非营利组织的形象。需注意从以下几个方面对销售促进予以控制。

1. 选择适当的方式

要根据产品或服务的性质以及消费者的接受习惯等因素选择合适的销售促进方式。

2. 确定合理的期限

控制好销售促进的时间长短也是取得预期促销效果的重要一环。推广活动的持续时间应当适中,既不宜过长也不宜过短。如果推广时间过长,可能会使消费者感到麻木,削弱刺激需求的效果,甚至可能引起怀疑或不信任;而如果推广时间过短,则可能使得一些顾客未能及时接受销售促进的好处,从而无法实现最佳的推广效果。

3. 切忌弄虚作假

在销售促进的全过程中,一定要坚决杜绝徇私舞弊的短视行为发生。一定不能弄虚作假,欺骗消费者。

4. 注重推广中后期的宣传

开展销售促进活动要注重中后期的宣传。在宣传中后期,十分重要的宣传内容是销售促进中的非营利组织的兑现行为。这是消费者验证非营利组织推广行为是否可信的重要信息资源。

(三)公共关系

公共关系是指一个组织为了增进公众对组织的认识、理解、信赖和支持而进行的宣传与报道,以塑造良好的组织形象。公共关系的形式包括专访、报道、演讲、研讨会、赞助活动、宣传活动、特别事项等。

非营利组织的成功运作在一定程度上有赖于其开展有效公关活动的能力。大型非营利组织尤其注重公关活动。例如,非营利组织会定期在媒体和网站上公布捐赠者名单和捐赠数额。部分组织还专门设立展示柜来展示那些虽无具体使用价值但具有象征意义的小礼品。义卖、义演等活动已成为非营利组织公关活动的重要形式,具有较强的社会吸引力。许多公关活动还会邀请知名人士参与,以吸引公众关注和媒体报道。然而,由于邀请明星的成本较高,大多数非营利组织更倾向于邀请政府官员参与活动。如果确实需要邀请名人,非营利组织应尽量选择与活动主题有关的名人,以确保活动的效果。

需要说明的是,非营利组织举行公关活动应注意时机的选择,以及宣传概念的策划。例如,天津的鹤童老年福利协会在 1997 年 10 月进行了国内首次非营利机构评估,并进行了适当的宣传。此次评估由中华慈善总会牵头,中国社会科学院、民政部研究所、北京大学、南开大学、香港社会保障学会、天津市护理学会等 9 家单位参与,专家评估共持续 3 个月。

一般来说,公共关系具有以下功能:(1)信息沟通,公共活动的本质是通过双向沟通,有效地达成组织与公众之间的信息交流,增进公众对组织的认识和了解。(2)协调各种关系。协调关系包括协调组织与外部公众关系、组织内部各部门之间关系、领导与群众关系。通过协调关系为组织创造良好的发展氛围,进而推动组织目标的实现。(3)妥善处理危机事件。危机事件的妥善处理有利于稳定人心和引导舆论。(4)塑造组织形象。公共关系活动的直接目的是塑造良好的组织形象,从而赢得社会公众的信赖。

此外,非营利组织营销管理者在推广过程中应关注以下几个问题:组织营销的目的是什么? 为了达成这一目的应该向目标群体传递什么样的信息? 利用什么样的渠道可以提高信息传播的效率? 非营利组织最终需要制定有效的推广手段获取目标群体的关注,并打动目标群体来增加市场对组织产品或服务的需求。应当注意的是,非营利组织在推广过程中,更重要的是将组织的价值观念传递给目标群体,使他们能够正确理解和支持非营利组织。

第三节　非营利组织营销管理的步骤与任务

一、环境分析

非营利组织在进行市场营销之前,需要对环境进行分析,使得制定营销策略时更有把握。一方面,非营利组织需要对外部宏观环境有正确了解。首先,我国人口的年龄结构中老龄人口占比较高,我国已经进入老龄化社会,民众对养老、医疗、保健等方面的需求将会进一步加大。其次,一个国家的经济水平、消费者的收入水平及支出结构对非营利组织的营销管理会产生重要的影响。最后,我国不同地区的文化,即人们的生活方式、教育背景、风俗习惯等都有所不同,非营利组织在实施市场营销时需具体问题具体分析。这些都能保证非营利组织更加确定自己的服务对象、服务内容和活动等是否适宜。

另一方面,非营利组织应该重视对微观环境的了解。首先,非营利组织对自身的优势和劣势应有清晰的认识。其次,组织中各个部门的关系以及它们之间的配合协调,直接关系到组织的营销活动开展是否顺利,因此要尽量掌握和控制好组织中各部门、机构之间的关系和协作。最后,服务对象对于非营利组织的营销管理也有重要影响。服务对象对非营利组织主要提供的产品或服务的质量好坏有着最直观的感受,因此非营利组织的产品或服务受到公众的关注与监督,必须重视沟通和掌握服务对象的动态情况。

二、确定营销策略

在对非营利组织内外部环境进行分析后,非营利组织已经能够把握自己在当前环境下所处的位置,以及内外部环境对自身的约束和提出的需求,这时,在非营利组织宗旨的指引下,非营利组织的全体成员应分析营销策略的主要内容。著名营销大师菲利普·科特勒强调,营销中最重要的任务是研究市场,进行市场区分,锁定你想要服务的目标市场,并做好市场定位,从而创造出满足市场需要的服务。确定营销策略的步骤主要包括:目标市场选择、市场定位及营销组合。

(一)目标市场选择

目标市场是指在需求异质性市场上,企业根据自身能力确定现有和潜在的消费者群体的需求。对非营利组织而言,市场指向最终的受益者或服务对象,营销的首要步骤就是界定这个市场。非营利组织目标市场选择的主要步骤如下。

1. 市场界定

非营利组织营销策略面对的市场包括四种主要对象。

(1)投入者,指捐款人、资助者等;

(2)内部人员,指管理者、工作人员、决策者、志愿者等;

(3)中介者,指提供各种信息、帮助或中介服务的人;

(4)消费者,指项目受益者、居民、购买者、媒体、一般公众等。

2. 市场细分

市场细分的角度很多,但遵循的标准通常包括以下几个方面。

(1)互相排斥,即细分后的市场彼此完全分离;

(2)毫无遗漏,即每一个目标的人群都能够被包括在各个细分市场之内;

(3)可以衡量,即每个细分市场的大小、购买能力及组成都是可以衡量的;

(4)可以实现,即每个细分市场都不是抽象的,是可提供具体服务的;

(5)数量足够,即各细分市场规模足够大,值得去开发;

(6)差异反应,即各细分市场对营销策略的反应有差异。

常见的市场细分包括以下几种类型。

按地理分区,即依据所在的空间地理位置分区,主要的指标包括国家、地区、地方、乡、镇、市、邻里、城市的规模、城乡的交通和网络构成,以及人口密度、气候特征、位置特征等;

按人口和社会经济分区,即根据人口统计学和社会经济统计资料分区,主要指标包括年龄、性别、婚姻、家庭大小、家庭组成、收入、职业等。

按心理分区,即依据心理形态进行分区,主要指标包括人格特质、生活形态、价值观、性格、动机、承诺等。

按功能分区,即依据组织管理目的进行分区,包括咨询、医疗、家庭教育等。

除此之外,非营利组织还可运用一些特殊的标准来细分市场。科特勒提出的利益细分和亏损细分是两种非常实用的市场细分法。根据利益细分法,很多市场由三种核心利益的细分市场组成:质量型购买者、服务型购买者、经济型购买者。例如,质量型购买者在高等教育市场中可能只关注名牌大学,而有些消费者可能会在收益不明确或低于成本的情况下进行交换,如参与无偿献血活动。这也正是非营利组织与营利组织的差异之一。

3.目标市场战略

目标市场战略主要包括三种:无差异市场营销、差异性市场营销和集中性市场营销。无差异市场营销是指组织在对市场进行细分后,忽略各个子市场的具体特征,而只关注子市场的共性,决定推出单一产品,并采用单一的市场营销组合,以期在一定程度上满足广泛的顾客需求。差异性市场营销是指组织同时服务于多个子市场,为每个市场设计不同的产品,并在分销渠道、促销和定价策略上做出相应的调整,以满足各个子市场的特定需求。集中性市场营销是指组织将全部资源集中投入一个或少数几个具有相似特征的子市场,力图在较少的子市场中获得较高的市场份额。

借助目标市场战略,非营利组织很容易通过市场细分,选择组织想要且能为之提供服务的人群。

(二)市场定位

市场定位又叫作竞争定位。非营利组织的市场定位是指组织根据自身的优势,在市场上寻找一个独特的位置,进而扮演一定的角色。其目的在于使组织与其他相互竞争的组织有明显的差异,也让目标市场正确认识组织的独特性。

非营利组织进行市场定位的依据包括:产品的特色定位,即服务特色;顾客利益定位,即突出产品能给予顾客某一方面更多的利益;使用者定位,即把产品引导给某一特定顾客群体;竞争定位,即突出组织产品与其他竞争者同类产品的不同特点,通过评估选择,确定对本组织最有利的竞争优势并加以开发。

非营利组织市场定位的关键是塑造独特的形象和价值,并在公众心目中占据一个与众不同的位置,以此树立组织在社会上的积极形象。非营利组织需要确立一个得到公众认可的公益形象,这通常通过塑造组织形象、员工形象和服务形象来实现。通过这种方式,非营利组织能够在社会上产生广泛的影响,形成强大的形象感染力,提升组织的知名度和美誉度,从而增强公众对组织的信任和好感。

(三)营销组合

非营利组织通过营销组合在目标市场上开展活动以实现自己的目标。营销组合是指非营利组织在选定的目标市场,基于对环境、自身能力和竞争态势的综合考量,对组织自身可控的营销策略进行最优配置和运用,形成一个协调一致的营销活动,以达成组织的营销目标。一个合理的市场营销组合能够确保非营利组织更全面地满足目标市场消费者的需求。

正如科特勒所说的:"如果公司生产出适当的产品,定出适当的价格,利用适当的分销渠道,并辅之以适当的推广活动,那么该公司就会获得成功。"营销组合的四个基本要素也就是营销的核心内容,即 4P:产品、价格、渠道和推广。在实际操作中,非营利组织可以将上述四种营销策略进行组合使用,来满足目标市场的需求,继而实现组织营销管理的目标,图 7-3 便是营销专家麦肯锡对营销组合和目标市场之间关系的形象描述。

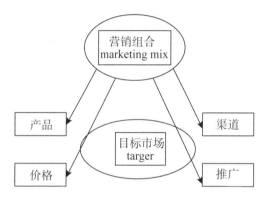

图 7-3　营销组合与目标市场的关系

非营利组织市场营销组合具有四个方面的特点。

一是营销组合是由 4P 变量构成的动态组合体。营销组合的最终结果是上述变量的函数,其中任何一个要素发生变化,就会出现一个新的营销组合,从而产生不同的营销效果。

二是营销组合具有层次性。营销组合包含四个基本要素,而每一要素又包括若干层次的子要素。非营利组织选择营销组合时,不仅可以在四个要素之间进行组合,而且可以安排每个要素内部子要素的有机组合。

三是营销组合具有整体性。最合理的营销组合的作用,并不是产品、价格、渠道、推广四个营销要素的简单加总,而是通过上述要素的组合运用产生一种整体协同作用,实现最好的营销效果。

四是营销组合具有灵活性。营销组合是非营利组织营销管理的可控要素,它不是一成不变的,随着市场竞争和顾客需求及外界环境的变化,营销管理者有必要及时对组织的营销组合进行调整,使其保持竞争力。

因此,非营利组织营销管理者要根据营销组合的特点,结合组织的营销目标与顾客的需求,设计出具有组织特色的产品与服务、制定出合理的产品价格体系、建立有效的营销信息传播渠道,促使组织市场营销的健康发展。

三、执行策略

非营利组织的策略执行是一个涉及许多准备的有机整体,需要一系列的步骤紧密配合。

(一)设计愿景与策略

策略要执行得好,首先必须制定好的策略。非营利组织首先需要对本组织的愿景进行说明,并阐释清楚。其次,需要制定一套策略,包括实现该愿景所需要的各种策略,如营销、财务、人力等策略。再次,非营利组织需制定初步执行方案,包括财务部、人力资源部等各部门的分工与合作。最后,估计初步的资源需求和期望成果,在执行的过程中,需要哪些资源,如资金、器械及志愿者的分工与配合等。

(二)研拟个别执行方案

非营利组织从整体策略快速切入细节部分,并保持组织管理团队的动能。非营利组织领导者必须能够描绘出组织的愿景,使其变得更明确、更适切,能够指出几年后组织的变化、组织服务的目标市场以及组织的竞争优势来源等。

要顺利执行策略,必须对"谁在何时做什么",以及相关成本有明确了解。在策略制定会议结束后的2~4个星期,策略执行者要和同仁合作,对每项策略赋予实质的内容,搜寻遗漏的资料,解决悬而未决的议题,把概括的大目标转化为可衡量的后续行动步骤。

(三)整合所有执行方案

在每位策略执行人拟出其执行方案后,将所有策略执行人集合在一起,针对这些方案进行比对、商讨。这个重要的整合工作,包括汇总所有执行方案、需要的资源、评量指标、相关议题,并评估汇总结果。评估汇总结果通常涉及以下几个重要问题:全部都可行吗?我们的资源、人力等足以负担吗?我们是否专注于原先制定的策略目标?组织能执行这些方案中所提到的日程表或活动吗?通常都需要做出一些让步,策略执行人必须协商,取舍折中。

(四)呈请理事会及管理高层核准

在策略制定流程完成后的六周内,策略团队再次开会,向执行长及理事会提出计划,让高层主管讨论、辩论及核准。这种正式的讨论能够凸显出未来的重要议题,并明确强调非营利组织的优先要务。一旦策略执行计划获得核准后,执行者便可以开始推动了。

(五)执行

策略者在把策略转化为行动时,面临的最大挑战可能是,如何以所有人都能了解的方式来沟通与监督执行:一个成功的策略执行流程,必须能向员工厘清策略背景,阐明为何只有这些活动才能使策略生效。还有,最重要的是,提供策略人追踪策略执行进展所需要的工具,如基本的办公用具及场所、充足的资金、良好的沟通渠道等。

四、营销控制

非营利组织营销控制是十分必要的,也是一个比较复杂的过程。控制有利于及时发现问题,提高组织的效率,同时有助于保证组织营销目标的实现。在不同的组织中,营销控制类型和控制程度不同,但基本的控制过程相同,通常包括三个步骤,即确立营销控制的标准、衡量营销绩效、纠正偏差。

（一）确立营销控制的标准

营销标准不仅具有检验非营利组织营销活动是否按照计划进行的作用,合适的标准还能够激发人们的工作热情,反之过高或过低的标准容易打击人们工作的积极性。制定营销控制标准应该遵循有利于非营利组织目标实现的原则,并且这个标准应该是经过努力后能够达到的,尽力做到对于组织的每个成员都是适用且公平的。通常控制标准还应该规定一个浮动范围,给非营利组织工作者一定的机动空间。

制定标准的方法主要包括三种。

(1)统计性标准,也称为历史性标准,这种方法以分析非营利组织在不同历史时期的数据为基础,为未来的营销活动设定标准。所需数据既可能来源于组织自身的统计数据,也有可能来自其他组织的统计数据。

(2)根据专家经验和判断建立标准,对于那些无法通过统计数据衡量的工作质量与成果,或者对于那些缺乏历史统计数据的活动,可以根据专业人士的经验、判断来设定标准。

(3)工作标准,这是通过对非营利组织的工作情况进行客观的定量分析后制定的标准。

营销控制标准制定的要求如下。

(1)建立的标准都应该有利于非营利组织目标的实现。

(2)建立的标准应与非营利组织未来的发展相结合。

(3)建立的标准应是经过努力后可以达到的。建立标准的目的,是用来衡量非营利组织实际营销工作,并希望非营利组织营销工作达到标准要求。所以,控制标准的建立必须考虑非营利组织营销工作人员的实际情况。

(4)建立的标准应具有一定的弹性。标准建立起来后,可能在一段时期内保持不变。但环境却在不断变化,因此,非营利组织营销控制标准应对环境变化有一定的适应性。

(5)建立的标准应尽可能体现一致性。控制标准应是公平的,适用于非营利组织的每一个成员。

（二）衡量营销绩效

为使营销工作更好地进行,需要对实际的营销绩效与预期的绩效进行跟踪对比,找出偏差存在的原因,为以后的工作提供相关依据。在衡量实际绩效的时候,必须采取客观、公平、公正的方法对实际绩效进行衡量。同时,在满足控制工作需要的前提下尽量减少控制的成本。此外,在对衡量的结果的传递方面,要尽力将相关信息传递给相关人员,以防止偏差的进一步扩大。

非营利组织衡量营销工作绩效时,一般须满足实用性、可靠性、及时性和经济性四个要求。

(1)实用性是指绩效衡量的结果应该方便非营利组织对绩效的正确评价,有利于纠正措施的实施。

（2）可靠性是指衡量实际营销绩效必须采用客观、公正、一致的方法和手段，同时力求准确，通过非营利组织营销绩效和计划的比较，能够真正反映所存在的问题。

（3）及时性是指非营利组织营销绩效的衡量应是及时的，并且衡量的结果能够快速传递到相关人员手中，以便适时采取措施防止偏差的扩大。

（4）经济性就是要求在满足控制工作需要的前提下，尽可能采取低成本措施。

(三)纠正偏差

对非营利组织实际营销工作进行衡量之后，应该将衡量结果与所建立的营销标准进行对比分析，通过比较可以确定实际营销工作绩效与标准之间的偏差，查明偏差产生的原因后，需要采取相应的措施，使营销计划更好地被执行下去。当偏差在可接受的范围内时，可不做调整。当偏差超过了正常的接受范围时，就需要采取措施纠正偏差。

针对产生偏差的主要原因，在纠偏工作中可采用的方法有以下几种。

（1）若非营利组织营销计划或目标不切实际，控制工作主要是按实际情况修改营销计划或目标；

（2）若是由于非营利组织营销工作失误而造成的问题，就应该加强对营销过程的控制，如修正执行过程、重新配置相关人员、调整工作的时间和场合等；

（3）若是由于非营利组织的外部环境发生重大变化，对非营利组织的运行环境构成阻碍，这时就应该重新制订营销计划。

▶▶ 复习思考题

1.什么是非营利组织营销管理？它有什么特点？

2.联系实际案例，论述非营利组织营销的4P策略。

3.简述非营利组织的营销与营利组织的营销的区别。

4.简述非营利组织营销管理的基本步骤。

5.非营利组织营销控制的必要性有哪些？

▶▶ 案例分析题

案例一　冰桶挑战中的慈善与营销

冰桶挑战在2014年夏天风靡全球，它通过社交媒体平台的传播，成为一场全民参与的公益活动。冰桶挑战的发起者利用这个机会，将品牌与公益活动紧密结合，不仅提高了品牌的知名度，还赢得了消费者的好感。这个案例的成功，充分体现了事件营销的魅力。

冰桶营销是指由社会网络名人为ALS病（肌肉萎缩性侧面硬化病）募捐而发起的冰桶挑战引发的一系列营销效应。希望通过名人的影响力，让更多的人关注ALS病并为ALS协会捐款。受邀参加挑战的人如果自浇冰水并上传视频，则可以点名其他三名好人继续接力；如果不愿自浇冰水，则需要向ALS协会捐献100美元用于疾病防治。

美国《时代》杂志透露，超过120万人发布有关冰桶挑战的视频，还有1500万人参与这个话题的讨论。美国雅虎体育报道，这次冰桶挑战使ALS协会的总部共收到230万美元的捐款,而同期他们收到的捐赠只有 25000 美元。

从营销角度来看,冰桶挑战社会化传播成功的经验主要有以下六点。

名人引爆"一炮而红"

相对于传统慈善募捐通用的明星效用,"冰桶挑战"充分利用圈层泛化传播,从明星身上寻找引爆点,扩大传播面。互联网时代的新产品营销,以转载、评论、分享、点赞为主要机制,想要"一炮而红",就必须找到一个深合人性的引爆点。

利益至上"名人秀场"

请名人引爆传播很容易,但要二度、三度地让名人自发参与,光有慈善的名义是不够的,还需要充分的利益。"冰桶挑战"不是搜罗演员穿过的旧衣裳,而是用了一个容易引起围观的玩法,给参与的名人提供一个秀场。譬如比尔·盖茨就借机秀了物理知识,还有运动明星秀肌肉等。那么企业家秀什么呢? 当然是他们的公司。这是一次植入广告而不会引起反感的机会。

简单复制"无界传播"

在这项活动中,我们也仅仅看到了比尔·盖茨在冰桶挑战中设计了一个特别的"浇水架"来秀物理知识,其他名人多是简单复制。一项具有互动性质的社会化传播如果太复杂,引爆之后就难有第二响。冰桶挑战这种简单的行为,复制难度越低,传播范围越广。

娱乐精神"情绪感染"

随着冰桶挑战的属性越来越偏向娱乐化,很多人已经淡忘了活动的初衷——募捐。譬如,人们对于奥巴马等人选择捐款而非浇水感到失望,似乎忘记了捐款才是直接满足募捐的活动初衷,而浇水是利用自己名气带来的传播间接的募捐。所以二选一的前提下,捐款才是纯粹的慈善。可喜的是,之后参与的名人已经注意到了这点,既浇水又捐款。这并不是公众道德不健全,反而是借助于娱乐外壳的募捐活动感染力强的表现。

俯视围观"迅速蔓延"

在冰桶挑战中,企业家和娱乐明星们不再高高在上,而是以浇水湿身来博得受众的尖叫与欢笑。这让普通观众能以平视甚至于俯视的感觉来围观,是后来者参与活动的视频能持续获得点击的重要原因。

产品链接"导向购买"

所有要素齐备之后,还有最重要的一点:链接到自己的产品。只有链接到产品才能达到从传播到营销的效果。冰桶挑战是通过浇冰水体验"渐冻人症"来链接产品,但仍然无法避免受众喜欢浇水多于捐款的尴尬,这是正常的状态。因为相对于教条式的广告,在同样的传播量之下,冰桶挑战的捐款增长率已然成倍高涨。加之已有"渐冻人"家属参与进来,让冰桶挑战的产品链接更加清晰起来。

冰桶挑战是社会化媒体传播的范例。透过现象看本质,是对资源的整合和人性的把控。

讨论题:冰桶挑战这种营销模式能够被复制吗? 非营利组织营销需要注意哪些问题?

案例二 "蓝天救援"品牌管理

蓝天救援队(Blue Sky Resue),是中国民间专业、独立的纯公益紧急救援机构,成立于2007年,机构总部在北京市,形成了"北京队—各省品牌督导官—地方蓝天队"的独立运营模式。截至2023年5月,蓝天救援队已在全国31个省、自治区、直辖市成立品牌授权的救援队,全国登记在册的志愿者超过50000名,其中有超过10000名志愿者经过了专业的救援培训与认证,可随时待命应对各种紧急救援。

所有申请加入蓝天救援的队伍和队员均应熟读、了解并充分认同《蓝天救援公约》,《蓝天救援公约》为蓝天救援队纲领性文件,作为一个公益契约,用以约束加入蓝天救援的团队和队员的公益行为规范。蓝天救援不接受任何商业合作、不做广告、不做冠名,没有任何收费服务,队伍成立需要书面签署保证书。蓝天救援在各省、自治区、直辖市设立"蓝天救援志愿服务联络员"岗位,负责对当地蓝天救援志愿服务工作的协调与指导、省内跨区域救援行动与公益活动的协调指挥、当地蓝天救援志愿服务组织建立申请的受理和能力考核,对于认同并自愿遵守《蓝天救援公约》的志愿服务组织,推荐其成立使用"蓝天救援"品牌的志愿服务组织。

蓝天救援品牌管理的成功,很大程度上得益于其坚持的四个"统一"原则:统一理念制度、统一救援协调、统一装备着装、统一培训体系。

统一理念制度:蓝天救援以"人道、博爱、奉献"为志愿精神,遵循"少说多做,默默奉献,完善自我,善待他人"的队训。所有队员都认同以志愿服务为原则,以建立和推动国内民间救援体系发展,使每个国民享有免费紧急救援服务为宗旨。在制度方面,有着完善的《蓝天救援员日常考核管理办法》《蓝天救援请假制度与年检制度》《蓝天救援网络新媒体管理规定》等一系列规章制度,规范队员行为。例如,队员在非救援、培训等场合,禁止私自穿着蓝天队服和使用蓝天标识外出,违反者将根据造成的不良后果予以队内警告直至除名并收回队服、标识。

统一救援协调:蓝天救援实行24小时值班,对救援行动和求助3分钟响应,3分钟启动信息收集,30分钟根据预判决定是否启动救援,国内救援现场2~4小时抵达,国际救援24小时投送,灾区独立7×24小时工作。各地蓝天救援队在接到救援任务时,会迅速按照统一的协调机制行动。如在2021年河南水灾救援工作中,各地蓝天救援队在总部的统一协调下,迅速集结力量,调配专业救援设备和物资,有序地开展人员搜救、转移受灾群众等工作,展现出了高效的救援协调能力。

统一装备着装:蓝天救援队的队服分为夏季款和春秋款两种,均获得国家知识产权专利。队服、队标等一切带有蓝天救援队标识及文字的服装和装备,都必须经由蓝天救援队统一审批、订购,不得私自制作、涂改。队员着装时,也有严格的举止规范要求,如不得边走边吃东西、搭肩、挽臂、揽腰等,以维护救援队的专业形象。统一的装备着装不仅提升了队伍的辨识度,也增强了队员的归属感和荣誉感。例如在固镇县蓝天救援队的第三代救援队服换装仪式上,队员们身着整齐划一的新队服,精神抖擞,纷纷表示将以此次换装为契机,继续秉承初心,为公益救援事业贡献力量。

统一培训体系:蓝天救援拥有完善的培训体系,对志愿者进行专业的救援培训。想成为蓝天救援队的正式队员,需要经过严格的培训和考核。例如,成为预备队员需要满足成为志愿者 12 个月以上、服务时长和技能培训达到一定要求等条件,而从预备队员转为正式队员,同样有诸多严格的考核标准,包括参加过蓝天救援全国大培训科目、通过绳索队列及纪律考核等。通过这样的培训,确保了队员具备专业的救援技能和素养,能够在各种复杂的救援环境中有效地开展工作。

蓝天救援队通过坚持四个"统一"的品牌管理原则,形成了强大的品牌凝聚力和专业的救援能力,在各种灾害事故的救援行动中发挥了重要作用,成为中国民间救援力量的杰出代表,也为其他公益组织的品牌管理提供了宝贵的借鉴经验。

案例来源:张凤远,梅继霞. 非营利组织管理理论、制度与实务[M].北京:北京大学出版社,2023:303-305.

讨论题:为什么那么多救援队愿意使用"蓝天救援"品牌?思考非营利组织品牌打造的意义。

第八章　非营利组织人力资源管理

▶▶ 知识导图

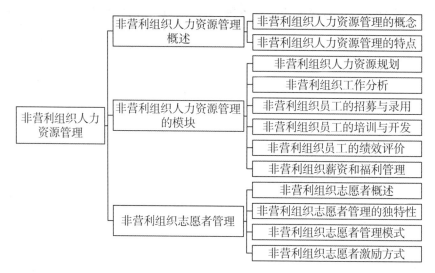

▶▶ 案例导入

南都基金会战略转型期的人力资源管理

南都公益基金会(简称南都基金会),成立于 2007 年 5 月,是一家全国性的非公募基金会。南都基金会的使命是支持民间公益事业,愿景是实现社会公平正义,让每个人都充满希望。在使命和愿景的驱动下,南都基金会积极建设公益行业生态,通过提供资金和资源支持,促进优秀公益项目和组织的发展,激发了民间的社会创新活力。

2011—2015 年,南都基金会的战略以投资为主,通过设立计划,投资于项目、人和领军草根组织。与该战略相适应,时任秘书长程玉牵头制定了《南都基金会文化制度建设方案》,提出项目管理者的 5 项能力要求:沟通能力、服务及合作能力、学习及研究能力、创业家精神、领导力。这 5 项能力与南都基金会的战略定位和价值观十分匹配。

2016 年,南都基金会迎来了战略转型。在深入开展战略规划调研和理事会决策后,南都基金会推出"好公益平台",期望通过开放、共建、共享,促进优质公益产品的规模化,推动公益生态发展,高效、大规模地解决社会问题。在战略转型过程中,很多机构常常面临战略规划完善但执行不力的问题,这通常源于组织缺乏实施战略的能力。明确界定实现战略所需的关键能力,并有目的性地对人才进行重组和培养,能够助力机构平稳地完成战略转型。

随着工作重点的转型,南都基金会团队成员的能力更新被提上日程。2017 年,南都基金会确立了新的 10 项素质能力模型:责任心和主动性、学习、结果导向及创造性执行、客户导向、沟通影响、系统性思考和解决问题、协同工作、发展他人、变革、创业。这 10 项能力是对过去 5 项能力的更新和扩展。例如,原有的沟通能力现已升级为沟通影响能力。在资助型战略中,资助官员应避免对资助对象产生直接影响,以确保项目的真实性。然而,随着"好公益平台"成为战略核心,对核心利益相关者的影响力变得尤为重要。这种调整既保留了团队的现有优势,又引入了新的要求,达到了稳定与创新的均衡。这展现了一种渐进、稳健的过渡方式,新战略并非要求彻底更换能力,而是在现有能力的基础上进行优化和扩展,为现有员工提供了平稳过渡的空间。

伴随能力模型的更新,南都基金会也对招聘标准进行了相应的调整。在招聘广告中,南都基金会明确指出岗位所需的能力,并在面试过程中使用新的能力标准和相关面试问题进行考查,确保新员工的能力与机构战略相匹配。此外,南都基金会还将能力要求纳入绩效管理,要求员工在年初制定绩效目标时,选择 1~3 项当年需要发展的能力,有针对性地支持和评估员工在这些能力上的进步,鼓励员工随着机构战略的转型而不断提升自己的能力。

资料来源:袁小平.非营利组织管理:理论与案例[M].武汉:华中科技大学出版社,2024:183.

讨论题:南都基金会战略转型之后对组织内的人力资源管理提出了哪些要求?

第一节　非营利组织人力资源管理概述

一、非营利组织人力资源管理的概念

人力资源的概念最早由著名管理学家彼得·德鲁克(Peter Drucker)于 1954 年提出。所谓人力资源,笼统地说指的是能够推动国民经济和社会发展的、具有智力和体力劳动能力的人的总和,一般包括数量和质量两个方面。人力资源是各种资源中最为宝贵的资源。人力资源管理是涉及人力资源方面的管理职能,我国传统意义上称之为人事管理,后来也逐渐转用"人力资源"一词。有研究认为,最广义的人力资源就是体力、智力正常的人。狭义的人力资源则是一个组织在运行过程中投入的劳动力的总量,即现有组织内劳动人口存量。[①] 人力资源管理是指利用人力资源实现组织宗旨的过程。具体而言,人力资源管

---

① 康晓光.人力资源管理[M].北京:中国人民大学出版社,2002:242.

理是组织为实现特定宗旨和目标,利用现代人力资源理论,不断获取人力资源,并对所获得的人力资源进行整合、调控和开发,给予各种形式的报酬,从而有效地加以开发利用并使其实现可持续发展的过程。

"非营利组织人力资源管理"是由"非营利组织"和"人力资源管理"构成的一个复合名词,是两者的结合体。非营利组织人力资源管理是非营利组织为了实现其组织的公益目标和使命,对组织内的所有人力资源进行获取、激励、维持和研究的过程和活动。

二、非营利组织人力资源管理的特点

非营利组织领导
者的特质

由于涉及志愿、爱心、公益等概念和问题,非营利组织人力资源管理呈现出复杂性和特殊性。一般而言,非营利组织人力资源管理具有目标的非逐利性、成员的广泛性和关系的平等性等特点。

(一)目标的非逐利性和使命感

目标的非逐利性主要体现为不以经济利益和回报作为直接目的,而是更侧重于其他非经济价值的实现,诸如源于兴趣爱好、社会责任感、公益精神或其他非功利性动机。非营利组织员工一般都具有高度的社会责任感,都希望能够为社会"有所作为",有着自我牺牲和利他主义的品德。因此,对他们的激励更应该注重内在动机,而不是仅关注薪酬等外部激励。由于非营利组织不以营利为目的,是致力于社会公益服务的独立机构,非营利组织需要具备清晰的使命和正确的价值体系,并激励工作人员更多地具有社会使命和献身精神。在工作中,虽然薪酬和工作条件对吸引人才很重要,但不应成为人们加入组织工作的唯一动机。在非营利组织中,成员的政治觉悟和道德品质往往需要高于社会一般人力资源的平均水平。非营利组织内的领导、规划、运营和管理等活动应当鼓励高度的资源投入,同时成员间应展现出强烈的团队协作精神和高标准的道德自律。

(二)组织成员来源的广泛性和多样性

非营利组织的人力资源系统具有开放性,受当前非营利组织运营条件的影响和限制,在招聘员工和志愿者时,往往对其学历和职业经历要求不宜太高。尤其对于志愿者而言,更应该如此,只要其本身具有高度的社会责任感,在符合基本条件的情况下,一般是"来者不拒"。因此,非营利组织成员的来源具有广泛性和多样性。同时,与营利组织相比,非营利组织员工一般都比较有理想,非常认同组织的宗旨,对组织有着更高的期待和更大的期望,但组织成员个人与组织之间缺乏责任相关性及直接的经济利益相关性,因此,更应强调通过倡导组织文化、设定组织目标凝聚个体力量,贯彻人本管理理念,实行柔性管理。非营利组织人力资源管理的重心是以组织的生存和可持续发展来激励员工的潜能,为每一位员工提供一个能够不断成长、挖掘个人最大潜力和获得成功职业的机会。①

(三)关系的平等性和可信度

非营利组织结构较为扁平化,没有严格的等级制度,员工追求具有高度灵活性和自由

---

① 谭远宏,赵家文.我国非营利组织人力资源管理探析[J].大众科技,2006(8):211-213.

度的工作、分散的决策权和较少的监督与控制体系等。因此,组织领导与员工之间的上下级关系不明显,更多的是基于共同的使命感、责任感的合作伙伴关系,为实现组织最终目标而共同努力。可信度是非营利组织生存和发展的关键,对于社会服务领域的非营利组织尤其如此,它们需要维持高可信度和效率。可信度的伦理准则包括无私的社会承诺、遵守法律法规和道德规范、优先考虑公益使命、尊重每个人的价值和尊严、保持社会的多样性并促进社会公平、采取开放透明的做法,以及谨慎使用社会资源等。这些准则不仅有助于员工将工作与组织的使命相结合,满足社会期望,提升员工的责任感,而且有利于在组织内部建立一个基于信任和责任感的组织文化。

第二节 非营利组织人力资源管理的模块

一、非营利组织人力资源规划

(一)非营利组织人力资源规划的概念

非营利组织人力资源规划是指非营利组织根据其战略发展目标和任务的要求,科学地分析、预测自身在变化环境中的人力资源供给和需求情况,制定必要的政策与措施,从而确保非营利组织在需要的时间内和需要的岗位上获得需要的合格员工的过程。人力资源规划是非营利组织人力资源管理活动的一个重要蓝图,制定前应该尽可能考虑各方因素,从而保障规划的完整性和全局性。同时,鉴于组织所处环境具有动态变化的特点,制定人力资源规划时要确保规划有灵活的调整空间,以便能够更好地适应各种挑战和变化。

(二)非营利组织人力资源规划的影响因素

影响非营利组织人力资源规划的因素主要有组织的战略目标、组织的内部资源输入和组织的外部环境等。

1.非营利组织的战略目标

战略目标是对组织预期取得的主要成果的期望值,表现为战略期内的总任务,制约着整个组织的发展,对非营利组织人力资源规划有着决定性的影响。通过对组织整体战略的分解,可以知道人力资源管理的战略目标,然后对目标进行横向和纵向分解,可以更加明确组织的各项具体任务。为实现这个目标,需要通过一系列的项目开展和其他活动来逐步为目标达成而努力;同时,为了符合项目开展要求,也需要调整相应的人力资源政策来促进战略目标的发展。

2.非营利组织的内部资源

非营利组织内部资源主要是资金预算和组织目前的人力资源。在我国,目前非营利组织资金的来源主要有慈善捐赠及会费、政府资助及补贴、各种运营收入三个方面。内部资源支持对人力资源规划而言也是双刃剑,既有优势条件,也存在劣势限制。从非营利组织的实际运作来看,组织的资金来源其实是受到限制且不稳定的。如何在资金来源有限的情况下保证人力资源的供给与存续,是非营利组织人力资源规划需要重点考虑的问题。

3.非营利组织的外部环境

在外部环境方面,非营利组织和营利组织一样,也都面临着政治、经济、科技等外部环境的影响。政治环境对非营利组织的人力资源规划至关重要,政府的政策导向、法律法规的制定和实施,以及税收优惠等政策都会直接影响非营利组织的运营和发展,进而影响人力资源的需求和配置。经济环境对非营利组织的人力资源规划有直接影响,经济发展水平决定了非营利组织的服务对象范围和经济来源,进而影响人力资源的需求和配置;同时,经济环境的变化也会对非营利组织的人力资源规划产生影响。技术环境的进步对非营利组织的人力资源规划也有一定影响,随着信息技术和人工智能的快速发展,非营利组织在人力资源管理方面可以采用更高效、便捷的方式来提高工作效率和服务质量。

二、非营利组织工作分析

非营利组织在用人之前,首先要考虑的问题就是要雇人来做什么,这就需要进行工作分析。所谓工作分析,就是指有关人员依据组织发展的目标要求,通过观察和研究,全面收集组织某项工作的基本信息,明确每一项工作在组织中的位置及相互关系,然后在此基础上确定组织最需要的工作职位及其责权和任职条件的过程,这是人力资源管理活动的起点和基石。通常,组织通过工作分析,可以基于丰富的数据,对职位设计、职员招聘和选用、报酬和福利制度、培训和发展项目等做出决策。

工作分析不仅在招聘员工时使用,也可以用于诸如需要招聘新员工时难以确定用人标准、对岗位的职责和要求不清楚、书面岗位说明与实际工作情况不符、缺乏清晰的岗位考核标准等情况。

工作分析是招人的前提,只有明确了组织的需要,才能决定录用的人选。一般而言,工作分析的具体内容包括以下方面:第一,哪一个职位需要人?职位名称是什么?第二,需要工作多久?任职期限多久?第三,工作是否重要?第四,做什么和怎么做?最好列出每一项工作的内容、要求、责任及所花的时间比例。第五,工作前需要具备什么样的教育水平?需要进行怎样的培训才能上岗?第六,说明组织内各项主要工作和职位的相互关系,最好给出简明的图示。第七,说明工作需要联络组织内部和组织外部杰出的人或组织。第八,其他需要担负的辅助性工作。

工作分析的方法主要有非结构性方法、半结构性方法和结构性方法。非结构性方法主要有访谈法、观察法、参与职务法、利用工作日志等;半结构性方法如关键事件法;结构性方法主要有任务调查法、功能性工作分析、工作分析问卷等。

三、非营利组织员工的招募与录用

(一)招聘

招聘是实现组织战略目标的过程。组织通过招聘可以将那些符合组织宗旨和文化,并能在组织中施展才华的人吸引进来。同时,招聘也是一个和竞争对手比拼的过程,组织可以借助招聘的机会来宣传组织,扩大组织的影响力。

招聘应该坚持公平、公开、公正的原则,招聘过程公开透明,对所有应聘者一视同仁。坚持任人唯贤、能级对应原则,明确到底需要什么样的人,根据岗位的需求和应聘者的能力进行匹配,确保人岗相适,选择最适合岗位的人才,不考虑个人关系或其他非业绩因素。成功的招聘可以为组织输入新生力量,为组织的发展提供人力资本支持。

招聘过程通常受到内部和外部两方面因素的影响。内部因素主要涉及薪酬待遇、岗位特征、组织宗旨和文化等方面;而外部因素则主要包括法律法规、竞争态势以及人才供需状况等。

招聘是一个有序的过程。招聘的一般程序主要包括确定招聘需求、制订招聘计划、发布招聘信息、选拔测试、考察录用。

1. 确定招聘需求

组织提出招聘申请,根据人力资源规划、工作说明书和胜任力模型审查等确定招聘的条件和人员数量。

2. 制订招聘计划

确定吸引应聘者的数量、发布招聘信息的时间和媒体、招聘的渠道、区域和具体的用人时间、招聘预算等。

3. 发布招聘信息

通过人才市场或公司宣传资料等方式发布招聘信息,并准备通知单或公司宣传资料。

4. 选拔测试

通过初步面试、笔试、正式面试、心理测试和情景模拟等方法对应聘者进行测试,以评估其能力和素质。

5. 考察录用

背景调查和体检:通过第三方对应聘者的背景和资格进行审查和验证,以及进行健康检查。根据面试结果和背景调查情况,确定录用人选,并办理录用手续,签订劳动合同。

效果评估:对招聘录用者的数量和质量、选拔测试的方法等进行评估。

此外,招聘还包括招聘需求分析、招聘渠道选择、简历筛选、面试安排、背景调查、录用通知和入职培训等环节。整个流程需要细致规划,确保每个步骤都能有效地吸引和筛选出符合企业需求的候选人。

(二)录用

应聘者通过招聘面试确认录用后,还需要经过相关步骤才能确认为组织的员工。

1. 签订合同

正式确定录用员工之后,需要确定正式的劳动关系来明确员工的权利和义务。《中华人民共和国劳动法》规定,建立劳动关系应当订立劳动合同。劳动合同应以书面形式订立,并具备以下条款:第一,劳动合同期限;第二,工作内容;第三,劳动保护和劳动条件;第四,劳动报酬;第五,劳动纪律;第六,劳动合同终止的条件;第七,违反劳动合同的责任。一般组织都与新员工协商一定的试用期,以明确双方的选择。在试用期间不签订正式的劳动合同,以合约式的临时合同来代替,内容可以简化。

2.岗前培训

对新加入组织的员工,要进行上岗之前的培训,确保他们能够胜任岗位职责。培训直接关系员工上岗后对工作的适应性和工作表现,高效的培训是对员工的一种鼓励和提升。岗前培训的内容、形式、时间等可以根据组织的需要来确定。

3.试用期限

员工开始工作的最初一段时间是试用期,可以通过实际工作确认彼此是否适合。试用期的长短可以根据组织政策而有所不同。试用期间员工的基本待遇、权利和义务保持不变。《中华人民共和国劳动法》规定:试用期不得超过半年。

4.正式录用

试用期结束后,组织要通过一定的形式通知员工正式任用,并正式签订劳动合同。

四、非营利组织员工的培训与开发

员工培训是指通过教育、培养和训练,提高员工的知识和技能,并改善员工的价值观、工作态度和行为方式,使他们能胜任自己现在或未来的工作岗位,从而实现组织预期目标和员工个人发展的过程。对于非营利组织中的个人而言,培训意味着更多的机会和更好的发展。在非营利组织中,为员工创造学习和发展的机会,培养和提升员工的知识与技能,是组织能够高效运转和快速发展的重要基础。

员工培训的内容一般包括基础知识、专业知识和工作价值观。鉴于非营利组织的公益性和非营利性,非营利组织的培训内容除了必备的知识、技能和岗位培训外,更侧重于使命感、责任感和忠诚感等内容,这样才能更好地彰显非营利组织本身的价值。

员工培训的种类多样。根据培训对象、内容以及和岗位的关系及时间安排来分类,有不同类型。根据培训对象,可分为针对管理人员的培训、针对基层业务人员的培训等。根据培训内容,有员工技能培训和员工知识培训等。根据培训与岗位的关系,以及时间顺序,可分为岗前培训、在岗培训和离岗培训三种类型。岗前培训主要是针对新加入组织的员工进行的培训,旨在帮助新员工尽快适应新环境,强化组织的使命感和归属感,一般采用入职仪式、参观、发放员工手册、交流座谈等形式来完成;在岗培训是不脱离工作岗位进行的培训,一般采用职务轮换、学徒制等形式完成;离岗培训又称脱产培训,是指将员工专门组织起来,脱离工作岗位去参加培训,一般有外派培训、课堂讲座、仿真训练等形式。

五、非营利组织员工的绩效评价

绩效评价是指考评主体按照考核要求,运用科学的考核方法,评定员工绩效水准和任务完成情况的过程。评价的目的是帮助组织分辨高绩效者和低绩效者,保证员工不偏离组织宗旨和目标,并为薪酬、培训、激励提供准确的信息。

（一）非营利组织员工绩效评价的要素

非营利组织员工绩效评价需要考虑绩效目标、绩效指标、绩效评估三个要素。

1.绩效目标

绩效目标是指非营利组织为实现其使命和愿景而设定的具体、可量化、可评价的指标，如服务人数、服务满意度、社会影响力等。绩效目标应与非营利组织的战略规划、年度计划、项目计划等相一致，需要具有可操作性、可衡量性、可比较性和可改进性等特点。

2.绩效指标

绩效指标是指用于衡量非营利组织绩效目标实现程度的具体数据或标准，如服务成本、服务效率、服务质量、服务创新等。绩效指标应与绩效目标保持对应，同时具有相关性、客观性、敏感性、完整性等特点。

3.绩效评估

绩效评估是指对非营利组织的绩效指标进行收集、分析、比较、评价的过程，以判断非营利组织的绩效目标是否达成，以及存在哪些优势和不足。绩效评估应定期进行，同时应参考内部和外部的基准和标杆，以提高绩效评估的有效性和公正性。

（二）非营利组织员工绩效评价的方法

非营利组织的绩效考核与评价，可以参照管理学绩效考核中常用的目标管理法、关键绩效指标法和360度评估法等方法来完成。

1.目标管理法

目标管理法是一种常用的绩效考核方法，通过设定绩效目标、制订绩效计划、跟踪绩效进度、评估绩效结果等步骤，来考核非营利组织的绩效。这种方法的优点是能够明确非营利组织的工作方向和期望，激励非营利组织员工的工作积极性和主动性，促进非营利组织的持续改进和创新。缺点是可能过于强调短期的绩效目标，而忽视长期的发展目标，或者过于强调量化的绩效指标，忽视了质化的绩效指标。

2.关键绩效指标法

关键绩效指标法是一种较为科学的绩效考核方法，通过设定关键绩效指标，来考核非营利组织的绩效。关键绩效指标是指能够反映非营利组织的核心价值和关键成功因素的绩效指标，如社会效益、顾客满意度、员工满意度等。该方法的优点是能够突出非营利组织的重点和优先级，提高非营利组织的战略执行力，增强非营利组织的竞争力和影响力。缺点是可能难以确定合适的关键绩效指标，或者过于依赖关键绩效指标，忽视其他方面的绩效指标。

3.360度评估法

360度评估法是一种比较全面的绩效考核方法，通过由非营利组织的主管、同事、下属、客户、合作伙伴等多方进行评估，来考核非营利组织的绩效。该方法的优点是能够提供多角度和多维度的绩效反馈，增加绩效评估的客观性和公信力，促进非营利组织内部和外部的沟通与协作。缺点是可能存在评估标准不一致、评估信息不准确、评估过程不及时等问题,或者导致非营利组织的压力和冲突。

非营利组织员工绩效评价是非营利组织管理的重要组成部分,需要根据非营利组织的特点和目标,选择合适的绩效评价要素和方法,以提高非营利组织的绩效水平和社会价值。同时,非营利组织员工绩效评价也需要根据社会的发展来不断地完善和创新,以适应社会的变化和需求。

六、非营利组织薪资和福利管理

非营利组织的薪资与企业的薪资概念大致相同,一般包括工资、福利和其他报酬等。工资与福利是组织用以吸引、奖励及挽留雇员的一种基本手段。对员工来说,工资与福利是非常重要的工作动力,这不仅意味着员工经济生活的质量,而且还是评价员工个人价值的相对客观的经济尺度,组织员工既可以通过与组织内其他员工的内部比较来衡量自己的价值,也可以通过人才市场与其他职业工资的外部比较,得出自己的价值标准。这种组织内外部的比较都非常重要,可以影响员工的工作满意度、工作绩效以及对自身工作的满意度等。

虽然非营利组织的薪资和福利与其他营利组织有着共同之处,但也有着非营利组织独有的特点。薪资和福利管理是非营利组织人力资源管理最为特殊的一个环节。薪资和福利对于加入营利组织的员工而言,是一个非常重要的考虑因素和动力机制,但对于投身非营利组织的员工而言却不是最重要的。由于非营利组织不是单纯以追求利润为目标的实体,受非营利分配的约束,选择从事非营利组织的员工本质上都具有非货币导向,更多源于自身对非营利组织的热爱才加入非营利组织中工作的,他们干工作的主要动机是受为他人和社会服务的激励而不是经济报酬的激励。

就薪酬体系而言,当前比较通用的有岗位薪酬体系、技能薪酬体系和绩效薪酬体系三种。岗位薪酬是组织根据员工所承担的工作岗位价值来确定员工薪酬水平的方法;技能薪酬是组织以员工自身的技能水平以及员工所具有的胜任能力来确定员工薪酬水平的方法;绩效薪酬是组织根据员工的贡献程度和绩效产出来确定员工薪酬水平的方法。非营利组织强调的是知识共享、相互启发,往往难以划清团队成员之间的具体职责界限。因此,上述薪酬体系中的岗位薪酬往往不太适用,应该努力优化薪酬体系,努力实现从基于岗位薪酬体系向基于能力和绩效的薪酬体系转化。在提高员工工作效率的过程中,不能把员工工作拘泥于特定的岗位,而应该鼓励他们不断学习,创新工作方法,努力去尝试更多的工作。目前,一些非营利组织已经开始实施薪酬体系改革,把个人拥有的技术、能力和绩效等作为薪酬的基础,为非营利组织薪资提供了一定的示范作用。

福利是指除工资收入外,组织向员工或其家属提供的货币、实物或服务等,是员工的福利性报酬或隐含收入。为此,福利管理也是非营利组织人力资源管理和薪资管理的组成部分,员工福利关系民生福祉,是一个复杂的系统,既要遵守国家法律规定,为员工提供国家立法强制实施的法定福利,也要通过设计组织特色的福利来提高和调动员工的工作积极性。这些福利可以从诸如健康保险计划、住房计划、子女教育培训计划、带薪休假等方面来设计。

第三节　非营利组织志愿者管理

一、非营利组织志愿者概述

(一)志愿者、志愿精神与志愿服务

1.志愿者

国内外对志愿者的定义有所不同。在欧盟成员国和欧洲经济区,志愿者通常被定义为那些不追求利润、不索取报酬、以非职业身份为邻里、社区或社会提供最大程度服务的个人。中国青年志愿者协会对志愿者的定义是,不为物质报酬,基于良知、信念和责任,自愿为社会和他人提供服务与帮助的人。基于此,本教材将志愿者界定为那些不以获得物质报酬为直接目的,利用自己的时间、精神以及技术等资源,自愿给社会和他人提供帮助的组织和个人。但一般意义上的志愿者都是指作为个体的人,指为社会提供志愿服务的人。

不同学者根据不同的分类标准,把志愿者分成不同的类型。一般而言,根据志愿者服务的活动性质不同,将志愿者分为管理型志愿者、日常型志愿者和项目型志愿者三种类型。[①] 管理型志愿者在非营利组织中担任着诸如理事会成员、高级顾问等领导角色,对组织和社会承担法律与道德上的具体责任,从而确保志愿服务项目的合理性和有效性。日常型志愿者则参与组织的常规运作,承担规划、管理和协调等组织工作,与志愿服务组织的其他成员一样每天工作。项目型志愿者则专注于参与志愿服务项目或活动,提供必要的支持,他们的参与通常集中在项目或活动的执行期间,一旦这些项目或活动结束,相关的志愿服务也随之结束。

2.志愿精神

志愿精神是个体和组织提供志愿服务的精神支撑,是一种不计报酬,自觉自愿地为社会和他人做贡献的利他主义精神。不同组织对志愿精神的内涵有着不同的界定。联合国志愿者服务组织将志愿精神理解为"一种在自愿的,不计报酬或收入条件下为推动人类发展、促进社会进步和完善社会而工作的精神。"我国青年志愿者协会将志愿精神概括为"奉献、友爱、互助、进步"四个方面,体现了志愿精神的基本内核。在此基础上,志愿精神可以界定为个人或团队依据其自由意志与兴趣,本着协助他人、改善社会的宗旨,不求私利与报酬的社会理念。

3.志愿服务

志愿服务最早源于 19 世纪西方宗教团体的慈善性服务。英文"慈善"一词,一个来源

[①]　李玫.非营利组织管理学[M].北京:高等教育出版社,2016:198.

于拉丁语"caritas",意为"对他人的爱";另一个来源于拉丁语"philanthropy",蕴含着"对人的爱"。当慈善针对不确定人群时,就演变成了公益。

志愿服务是指志愿者基于志愿精神,为开展社会公益活动所实施的行为,是公众参与社会生活的重要方式。2000年召开的联合国志愿服务和社会发展专家工作组会议,提出了志愿服务的非获利性、自愿性、有益性、行业化、承诺水平的多层次化特征。非获利性意味着志愿者参与活动时不追求经济利益;自愿性表明志愿者是出于个人内心意愿参与各项活动;有益性指志愿者参与的活动应为除本人之外的他人或社会带来积极影响;行业化反映了人们对志愿服务重要性的认识不断增强;承诺水平的多层次化意味着志愿服务的参与度和持续时间因人而异,有的志愿者可能长期稳定参与,有的则可能只是短期或偶尔参与。

(二)志愿精神和志愿服务的价值

弘扬志愿精神,提供志愿服务,对社会、组织和志愿者个人而言,都是意义非凡的事情。

1. 对社会的价值

大力推进志愿服务工作,有助于建立一个充满关怀和帮助的社会,并且能够充分利用社会的人力资源。志愿工作可以帮助志愿者加深对社会的了解,很好地促进人与人之间的互助关怀,促进社会各阶层的融洽相处;还能够唤起更多市民的社会责任,培养亲社会行为,强化社会的归属感。志愿服务还为志愿者提供了机会,使他们能够将个人的能力、时间、知识及经验投入志愿活动的义务工作之中,帮助社会上有需要的民众。

2. 对组织的价值

志愿者和志愿服务对非营利组织也有着非常重要的意义。第一,志愿者的参与有助于改善组织的服务质量。志愿者给组织提供了非常宝贵的人力资源,也给专业人员提供了客观的意见,帮助组织全面提升服务质量。第二,志愿服务有助于建立良好的组织形象。义务工作可以促进社区参与,帮助组织建立鲜明的形象,并提供机会让大众认识组织改善社会生活的理想和抱负。第三,志愿精神的普及有助于培养团队精神。组织员工通过参与志愿者活动,能建立密切的工作关系,增强彼此的默契度,促进团队精神的培养和养成,强化员工的归属感,提升凝聚力。

3. 对志愿者个人的价值

志愿服务不仅对社会和组织有着重要的价值,对志愿者个人而言,也是一个非常好的学习和提升的机会,能够丰富志愿者的个人生活经验,帮助志愿者个人更好地认识自我,有利于帮助他们形成正确的价值观。同时,志愿活动还可以发展良好的人际关系,培养领导才能,可以帮助志愿者利用个人余力来发展潜能。另外,志愿活动对工作的总体幸福感有显著贡献。

(三)成为志愿者的影响因素

成为志愿者的影响因素是多方面的,一般包括个人特质、家庭背景、学校环境、社会环境、政策环境以及个人态度和价值观。

1.个人特质

性格、人格和兴趣爱好等个人特质对志愿服务参与有决定性影响。性格外向、乐观、善良的人更容易接受志愿服务理念,愿意参与志愿服务活动。

2.家庭背景

家庭环境中的志愿服务情况、家庭收入水平和社会地位等对个人志愿服务行为有深刻影响。家庭志愿服务情况较好的环境下,个人更可能形成志愿服务的行为习惯。

3.学校环境

学校的志愿服务氛围和机制、学生组织的支持和帮助等因素都会影响大学生的志愿服务行为。在具有良好的志愿服务文化和机制的学校中,学生更可能参与志愿服务活动。

4.社会环境

社会各行业人士的支持和推广,以及社会组织和企业的志愿服务活动,对大学生的志愿服务行为有促进作用。

5.政策环境

政策环境的支持和引导对志愿服务行为有至关重要的影响。政策和法规的支持能够显著提高志愿服务的参与度。

6.个人态度和价值观

个人的态度和价值观对志愿服务参与有决定性影响。如果大学生认为志愿服务是一种有意义的行为,并且符合自己的价值观,他们更可能积极参与。

上述因素共同作用,影响着个人的志愿服务参与决策。

二、非营利组织志愿者管理的独特性

志愿者作为非营利组织重要的人力资源,是非营利组织不可缺少的组成部分。非营利组织志愿者管理在管理原则、管理方法和管理环节等方面与一般的人力资源管理有着一定共性。同时,由于非营利组织的核心价值观、目标任务、志愿者群体及其提供服务的独特性,共同塑造了其志愿者管理体系,使之与常规的人力资源管理存在显著差异。

(一)自愿性

自愿性是志愿者管理的基本特征之一,志愿者是自愿参与非营利组织活动的人,他们是自觉的而不是被组织强迫参与的。自愿性意味着非营利组织可以通过有序的途径吸引志愿者参与,但必须确保每位志愿者都是在完全自愿、无外部压力的状态下投入志愿服务活动的。

(二)公益性

志愿者不是为了获得报酬而参与组织活动的,他们是出于对组织目标的认同和社会责任感而参与的。对于志愿服务人员而言,在投入志愿服务的过程中,应始终以利他和公共利益为基本目标。虽然志愿服务可能带来一定的回报,但这不应成为其主要动机。即便在缺乏任何形式回报的情况下,志愿者也应该能坚持提供志愿服务。

(三)多样性

志愿服务的形式和内容多样化,可以根据志愿者的兴趣和技能进行选择和发挥;同时多样性还表现为志愿者的来源,他们往往是来自各个社会群体,年龄、性别、文化背景等都不尽相同。

(四)独立性

志愿者在组织内部具有一定的独立性,他们可以自主选择参与的项目和活动,并对活动的实施提出建议。

(五)社会性

非营利组织的志愿者管理不仅是组织内部的管理,也涉及组织与社会之间的关系,需要注重志愿者与社会的互动和沟通。

(六)挑战性

由于志愿者的自愿性和公益性,非营利组织在管理志愿者时会面临一定的挑战,管理面临的难度大,需要采取有效的管理措施。

北京红枫妇女心理咨询服务中心:汇聚"她力量",绽放你的美!

三、非营利组织志愿者管理模式

根据人员素质和不同阶段的管理要求,非营利组织可以采用不同的管理模式来对志愿者进行管理。

(一)自主管理模式

自主管理模式是指赋予志愿者完全的工作决定权,使他们能够独立决定并处理他们认为必要的事务。这种模式不仅能够激发志愿者的积极性和提高工作效率,还能增强他们的主动性,促使他们为组织承担更多责任。通过这种方式,志愿者将获得更广泛的实践经验,迅速提升工作能力,同时,那些具备强大综合能力和创新精神的成员将有机会崭露头角,成长为组织内能够承担重要任务的骨干。

(二)定期报告模式

定期报告模式能够发挥志愿者的监督作用,允许他们对志愿者工作开展经常性的监督与指导,以确保项目按预定目标顺利推进。在这种管理方式下,志愿者是工作的主导者,他们可以亲自处理他们的工作,但需在特定时间点向管理者汇报进展情况和已完成的任务,以便管理者获取必要的信息,确保管理工作的方向正确。这种模式体现了一种自下而上的管理反馈机制,志愿者的工作目标及其实现过程均受到管理者的监督与控制。

(三)监督工作模式

监督工作模式通常适用于管理者对志愿者的信任度不高时,管理者通过主动监督志愿者的工作进度来减少志愿者工作的自主权。在这种管理模式下,尽管志愿者仍承担着工作责任,但他们在采取行动前需先向管理者提出建议,并在得到认可后才能执行。这种模式赋予管理者较大的控制权,使其能够在认为志愿者的决策不当时,及时进行干预或阻止。

(四)指令工作模式

指令工作模式是由于管理者对志愿者的表现感到担忧而采取的一种管理方式,管理者不赋予志愿者任何自主权,志愿者不需要提出建议或做出决策,只需按照管理者的指示行动。当志愿者不清楚下一步该如何做时,他们需要向管理者请示,由管理者提供行动方案,志愿者的工作内容和执行方式完全由管理者决定,这增加了管理者的工作量,尤其在志愿者人数众多时,管理者将面临更多困难。此外,这种管理模式可能会限制志愿者的积极性、主动性和创造力,导致他们对工作产生厌恶感。一旦这种情绪形成,志愿者的工作投入度可能会降低,难以取得满意的工作成果,严重时甚至可能不再愿意提供志愿服务。

(五)循序渐进模式

正确而科学地管理志愿者是实现非营利组织高效运转的重要保证。失效的志愿者管理将会导致非营利组织项目失败、公信力下降,严重的甚至可能会造成组织解体。为此,志愿管理者可以根据非营利组织发展的具体状况采取循序渐进的管理模式。在志愿者数量不多并处于参与组织工作的早期阶段,可采取指令管理模式;随着志愿者能力水平、工作经验的增长,志愿管理者可以给予他们更多的自主权,最终实现志愿者的自主管理。

志愿活动最重要的就是需要志愿者的积极参与。总体而言,在上述五种志愿者管理模式中,前三种是较为常见和积极的管理模式。第四种志愿者管理模式通常是在志愿者缺乏相关工作经验,对工作没有足够认识的情况下,或者是在紧急情况下没有足够时间去听取志愿者的建议时采用。第五种志愿者管理模式综合了其他几种管理模式,根据志愿者的实际情况,灵活运用其他几种模式的特点,以提供适宜的管理策略。

四、非营利组织志愿者激励方式

志愿服务的独特性决定了非营利组织在激励志愿者时需要采取与企业及政府部门不同的策略。志愿者参与志愿活动绝不仅仅是为了物质回报,精神层面的激励更为重要。非营利组织通过强化组织使命、利用媒体宣传、激发兴趣等方法,激发志愿者的荣誉感、成就感和自豪感,并通过多种方式满足他们的需求。对志愿者的激励,要坚持物质激励与精神激励相结合的原则,并努力凸显精神激励。按照当前非营利组织人力资源管理理念,最为有效的激励方法之一是努力使员工树立与组织共存亡的观念。

(一)建立公开透明的激励机制

非营利组织应确保志愿者清楚了解他们可以获得的激励和奖励,这有助于保持公正和一致性。通过编写激励政策手册或与志愿者进行个人沟通,非营利组织应帮助志愿者了解激励方式的条件和标准,做到公开透明。

(二)提供灵活多样的激励方式

从综合角度通盘考虑,非营利组织将物质激励与精神激励有机结合起来,不仅关注员工的物质需求,更注重员工的精神需求,提高员工的工作价值感、归属感和使命感。激励方式应满足不同志愿者的需求和动机,包括表彰和感谢、奖励和认证、培训和发展机会、社交活动和聚会等。

（三）建立合理畅通的反馈机制

通过定期与志愿者进行面对面或在线沟通，及时了解他们对激励方案的看法和建议，以便及时调整策略，提高其适应性和效果。

（四）提供具有挑战性的任务

根据维果茨基的最近发展区理论，教学应该为学习者提供带有一定难度的内容，让学习者"跳一跳，摘桃子"。这种理论也可以运用到志愿者的任务布置中，提供有适当挑战性的任务，可以调动志愿者的积极性，让他们能够发挥自己的潜能，为组织做出有意义的贡献，从而获得满足感和成就感。

（五）维护良好的沟通和协作关系

与志愿者保持良好的沟通和协作关系是获得成功激励方案的关键，通过定期的沟通和协作，增强志愿者的集体归属感和团队凝聚力。

通过上述激励方式，非营利组织可以有效地激发志愿者的积极性和参与度，提高志愿服务的质量和效率。

▶▶ 复习思考题

1. 简述非营利组织人力资源管理的概念及特点。
2. 简述非营利组织人力资源规划的影响因素。
3. 简述非营利组织人力资源管理的基本模块。
4. 简述志愿精神和志愿服务的价值。
5. 简述成为志愿者的影响因素。
6. 简述非营利组织志愿者管理的基本流程。

▶▶ 案例分析题

案例一　泉城义工入选"国家队"

"泉城义工"是由济南日报报业集团主管，在济南市行政审批服务局正式注册的公益团体，其宗旨是倡导和推动社会公益事业，其开展的志愿服务项目和活动均为纯公益性质。2022年，在第59个"学雷锋纪念日"，中宣部命名了第七批全国学雷锋活动示范点，"泉城义工"也在其中，成为济南市唯一获此殊荣的组织。

2005年，济南日报报业集团联合济南市文明办、共青团济南市委共同发起组建了"泉城义工"。近20年来，"泉城义工"由最初的146人发展至济南市规模最大、人数最多的志愿服务组织之一。在此期间，济南日报报业集团自觉承担责任，始终秉持"融合赋能，伴生城市成长"的理念，本着"奉献、友爱、互助、进步"的志愿精神，赋能泉城义工队伍不断壮大，在文明城市创建中贡献"报业力量"。

在济南日报报业集团的指导下，泉城义工用爱汇聚成打动人心的力量。从"中国十大杰出青年志愿服务集体"到"全国优秀志愿服务组织"，从"全国志愿服务四个100最佳志愿服务组织"到此次入选"全国学雷锋活动示范点"，"泉城义工"践行着"展我所长、尽我所能、倾我热情、回报社会"的志愿服务理念,一步一个脚印,为这座城市留下最完美的文明足迹。

一群人带动一座城,谁说站在光里才算英雄

做好志愿服务工作,是推动城市文明持续提升的重要一环。为助力打造"志愿之城、服务之城、公益之城",济南日报报业集团以"泉城义工"为主,着力打造一支服务文明创建、服务市民群众的志愿服务"生力军",哪里有需要,哪里就有他们。

2008年,一场大地震唤醒了公众无私奉献的热情。济南报业一呼百应,汶川地震后的10天内,107名身穿红马甲的"泉城义工"挺进灾区抗震救灾,成为全国首批第一时间奔赴灾区的志愿服务组织之一。千里之外,彼时6万多名泉城义工在济南集结,提供强大的后方支援。

泉城广场是济南的"城市大客厅"。2018年以来,济南日报报业集团组织"泉城义工"在广场设立了"365天不打烊"志愿服务岗,为市民提供医疗保健、法律咨询等服务,成为"城市大客厅"最美的风景。

2020年初,新冠疫情肆意横行,面对突如其来的特殊斗争,泉城义工通过报业集团全媒体平台,发出号召,第一时间组建了"泉城义工疫情防控志愿服务队",义无反顾投入疫情防控阻击战。据统计,"泉城义工"服务百姓超过百万人次,成为报业集团在这次抗疫大考中交出的一份完美答卷。

为一句无声的诺言,默默地跟了你这么多年

自"泉城义工"诞生以来,济南日报报业集团充分发挥主流媒体社会动员的力量,不断呼吁、引导各行各业的市民参与到志愿服务工作中来,为泉城义工的发展壮大注入了生生不息的力量。

在注册的30多万"泉城义工"当中,既有在各自领域工作多年的专业人士,也有掌握一技之长的民众……在城市面貌改善和城市文明发展中发挥着积极而又重要的作用。

群众在哪里,志愿服务就延伸到哪里。点点微光,汇聚力量,用心帮助每个人,用爱温暖这座城。2022年腊八节,泉城义工在泉城广场志愿服务岗开展了"我为文明做贡献 一碗热粥暖泉城"济南腊八节感恩粥志愿服务主题活动。同时号召市历下区、市中区、章丘区等地近20个场所的志愿者同步进行,为寒冬中坚守在户外的工作者们送出5000多碗腊八粥。

自2018年以来,济南日报报业集团在市委宣传部指导下,联合市文明办、共青团济南市委,引导广大"泉城义工"积极投身新时代文明实践中心建设,自觉担负起开展新时代文明实践的重任。

2018年12月10日,济南市新时代文明实践中心在济南报业大厦挂牌成立,30万泉城义工和140万志愿者踏上了新时代文明实践的新征程。2021年,1万余名"泉城义工"利用多种形式开展了"庆祝中国共产党成立100周年"主题志愿服务活动,让更广大的人民群众感党恩、听党话、跟党走。其中,泉城义工关爱艺术团2021年演出活动20余场惠及千人次;泉城义工兵妈妈志愿服务队全年开展志愿服务活动127场;泉城义工寻访泉城红色印记志愿服务队全年开展志愿服务活动60余场。中心已接待来自全国各地参观团

队 138 个,参观人数近 3000 人次。

2022 年,济南市新时代文明实践中心充分借助新黄河新闻客户端的传播优势,设立了"文明实践"频道,朝着"打造新时代加强基层宣传思想文化工作的平台、全心全意为人民服务的平台、践行社会主义核心价值观的平台、巩固提升济南文明创建成果的平台"的目标阔步迈进,打造具有鲜明特质的山东特色!

插上"融媒体翅膀",文明实践闪耀城市角落

创新不断,探索不止。进入新时代,济南日报报业集团创新性地将济南市新时代文明实践中心和济南市融媒体中心融合发展,打造具有传播力和凝聚力的舆论宣传阵地,成立了融媒体服务议事厅,畅通泉城义工参与社会治理的通道。

一方面,济南日报报业集团让专职记者下沉到基层;另一方面,让市民记者、市民巡访团成员、志愿者等新时代文明实践中心的主力军成为兼职记者,担任信息员、宣传员、辅导员、调解员、办事员"五大员"角色。打造具有强大传播力和凝聚力的舆论宣传阵地,实现了"手牵手引领群众,零距离服务群众",切实解决百姓生活中的痛点、难点、热点问题。

"泉城义警"就是济南日报报业集团将新时代文明实践中心和融媒体中心一体化运作结出的硕果,由济南报业和济南市公安局共同打造,目的在于组织群众参加义警志愿服务活动,创造共建共治共享社会治理格局。"泉城义警"注册人数已超过 15.5 万人。泉城义工积极探索、创新求变,构建起队伍体系、阵地体系、支撑体系、拓展体系"四位一体"的泉城反走私志愿服务体系,成立了泉城全国首个市级反走私志愿服务团,填补了全国反走私宣传和工作中的空白。

济南日报报业集团还与市 12345 市民服务热线联手打造泉城服务"总客服"——掌上 12345 平台,成立 12345 泉城义工为民服务团,成为"便民利企、服务决策"的重要入口。这是全国第一个由政府热线和党媒联合打造的社会治理新平台,对增强服务群众的能力具有重要意义。

走出齐鲁着眼大局,爱心迸发出力量无限

高度决定视野的广度。实现全国脱贫攻坚战和乡村振兴战略的历程,都有"泉城义工"全力以赴的身影。2018 年至 2021 年,在济南日报报业集团的组织和指导下,"泉城义工"连续 3 年选派人员参加济南对口湘西东西部扶贫协作,共派驻 400 多名志愿者,分成 68 支小分队,11 批次奔赴湘西,分布到湘西州七县一市的 110 多个志愿点开展支医、支教、支农等志愿服务。

2019 年 1 月,受交通不便、持续低温冰冻天气、市场等多方因素影响,湘西椪柑严重滞销。为缓解湘西果农燃眉之急,济南日报报业集团联合"泉城义工"发起"情系湘西·爱心'椪'撞——深山滞销椪柑义卖"活动,销售椪柑 7000 箱,销售额也达 35 万余元。近年来,"泉城义工"持续开展对湘西农特产品的爱心购买活动,累计购买各类农产品价值 100 余万元。

2019 年 11 月,"泉城义工"在济南举办"体验湘西"活动周,7 天时间到访游客达 20 万人次,湘西黄牛肉、木锤酥、腊肉、糍粑等湘西特产一度脱销,各大企业的订单纷至沓来。

为助力乡村振兴发展,济南日报报业集团联合济南市新时代文明实践中心发起"云志

愿"活动,为志愿服务搭上"云"的翅膀,凝聚 30 万"泉城义工"和 140 万志愿者的爱心力量,与直播网红等社会力量形成合力,"泉城义工"走进大山深处,站在田间地头直播带货,助力乡村振兴新模式。让爱心拥有了无限可能。把服务送到群众身边、做到百姓心坎。

资料来源:郭哲启.让雷锋精神在新时代绽放新光芒[N].济南日报,2022-03-07(1).

讨论题:"泉城义工"为什么能入选"国家队"? 谈谈自己的理解和看法。

案例二　北京冬奥会志愿者

北京 2022 年冬季奥运会,即第 24 届冬季奥林匹克运动会,是中国举办的国际奥林匹克赛事,于 2022 年 2 月 4 日至 2 月 20 日举行。北京成为全球唯一一个同时举办过夏季奥运会和冬季奥运会的"双奥之城"。中国运动员在本届冬奥会上表现出色,金牌和奖牌数均创下历史最佳成绩。

北京冬奥会的成功举办,离不开众多志愿者的无私奉献。北京冬奥会面向全球招募志愿者,全球共有 115 万人报名,最终选拔出 1.8 万余名赛会志愿者和 20 余万名城市志愿者。冬奥会志愿者们不畏疫情、严寒、两地办赛等困难,以热情和专业服务赢得了国际社会的赞誉。国际奥委会主席巴赫在闭幕式上对志愿者表达敬意,称赞他们的笑容和友好给人们留下深刻印象。2022 年 4 月 8 日,北京冬奥会和冬残奥会的总结表彰大会在人民大会堂举行。大会表彰了在筹办和比赛过程中做出显著贡献的集体和个人。一位获奖志愿者感慨地回忆了习近平总书记的讲话和冬奥会的难忘时刻,表达了对国家的深厚情感,认为在青春年华与祖国和时代同行是一种荣耀。

北京冬奥会的赛会志愿者分为两类:专业赛会志愿者和通用赛会志愿者。专业赛会志愿者具备所需的专业知识、技能和经验,能够提供如语言、医疗、驾驶等专业服务。不属于专业赛会志愿者的其他志愿者则被归类为通用赛会志愿者。在比赛场馆服务的志愿者通常在赛事开始前 7 天上岗,赛事结束后 3 天(对于冬残奥会则是赛后 1 天)结束服务。

赛会志愿者的招募要求包括基本条件和优先条件两大类。符合以下五个基本条件的人员可申请成为赛会志愿者:(1)遵守中国的法律法规,自愿为北京冬奥会和冬残奥会提供服务,并接受组委会的指导和管理。(2)年满 18 周岁,具备良好的身体条件和健康素质。(3)拥有本岗位所需的基础知识和技能。(4)能够使用汉语或英语进行交流。(5)能够认真参与赛前培训,并在赛事期间提供必要的志愿服务。符合以下四个优先条件之一的申请人可被优先录用:(1)能够参与"相约北京"系列冬季体育赛事的志愿服务。(2)能够同时为北京冬奥会和冬残奥会两项赛事提供服务。(3)具备特定专业知识和技能,如口笔译、医疗、驾驶、信息技术等。(4)其他赛事运行中急需的人员。

赛会志愿者选拔录用的基本流程包括资格审核、测试选拔、岗位预分配、正式录用和上岗服务五个阶段。资格审核阶段,由北京冬奥组委及其授权或委托的组织机构对申请人的资格进行审核。测试选拔阶段,由北京冬奥组委及其授权或委托的组织机构通过现场或远程测试的方式进行择优选拔。岗位分配阶段,由北京冬奥组委及其授权或委托的组织机构考虑申请人的个人意愿进行岗位分配,并与申请人沟通明确到岗时间。正式录用阶段,由北京冬奥组委及其授权或委托的组织机构向确认录用的志愿者发放录用通知书。上岗服务阶段,由志愿者携带通知书和有效身份证件,在指定时间和地点完成赛前培训、签署承诺书、注册并领取制服等物资后,开始提供服务。

志愿服务期间,赛会志愿者将在以下方面得到北京冬奥组委提供的保障:身份注册卡、制服、人身意外伤害保险和医疗服务保障;志愿服务期间享受免费餐饮;志愿服务期间享受集中住宿;志愿服务期间免费乘坐主办城市的公共交通工具。此外,北京冬奥组委将主要通过精神激励的方式对志愿者进行表彰,包括颁发志愿服务证书、赠送纪念品等。

城市志愿者也将有机会通过多样的培训学习冬奥会和冬残奥会的相关知识、志愿服务常识、赛区文化历史、英语口语、文明礼仪、助残服务、急救技能、舆论控制和媒体宣传等通用技能,以及与岗位相关的环境、交通信息和实操技能。他们将得到必要的工作支持,并有机会参与优秀志愿者的评选和表彰活动。

资料来源:李水金.中国非营利组织管理[M].北京:首都师范大学出版社,2023:305-307.

讨论题:结合材料,谈谈你如何看待激励志愿者参与志愿服务的措施?

第九章　非营利组织财务管理

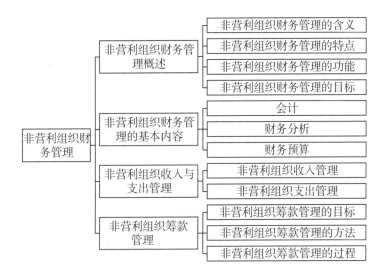

北京韩红爱心慈善基金会的财务管理制度

北京韩红爱心慈善基金会(简称"韩红基金会")由歌手韩红女士发起,成立于 2012 年 5 月 9 日,是一个拥有独立法人资格和公开募捐资质的 5A 级地方性慈善组织。韩红基金会始终秉承着"专注乡村医疗援助,守护生命健康"的宗旨,致力于为乡村基层医疗机构提供全面的系统支持方案,帮助他们提高医疗服务水平。在面对重大自然灾害和公共卫生危机时,韩红基金会迅速响应,为受灾地区的卫生防疫工作、特殊群体的关照以及医疗秩序的重建贡献力量。

韩红基金会概况

为规范本组织的财务工作,更好发挥财务在组织工作及管理中的作用,韩红基金会参考《基金会管理条例》《中华人民共和国会计法》《民间非营利组织会计制度》及其他相关法律法规,结合自身工作的实际情况,制定了财务管理制度。

韩红基金会财务管理制度的核心内容如下:财务管理原则和资金资产使用原则、货币资金管理、收入管理、支出管理、项目资金管理、预算管理、财务处理和财务报告、会计档案管理办法细则、支票管理制度、附则。

资料来源:根据韩红爱心慈善基金会官网内容整理而成。

讨论题:非营利组织财务管理的重要性体现在哪些方面?

第一节 非营利组织财务管理概述

一、非营利组织财务管理的含义

(一)非营利组织财务

组织运行离不开物质条件的支持,非营利组织同样如此。资金是非营利组织能够调动的主要物质资源,它对于组织能否顺利开展活动和实现其使命至关重要。非营利组织财务是指非营利组织在进行其日常运作和推进其社会使命过程中所涉及的资金流动,它展现了非营利组织与政府财政支持、私人捐赠、基金会资助以及其他社会资本之间的经济联系。

非营利组织的资金流动涉及资金的流入和流出两个环节。资金流入是非营利组织维持运作和实现其社会目标的重要保障,包括非营利组织成立之初的资金注入,后期通过不同渠道筹集的资金,以及在开展业务活动中所获得的有偿服务收入。资金流出是非营利组织履行其使命和提供服务所必须承担的经济成本,涵盖组织在进行业务活动时产生的直接成本和管理过程中的各种费用。

(二)非营利组织财务管理

财务管理本质上是对资金的获取和高效利用进行管理,它不仅涵盖了资金的筹集、分配和使用,还包括了对这些过程的监控,以确保资金的合理流动与最佳配置。从企业管理的角度来看,财务管理可以被视为组织和协调企业财务活动、处理财务关系的一种经济管理工作。

非营利组织的财务管理是对其在运作过程中产生的财务活动和财务关系进行系统化的管理,包括资金的筹集、使用、投资、运营和分配活动,以及对这些活动的计划、组织、协调和控制工作。非营利组织财务管理的核心目的在于确保非营利组织能够高效、合理地运用其资源,以支持其各项活动的顺利进行。

二、非营利组织财务管理的特点

非营利组织的资金主要来源于会员交纳的会费和捐赠者的慷慨支持,而非市场销售商品和劳务的收入,因而资金的提供者并不拥有对组织资产的所有权。非营利组织财务管理的核心在于如何获取并高效利用这些资金,以确保组织能够实现其社会使命。具体而言,非营利组织财务管理具有以下三个方面的特征。

(一)资金来源的多样性

消费者购买产品或服务的收费并不是非营利组织的主要资金来源,非营利组织的资金来源主要包括成员交纳的会费、支持者的捐赠和政府支持。其中,民间捐赠主要来自个人、基金会和企业,捐赠者通常不寻求经济回报,而是期望非营利组织为特定对象提供优质的公益服务。民间捐赠是区分非营利组织与公共部门及营利机构的关键特征之一。此外,政府补贴也是非营利组织主要的资金来源。政府通过扶持政策,以财政拨款的形式为非营利组织提供资金支持,以促进其发展并加强其在社会发展中的作用发挥。

在我国,非营利组织的形态较为多样,许多组织仍处于发展或转型阶段,其资金来源也因此呈现出更为多样化的特点。例如,一些非营利组织的主要资金来源是服务性收入,如民办学校的学费和民办医院的医疗服务费用。当然,这些组织在提供服务时,其收费标准通常低于市场价,且不以营利为主要目的。这种以服务为导向的收费模式,不仅体现了非营利组织的社会责任感,也彰显了其致力于提供可负担、高质量的服务以满足公众需求的承诺。

(二)利润不是考核的主要指标

利润是衡量营利组织成功与否的关键指标,但这一标准并不适用于非营利组织。非营利组织的核心目标是实现其社会使命,而非追求利润最大化。尽管在提供服务过程中可能会收取一定的费用,但费用通常较低,有时甚至是无偿提供,以确保服务的普及性和可及性。非营利组织在运作中产生的收益主要用于支持组织的持续运营和发展,不得分配给创始人、会员、董事或员工。因此,非营利组织的财务管理通常没有利润指标,不涉及损益计算或净收入分配,而是专注于收支的平衡和结余核算。

(三)所有权、控制权与受益权"三权分离"

在企业中,所有权和受益权的主体是一致的,其财务管理的关键在于确保剩余索取权与剩余控制权的协调一致。然而,非营利组织的出资者是在自愿的基础上提供资金或资产,并不期望获得剩余索取权。这意味着捐赠者不寻求从其捐赠中获得经济回报或收回资产,尽管在某些情况下,他们可能会对组织的运作、管理和资产处置提出要求。这种捐赠行为在非营利组织的财务管理中带来了特殊的代理问题。理事会和管理者作为资源的代理人,负责确保资源的公益性使用。在这种关系中,委托权、受托权和受益权是相互独立的,导致了受益权与控制权的分离,使用权的限制,以及受益主体的抽象化。

为了确保非营利组织的正常运作,管理者必须向捐赠者证明其资源未被滥用,向捐赠者及社会公众透明地披露资源的使用情况和效果。这不仅是对捐赠者负责,也是履行对"公益产权"的责任,确保捐赠资源得到妥善管理和使用,以实现其公益目的。

三、非营利组织财务管理的功能

非营利组织财务管理主要在以下七个方面发挥作用。

（一）彰显组织宗旨

一个组织的收入和支出明细能够直观地反映出其活动是否与宗旨相符。对于非营利组织而言，其宗旨在于为社会提供公益服务，这要求其财务管理必须严格遵循组织的宗旨，尤其是收入和支出的管理，必须体现出其公益性。非营利组织的资金使用应专注于社会服务，而非追求利润最大化。为了确保这一点，组织需要通过审计监督来审查收支情况，确保资金的来源和使用都符合既定的要求。

（二）提高资金利用效率

非营利组织的资金相对有限，这要求他们在资金的筹集、分配和使用上必须更为审慎和高效。提高资金利用效率是非营利组织财务活动的重中之重。通过精心的财务管理，非营利组织能够确保资金在各个环节中的稳定流动，并实现最优化的资源配置。

（三）防止腐败

非营利组织不以营利为目的特点导致其在财务运作中可能出现支出膨胀问题。同时，没有利润计算的压力，支出的合理性缺乏明确的参照标准，使得控制支出变得更加困难。这种状况可能导致组织在追求业务扩展时，不计成本地支出，从而引发支出膨胀。此外，如果支出与个人利益挂钩，可能会通过不当的交易性支出将组织资金转为私人资金，增加腐败等违法行为的风险。因此，如何高效利用现有资金，防止资金流失和浪费，确保资金用于实现组织宗旨，成为非营利组织财务管理的重点之一。

（四）监督组织运作

财务管理作为记录非营利组织日常活动的工具，实际上提供了一种有效手段来监督组织的运作。通过财务记录，出资者、管理者、社会公众等都可以对组织的活动进行审查和评估，这不仅增强了非营利组织对资金筹集和使用的责任感，而且显著提升了组织的社会公信力。

（五）争取减免税待遇

世界各国普遍为非营利组织制定了税收优惠政策，以鼓励其在社会服务和公益领域做贡献。这些优惠政策包括对组织本身的直接税收减免，如免除土地税、房产税、汽车牌照税以及特定营业税等，同时也包括对捐赠者的税收减免，以激励更多的社会资源投入公益事业中。非营利组织应充分利用这些政策，通过规范的财务管理，确保财务报告的准确性和透明度，从而争取到更好的税收减免待遇。

（六）预防危机

在运行过程中，非营利组织可能会遭遇各种挑战，其中财务危机可能直接妨碍组织的正常运作，甚至威胁到组织的生存。建立一套完善的财务管理体系、制定周密的财务预算并进行深入的财务分析规划，不仅有助于预防潜在的财务风险，还能为组织带来稳健的财务状况，从而实现长期的可持续发展。

（七）增强公信力

公信力是非营利组织发展的社会基础，非营利组织公信力的强弱直接受到其财务管理好坏的影响。实施公开、透明、规范和高效的财务管理,不仅能够增强捐赠者对组织的信任,还能吸引更多的捐赠,为组织的持续发展提供坚实的基础。

四、非营利组织财务管理的目标

财务管理目标是组织通过财务活动所追求的最终目的,它与组织的整体目标紧密相连。非营利组织的财务管理目标是多维度的,可划分为战略目标和战术目标。战略目标聚焦于以诚信和规范的财务管理为基础,确保组织实现宗旨和社会责任。战术目标则主要包括以下四个方面。

(一)建立健全财务管理制度

为加强财务管理,非营利组织不仅要遵循相关的法律法规,而且要在组织内部建立起一套科学、完善的财务管理制度。通过法律和制度增强对财务活动的约束,不仅有助于确保组织准确执行国家政策,同时能够为内部的财务操作提供明确的遵循。同时,健全的财务管理制度能够促进组织内部各部门之间的协调与合作,确保财务活动的有序进行。建立健全财务管理制度必须以国家的法律法规和政策为指导,同时考虑到组织自身的财务管理实际情况,确保制度既符合国家要求,又能满足组织的具体需求。

(二)合理开展预算管理

预算管理是我国非营利组织财务管理的重心。预算不仅是组织获取政府资金支持的工具,更是组织内部进行财务收支及其他财务活动的重要依据。在编制预算时,非营利组织必须遵循财务管理的基本原则,在保证供给的同时,严格控制支出,避免浪费,实现收支的平衡,优化资产的配置。非营利组织所有的财务活动,包括收支管理,都必须严格依照预算执行。

(三)加强资产管理

资产是支撑非营利组织业务活动的物质基础。加强资产管理应从多个方面着手。首先,要提升系统管理意识,平衡资金和实物资产的管理,确保两者都得到适当的关注和维护。其次,要节约成本,避免不必要的开支,通过合理的资产配置提升使用效率,确保每一项资产都能在最合适的地方发挥最大效用。最后,要强化日常的资产管理工作,根据组织的特定需求和活动特点,完善资产管理制度。

(四)强化财务分析和监督

财务分析和监督是非营利组织财务管理的重要任务。通过这一过程,组织能够及时且准确把握自身的财务状况,洞察财务活动的内在规律,从而为做出明智的财务决策提供坚实的数据支持和参考依据。强化财务分析和监督不仅有助于确保非营利组织严格遵守国家的方针政策,而且对于维护财经纪律、防范财务风险具有不可替代的作用。

第二节　非营利组织财务管理的基本内容

非营利组织财务管理主要包括会计、财务分析和财务预算三大基本内容。

一、会计

(一)会计的定义

会计是财务管理的基础,是一套用来组织和保持一个组织财务记录的系统。财务记录主要以货币形式,详细呈现组织在一定时期内的财务收入和支出。通过对这些财务记录进行细致的分类和整合,会计能够以财务报告的形式,有效地传达和报告组织的财务状况。会计工作的核心目标是提供准确无误、全面详尽的会计信息,以满足各方对财务数据的需求。

(二)会计的内容

财务会计为非营利组织提供了一个确保其财务活动有序且透明的工具。非营利组织的会计主要包括财务记录和财务报告两个部分。

1. 财务记录

财务记录是会计工作的基本内容,它通过货币计量捕捉并记录非营利组织在一定时期内所发生的财务收支。会计工作的通用流程涵盖了从原始单据的收集,到日记账、科目账、分类账、总账,直至最终的财务报表编制。会计工作流程的设立旨在加强管理,防止资产的不当使用和潜在的违法行为。会计记账管理特别强调单据的重要性,确保每一笔财务交易都有相应的凭证支持,从而保障会计信息的真实性和可靠性。

2. 财务报告

财务报告是一份展现非营利组织的财务状况、业务活动和现金流动情况等内容的书面文件。这份报告不仅为内部管理层提供了深入洞察组织财务状况的窗口,同时也向外部利益相关者提供了必要的财务信息。财务报告通常包括以下三个组成部分。

(1)财务状况变动报告。详细追踪了非营利组织的资金和资源使用情况,揭示了组织在一定时期内的财务动态。

(2)资产负债报告。在特定时间点上展示了非营利组织的资产、负债和所有者权益,为理解组织的财务结构提供快照。

(3)组织活动报告。记录非营利组织在特定时期内的收入、支出和资金余额变动情况,反映了组织的运营效率和资金管理状况。

(三)会计的分类

根据财务报告的性质和内容不同,非营利组织会计一般可划分为管理会计和财务会计两类。

1.管理会计

管理会计又称对内报告会计,旨在通过预算编制、资金安排和成本控制等手段,帮助组织内部管理者深入理解组织的财务状况和运营效率信息。管理会计的报告和分析通常不对外公开,而是作为内部决策的工具。

2.财务会计

财务会计又称对外报告会计,其核心目的是向组织的外部利益相关者,提供财务信息。这种会计形式要求非营利组织定期对外公布财务报告。各国普遍制定了通用会计准则,旨在规范会计信息的披露。在编制对外财务报告时,诚实、简洁和及时是基本要求。

(四)会计信息的使用者

1.捐赠者

非营利组织对接收的捐赠资产负有重要的受托责任。为履行这一责任,非营利组织必须确保捐赠者能够获得关于其捐赠资产如何被使用和分配的会计信息。

2.会员

对于众多非营利组织而言,会员交纳的会费是其资金的主要来源之一。非营利组织对所收到的会费收入承担重要的受托责任。为履行这一责任,非营利组织需要定期向会员提供会计信息,报告会费的具体使用和分配情况。

3.服务对象

非营利组织在吸纳资金时,需要向公众或资金提供者等提供服务。这些服务可能涵盖教育、医疗、环境保护等多个领域。在此过程中,非营利组织不仅要向服务对象展示其财务状况和经营成果,还需要证明其服务的质量和价格的合理性。

4.债权人

在遵守相关法律法规的前提下,非营利组织可以向银行申请贷款以支持其日常运作和业务活动。因此,债权人也构成了非营利组织会计信息的重要使用者群体。他们需要会计信息来评估贷款的风险,监控资金的使用情况,并确保贷款的安全性和偿还能力。

5.政府监管部门

鉴于非营利组织的资金来源广泛多样,且其开展的活动与公众利益紧密相连,我国法律法规明确规定,政府相关部门必须加强对这些组织的会计信息的监管。

6.非营利组织管理层

本组织管理层也非常关注会计信息,它们期望通过财务会计报告,全面了解组织的财务状况和现金流动情况,评估组织的运营绩效,加强组织的资产负债管理和成本控制。

7.社会公众和其他使用者

财务会计报告所披露的信息为社会公众及其他会计信息使用者提供了一个窗口,为他们参与和监督非营利组织的活动提供了必要的条件。

(五)会计信息的基本内容

在非营利组织的运行过程中,本组织管理层、政府监管部门、会员、捐赠者、服务对象、债权人以及社会公众等,都可能基于各自不同的目的和关注点,对会计信息提出不同的需求。尽管他们对信息的关注和需求各有侧重,但普遍对非营利组织的财务状况、经营绩效以及现金流动表现出浓厚的兴趣。鉴于此,非营利组织至少应当编制并提供三份基本的财务报表:资产负债表、业务活动表和现金流量表。

二、财务分析

(一)财务分析的定义

非营利组织财务分析是一项基于财务报表和其他财务资料的管理活动,它运用科学的方法,对组织的财务状况和业绩成果进行深入的比较和评价,帮助组织管理者、政府管理机构、捐赠者以及社会公众全面了解和掌握组织的资金情况,从而做出明智的运行决策。对于非营利组织的管理者来说,财务分析是一个不可或缺的工具。它不仅能够提供对组

我国非营利组织
财务报表分析

织当前财务状况的清晰视角,而且能够根据外部环境变化及时调整应对策略。

(二)财务分析的要素

非营利组织的财务分析主要包括以下四个要素。

1.财务分析的主体

财务分析的主体是指对非营利组织的财务活动进行分析的机构和个人。在我国,非营利组织财务分析的主体包括组织内部的专职财务人员和主管领导,他们对组织的财务状况有深刻的认识。同时,上级主管部门、财务税务部门以及政府的宏观管理机构也扮演着重要角色,它们从不同的角度对组织的财务状况进行监督、审计和宏观调控。

2.财务分析的客体

非营利组织财务分析的核心关注点在于组织的财务状况、业绩成果以及资金流动情况,这些要素构成了财务分析的对象。

3.财务分析的依据

非营利组织财务分析的依据主要是组织编制的财务报表,包括资产负债表、业务活动表、现金流量表等。

4.财务分析的目的

非营利组织的财务分析最终目标主要体现在三个方面:一是提供客观、可靠的数据支持,帮助财务报表的使用者开展决策;二是对公共资源的配置和使用进行客观评估,确保资源的有效利用;三是推动组织不断加强和完善其财务管理工作。

(三)财务分析的方法

在非营利组织财务分析中,常用的两种分析方法是纵向分析和横向分析。

1.纵向分析

非营利组织财务纵向分析是一种依据连续几期的财务报告,对不同时间段内的财务指标进行逐一对比的方法。通过这种方法,分析者能够观察到各项财务数据的增减变化,评估其变化的方向和幅度。通过纵向分析,非营利组织能够更好地理解自身在不同时期的财务表现,从而做出更加精准的战略规划和调整。

2.横向分析

非营利组织财务横向分析涉及对同一时期财务报表中各项数据进行相互比较。这种方法旨在揭示财务报表上所列不同项目之间的相互关系,从而评估组织财务结构的合理性和各项财务指标的协调性。横向分析有助于管理层和利益相关者识别潜在的财务风险和机会,因为它可以突出显示组织在特定时期的财务优势和弱点。

三、财务预算

(一)财务预算的定义

财务预算是指基于非营利组织当前的财务收支情况,考虑未来财务年度的变动因素,对组织未来财务年度的收支情况进行预测,以此为目标安排组织的活动,并以目标实现情况为标准,对组织内部进行考核的全过程。财务预算体现了非营利组织在年度内计划完成的事业和工作任务的货币价值,它不仅是日常收支管理的主要参考,也是衡量组织运营效率和效益的重要手段。

(二)财务预算的基本功能

财务预算在非营利组织财务管理中扮演着重要的角色,它不仅勾画出组织未来的发展蓝图,还确保各种项目计划的有效实施和组织目标的顺利达成。具体而言,非营利组织财务预算具有多重功能。首先,非营利组织财务预算为合理分配组织有限的资源提供了坚实基础,促进了内部沟通的顺畅进行。其次,非营利组织财务预算明确了未来筹资的需求规模和时间节点。再次,非营利组织财务预算为管理者的决策提供了必要的信息支持。最后,非营利组织财务预算为评估项目的绩效提供了一个基准。

(三)财务预算的编制方法

编制财务预算是一个灵活的过程,非营利组织可根据自身的具体情况,选择一种或多种编制方法。通常,常见的非营利组织财务预算编制方法包括以下四种。

1.递增预算法

递增预算法是指在上一年度实际支出的基础上,非营利组织考虑下一年度因通货膨胀、员工福利改善等可能增加的支出,结合新项目所需的支出,估算出下一年度的预算总额。这种方法主要侧重于预测下一年度的支出,但可能忽略了项目成果和实际需求的变动,因此它是一种相对简单的预算预测手段,有时会与实际发生的费用间存在较大差异。尽管这种方法存在一定的局限性,但其简便易行的特性使得它在许多组织中被广泛采用。

2.零基预算法

不同于递增预算法,零基预算法不受限于已有的预算,而是始于对第二年计划执行项目达成共识,基于这些项目的需求来决定预算的规模。这种方法要求非营利组织的每期预算都先归零,从零开始增加预算。实施零基预算法需回答以下基本问题:组织的高效运作需要什么? 组织下一年度希望实现哪些目标? 为达成这些目标,组织需要投入哪些资源?

3.项目预算法

项目预算法将组织的资源按照一定的比例和标准分配给各个项目,强调项目与组织宗旨的一致性、项目的可行性和所需的费用投入。通过将预算的执行与项目的效果评估相结合,项目预算法不仅监控项目运营的效率,还衡量项目对实现组织总体目标的贡献。

4.弹性预算法

弹性预算法将未来的收支预算视为一个概率分布,并准备多种不同的预算方案。这种方法特别适用于那些处于不断变化和不稳定状态的组织,使他们能够根据实际情况的变化灵活调整预算。

(五)财务预算的基本步骤

通常,非营利组织编制和实施预算分为以下四个步骤。

1.准备

首要问题是明确由谁来做预算。预算的编制应由对组织运行和目标有深刻理解与影响力的人员,以及具备专业知识的财务人员共同参与。通常情况下,预算的具体编制工作由专业人员负责,他们的专业知识可确保预算的科学性和可行性。而那些在组织中具有决策权和影响力的人员,则负责对预算方案进行最终的审批和决策。

2.核定

所有与预算相关的人员都应有机会参与到预算制定过程中,但最终的审批和核定权应归属于理事会。

3.实施

预算一经批准,组织应立即召开内部预算说明会议,让员工对预算的内容有一个清晰的认识。在会议中,员工将了解到预算所覆盖的具体项目、组织设定的未来目标以及各部门需要达成的执行目标等信息。

4.监测

检验预算对组织运作的影响,建立期中报表制度是一种有效手段。期中报表应与原预算对照,对比计划与实际执行的差异,以便发现并解决预算执行过程中的偏差。核心成员在审核期中报表时,需要深入分析预算的现实适应性,评估是否需要对预算估计值进行调整,检查计划中亏损的部分,并探讨补救措施。同时,要识别是否有未预算的支出发生,并考虑通过其他计划的剩余部分或寻找新的筹资方法来补偿。重要的是,期中审核应专注于问题发现和根源分析,避免在细节上耗费时间,而应集中于解决问题,以便更有效地执行或完善预算。这一过程不是为了追责,而是为了通过实际数据驱动决策,优化资源分配,确保组织目标的顺利实现。

第三节　非营利组织收入与支出管理

一、非营利组织收入管理

非营利组织的收入是指该组织为开展业务活动,依法获取的无须偿还的资金。根据来源不同,非营利组织的收入可划分为多个类别,主要包括财政补助收入、事业收入、经营收入、专项资金收入、上级补助收入、附属单位上缴收入,以及其他收入的管理。

(一)财政补助收入的管理

1.严格执行国家预算管理相关规定

非营利组织在编制单位预算的过程中,以及在财政部门和主管单位审批预算时,都必须清晰地标明财政拨款的具体金额。此外,所有对财政拨款的接收和分配情况都应通过独立的会计账户进行详细记录。

2.建立定期对账制度

在财政部门、一级预算单位以及其隶属单位之间,应实施定期的财务对账制度。对账过程应包括对预算数额和实际领拨数额的核对。此外,年度决算报告中应特别列明财政拨款的接收和转拨情况,以便于单独评估这些资金的流动和使用情况。

3.加强专项资金管理

对于财政预算中安排的专项资金拨款,组织应依照既定的规定,强化资金的监管和会计核算工作,防止资金的滥用或不当转移。

4.区分行政经费和基本建设拨款

在政府预算体系中,财政补助收入和基本建设拨款被划分为两种不同性质的预算项目。国家对这两类资金有明确的区分和使用规定,严禁非营利组织将它们相互混淆或挪用。因此,非营利组织在使用财政部门提供的补助经费时,必须严格遵循规定,确保这些资金仅用于组织的常规业务活动,而不得用于其他形式的支出。

(二)事业收入的管理

非营利组织的事业收入来源广泛,涵盖了多个领域和机构,主要包括文化事业单位通过文化服务和活动所获得的资金,高等学校和中等专业学校通过教育服务获取的收入,中小学校的基础教育服务收入,体育事业单位的体育活动收入,广播电视事业单位通过广播和电视节目的制作与传播获得的收入,科学事业单位的科研相关收入,以及计划生育单位提供相关服务的收入等。

事业收入在非营利组织的财务结构中占据重要地位,是其资金的重要来源。非营利组织必须恪守财务会计制度,强化对事业收入的有效管理。具体体现在以下几个方面。

第一,社会效益优先。在国家政策允许的范围内,非营利组织在合法获取收入时,应始终将社会效益放在首位,同时兼顾经济效益。

第二,实施票据管理制度。使用财政税务部门统一印刷的票据,并建立健全各种专用收款收据、销售发票、门票等票据的管理制度。

第三,规范收费项目和标准。严格执行国家批准的收费项目和收费标准,不得擅自设立收费项目或自定收费标准。

第四,加强账户管理。加强账户的统一管理,确保所有收入及时入账,防止资金流失。

第五,统一预算管理。各项收入必须全部纳入单位预算,实现统一核算和统一管理。

(三)经营收入的管理

非营利组织的经营收入是指其在专业业务活动及辅助活动之外开展的非独立核算经营活动,涵盖了销售商品或提供有偿服务所得的销售收入、提供特定服务活动所得的经营服务收入、通过出租资产或设施所得的租赁收入,以及其他形式的经营性收入。

对非营利组织的经营收入进行管理,需要注意以下几点。

第一,平衡主营业务与附营业务。非营利组织应将主营业务作为其活动的核心,即根据组织的专业特长开展相关业务。经营性活动则作为附营业务,旨在为主营业务提供经济支持,确保其健康发展。因此,组织应优先分配资源以满足主营业务需求,避免对既定事业计划造成干扰,在此基础上,合理利用资源以增加组织收入。

第二,遵守相关规定。在开展经营性收入活动前,必须完成必要的报批手续。任何将非经营性资产转为经营性资产的行为,都应严格遵守国家法律法规,并按照既定审批程序进行。

第三,获取营业执照。根据国家规定,非营利组织若要从事经营活动,必须向主管机关申请登记,并在获得核准后领取营业执照。非营利组织应在核准的经营范围内开展经营活动。

第四,纳入预算管理。经营性收入都应纳入组织的预算管理体系中,以确保资金的合理分配和有效监控。

第五,区分收入性质。事业收入与经营性收入性质不同,需要明确区分,以便准确反映组织的业务活动和经营活动的经济成果。

(四)专项资金收入的管理

非营利组织的专项资金收入是指来源于财政部门或上级单位的预算拨款,这些拨款具有明确的指定用途,并且需要单独报账结算。专项资金收入主要包括大型会议费、大型修缮费、大型设备购置费和专项业务费。在管理专项资金收入时,非营利组织需遵循两个核心原则:第一,严格执行专款专用的原则,确保每一笔资金都用于其预定的目的,不得随意挪用。第二,严格执行单独报账的原则,确保专项资金的收入和支出都有清晰的记录。

(五)上级补助收入的管理

非营利组织的上级补助收入通常来源于主管部门或上级单位。这类收入虽然不直接来自财政拨款,但其管理规范和要求可参照财政补助收入进行。

(六)附属单位上缴收入的管理

附属单位上缴收入是指非营利组织附属的独立核算单位按照规定标准或比例交纳的各种收入。在管理这些收入时,应确保它们被全面纳入单位的预算管理中,以便进行统筹安排和合理使用。同时,这些资金应专门用于补充日常运营的支出不足和支持必要的专项支出,而不是用于提升员工的个人福利,从而确保资金的有效利用和组织的财务健康。

(七)其他收入的管理

其他收入是指非营利组织除上述收入之外的其他类型收入,包括对外投资收益、固定资产出租收益、未指定用途的外单位捐赠、其他单位的补助以及一些零星的杂项收入。这些"其他收入"的管理可以参照附属单位上缴收入。

二、非营利组织支出管理

非营利组织的支出是指为开展业务活动和其他相关活动所发生的资金耗费及损失。非营利组织的支出包括事业支出、经营支出、对附属单位的补助、基本建设支出、上缴上级支出、税务支出等。下面着重对事业支出管理、经营支出管理和税务管理进行分析。

(一)事业支出的管理

事业支出是指非营利组织开展专业业务活动及其辅助活动所发生的支出。依据开支对象不同,非营利组织的事业支出可分为人员经费和公用经费。在处理事业支出时,非营利组织需确保支出既满足组织目标和事业发展计划,又符合勤俭节约、提高效益的原则。具体而言,我国非营利组织支出的确认应遵循以下关键标准。

(1)涉及个人的工资、补贴、津贴和抚恤救济费等,必须根据实际人数和实际发放金额,取得个人签收的凭证后,方可列报支出。

(2)购入办公用品可以直接列报支出,而其他各种材料则可在领用时列报支出。

(3)管理部门支付的工会经费、职工福利费用以及社会保障费用,应按照规定的标准和人数每月计数提取,并直接列报支出。

(4)按核定比例提取的固定资产修购基金,可以直接列报支出。

(5)购入的固定资产在验收合格后列报支出,同时在账目中增加"固定资产"和"固定基金"账户。

(6)所有其他费用均以实际报销的金额列报支出。

(二)经营支出的管理

经营支出是指非营利组织在专业业务活动及其辅助活动之外,所开展的非独立核算经营活动所产生的费用。这类支出反映了组织在扩展服务范围或进行其他相关经营活动时的支出。

经营支出反映了非营利组织在平衡公益使命和资金筹措需求时的现实选择。非营利组织经营支出管理应参照非营利组织事业支出管理的相关规范,尤其强调资金流向的透明度与公益性约束,坚持专款专用、不偏离公益目标。

（三）非营利组织的税务管理

1.税务筹划

税务筹划也称为合理避税，是指在法律允许的范围内，通过精心规划组织的经营、投资和理财活动，尽可能实现税收节省。对非营利组织而言，开展税务筹划有利于保护其合法权益，提高依法纳税的意识，促进税收法律制度的完善。非营利组织税务筹划主要坚持以下两大原则。

非营利组织免税资格认证管理有关问题的通知

一是有效筹划原则，即通过合理配置资源和管理机制，实现税收管理的最大经济效益和社会效益。这要求非营利组织不断提升员工的专业技能，积极与税务机关协作，主动参与税务管理，从而提高税务筹划的主动性和科学性。

二是坚持依法治税原则。强调税务筹划必须在法律框架内进行，确保所有税务活动都依法操作。这不仅是确保国家税收政策顺利执行的关键，也是维护非营利组织合法权益的基础。

2.税务风险防控

税务风险是指税务机关和纳税人在遵守税法方面可能遇到的不确定性和负面影响。这种风险主要源自征税和纳税双方的不当行为。具体而言，税务机关可能因监督机制不健全、税收政策不透明、执法人员法律意识和责任心不足，导致税收流失与执法不规范。同时，非营利组织也可能因对税收政策理解不足、财务核算错误、存在侥幸心理或故意逃避纳税，导致税款流失。

税务风险防控旨在有效控制内部管理风险、税收执法风险和纳税遵从风险，主要通过事前、事中、事后三个阶段的管理来实现。事前阶段，加强制度和机制建设，进行风险识别和等级评定，实施动态管理，特别关注风险分析和识别，结合日常管理，强化风险控制措施。事中阶段，强化过程控制，提高税务风险信息的采集和布控的针对性，实行分级控制，拓展防控领域，建立关键指标，制定具体的控制制度和措施，提升纳税遵从度。事后阶段，建立独立的考核评价制度，明确考评主体、范围和方式，对防控效果进行评价，总结经验做法，为未来可能出现的税务风险做好准备。

第四节　非营利组织筹款管理

一、非营利组织筹款的目标

筹款是非营利组织为获取资金、物资和劳务等资源而针对筹款目标开展的一些募捐活动，其核心目标是确保组织生存与实现使命。面对日益激烈的竞争环境，潜在捐赠者往往会在多个慈善组织中权衡选择，他们在捐赠时更倾向于采取主动挑选而非被动选择的姿态。因此，非营利组织必须通过有效的营销策略，将潜在捐赠者的一般性需求转化为具体的捐赠意向,促使他们自愿出资支持组织的项目和活动。

为减少潜在捐赠者的犹豫,满足他们的兴趣和偏好,非营利组织需要针对不同的捐赠群体进行精准的目标定位,并制订出有效的营销计划,以此来提升筹资的成功率。根据筹款对象不同,非营利组织的筹款目标可划分为个人、企业、政府、基金会以及国际援助组织。

(一)个人

面向个人筹款被认为是非营利组织筹款的最好渠道。诸如"希望工程""春蕾计划"等公益项目,以及汶川大地震、河南特大暴雨等救灾行动都成功从个人捐赠者那里募集到了大量资金。个人捐赠的意愿受到诸如收入水平、文化背景和税收优惠政策等多种内外因素的影响。无论捐赠者是出于何种动机进行捐赠,他们的这种行为都在一定程度上与非营利组织的公益性质、非营利目的和志愿精神等核心特征相吻合。

总体而言,个人捐赠在我国非营利组织的总收入中所占的比重相对较小。这主要是由于我国居民的可支配收入相对较低,公众参与公益事业的积极性不高,以及公益捐赠税收优惠政策的激励效果不够明显等。最关键的因素是捐赠者对非营利组织的信任度不高,对捐款使用情况的透明度和有效性持怀疑态度。尽管面向个人筹款具有成本低廉等优点,但也存在一些劣势,比如有时非营利组织未能准确理解捐赠者的意愿,导致筹款活动未能引发公众的共鸣,结果个人捐赠的资金往往非常有限。

(二)企业

对企业而言,随着规模扩大,企业可能会因为追求社会责任、塑造积极的品牌形象或享受税收优惠等原因而进行慈善捐赠。此外,企业出于改善所在地区的形象,争取地方的资源支持,与非营利组织的项目高度相关联,或者与组织管理者有私人联系等原因,都可能增加对非营利组织的捐赠。

对非营利组织而言,通过与企业合作,非营利组织能够获得资源支持,扩大组织影响力,增强公众对组织的认知。需注意的是,作为市场主体,追求利润是企业的基本目标。因此,在向企业募捐时,非营利组织应在维护自身使命和市场定位的前提下,评估与企业合作的潜在机会和实际可能性。而且,为确保慈善活动得到持续且稳定的支持,非营利组织应努力与企业建立长期的、互利的战略伙伴关系。

(三)政府

20 世纪 80 年代以来,全球范围内掀起了公共事业民营化的浪潮,政府对非营利组织的资助,无论是在金额上还是覆盖范围上,都在持续增加,成为解决"志愿失灵"和"市场失灵"问题的有效途径。在中国,许多非营利组织是由政府机构或事业单位转型而来的,具有半官方半民间的特性,与政府的关系较为紧密,甚至存在一定程度的依赖性。因此,政府财政资助和补贴成为我国非营利组织筹款的重要组成部分。

当前,我国非营利组织获取政府资助的形式主要有两种:一种是直接资助,即政府通过财政拨款或补贴直接为非营利组织提供资金支持;另一种是间接资助,即政府通过税收优惠、实施公办民营、委托管理或政府采购服务等方式,间接为非营利组织提供资金支持。

在当前环境下,为保证非营利组织的独立性,同时随着政府预算监管的加强,政府直接拨款的方式正逐渐被间接资助方式所替代。影响政府资助的关键因素包括双方的信任程度、对纳税人的责任,以及项目是否与政府的规划重点相一致等。

(四)基金会

大部分基金会倾向于专注特定领域或议题,如儿童福利、扶贫等,而一般不进行广泛的资助。因此,非营利组织在筹资时需要确保其项目与基金会关注领域或议题相匹配,并且项目本身具有较高的质量。同时,组织的专业性和声誉也是重要因素。知名度较高的非营利组织通常能够展示其强大的组织和治理能力,更容易吸引资助。

非营利组织应该注重与基金会建立情感联系和良好关系,包括培养高层管理人员之间的个人关系。通过各种社交网络获取基金会的详细信息,并努力与捐赠者建立长期稳定的关系。此外,作为专业的资产管理者,基金会对非营利组织的资助往往具有风险投资的性质。因此,在竞争激烈的环境中,基金会倾向于鼓励非营利组织进行创新,并愿意承担这些创新可能带来的风险。

(五)国际援助组织

在全球化大背景下,非营利组织的筹资对象日益国际化,包括来自海外基金会、非政府组织、国际组织以及外国政府的资助。国际援助主要可分为以下几类:(1)双边援助,即一国政府向另一国提供的官方援助计划。(2)多边援助,即由国际组织如联合国、世界银行、欧盟等提供的援助。(3)开发援助,即由国际开发组织提供的援助。这些组织通常在发达国家筹集资金,然后支持发展中国家的各类发展项目。

需注意的是,国际援助可能存在较为复杂之处。比如,部分援助可能附带严格的限制条件,或者资金来源不够透明。因此,在启动筹资活动之前,非营利组织应深入了解各国际援助机构的运作机制及其所设条件。一般而言,接受国际援助时应力求避免受到政治因素的影响。

二、非营利组织筹款管理的方法

动员潜在捐赠者的具体方法主要有直接信函募捐、活动募捐、志愿者募捐、一对一募捐、重量级募捐、战略伙伴募捐、联合劝募、承诺性捐赠、会员制捐赠、计划捐赠和网络募捐。

(一)直接信函募捐

直接信函募捐是通过寄出信函、宣传册或其他资料的方式向目标群体传达诉求。这种方法适合维护现有捐赠者关系和挖掘潜在捐赠者。实施直接信函募捐的首要步骤是收集并细分捐赠者名单,然后进行名单测试以识别可能的捐赠对象,从而提高募捐活动的成本效益。对于不同类型的潜在捐赠者,应采取差异化的募捐策略:对于主要捐赠者,优先考虑安排一对一的会晤;对于次要捐赠者,可以一对多会晤,邀请他们参加相关的活动;对于一般捐赠者,可以通过寄发年度报告并附上个人信函的方式进行沟通;而对于小额捐赠者,则可以通过寄发个人信函来进行募捐。

表 9-1　募捐对象与募捐方法

潜在捐赠者类型	推荐捐赠方法
主要捐赠者	一对一会晤
次要捐赠者	一对多会晤,邀请参加相关活动
一般捐赠者	寄发年报,随寄个人信函
小额捐赠者	寄发个人信函

资料来源:康晓光.非营利组织管理[M].北京:中国人民大学出版社,2020:81.

(二)活动募捐

常见的活动募捐形式包括义演、义卖、义赛、慈善晚宴、马拉松和发行彩票等。活动募捐具有两个显著特点:一方面,特定活动可以使组织吸引公众的广泛关注,同时有机会接触潜在的捐赠者,为未来的筹资活动打下基础。另一方面,这种筹资方式也伴随着一定的风险,如可能发生成本超出收益的情况。组织一场慈善演出需要投入大量的资源,但最终的净收益可能只有几十万甚至几万元。这种募捐方式有助于提升组织的知名度,但同时由于活动受到公众的广泛关注,任何失误都可能对组织的公众形象造成损害。

(三)志愿者募捐

非营利组织的董事会成员在筹款活动中扮演着重要角色,同时其他志愿者也积极参与筹款工作。在志愿者主导的筹款活动中,需求的表达和信息的传递主要依赖于志愿者个人的介绍、沟通和说服来实现。通常的做法是先招募并培训志愿者,然后举办动员大会。动员大会旨在激发参与者的热情,增强团队凝聚力。筹款活动结束后,组织者应对志愿者表示感谢,并给予志愿者和捐赠者适当的表彰,以示对他们贡献的认可。

(四)一对一募捐

一对一募捐是一种建立在捐赠者与某个人、家庭、机构、社区或具体项目之间的明确资助关系的筹资方式。这种方式的信息和资源传递不受特定渠道的限制,可以采用多种方式进行。一对一募捐的一个显著优点是捐赠者能够体验到较强的成就感。例如,捐赠者可以通过持续资助教育,帮助贫困学生完成学业,从而有可能改变他们的命运。捐赠者可以获得受助者的反馈,如信件、照片,甚至有机会与受助者见面、交流、参与活动,这些直接的互动有助于加深双方的情感联系,提高捐赠者对资助项目的投入感。

(五)重量级募捐

筹款活动通常遵循"二八法则",即大部分捐款(约 80%)往往来自少数捐赠者(约20%)。可见,提供大额捐款的捐赠者对于那些依赖捐赠的非营利组织至关重要。因此,专门针对这些捐赠者的筹款活动被称为重量级募捐。重量级募捐的流程和策略包括:明确目标和愿景;识别并锁定潜在的筹款对象;深入了解这些潜在捐赠者的需求和兴趣点;确定合适的劝募方法;指定专人负责;制订详细的行动计划;精心执行筹款活动;提供适当的回报;巩固与捐赠者的关系。

对于那些在捐赠金字塔顶端的重量级捐赠者,非营利组织应该为他们定制个性化的筹款计划,并给予他们最高级别的礼遇。但这种做法也有潜在的弊端,例如这些捐赠者可能会提出以自己的名字命名的项目、在理事会中占有一席之地或对项目设计和组织管理进行干预等要求;同时组织为了吸引这些捐赠者可能需要投入大量成本,如举办筹款晚宴、通过各种关系与捐赠者建立联系等。因此,在策划针对重量级捐赠者的筹款活动前,组织需要进行成本预估。此外,一些组织可能过于追求大额捐赠而忽视了对持续性长期资源的开发,这可能导致一旦重量级捐赠者的情况发生变化或不再捐赠,组织就会面临财务风险。

(六)战略伙伴募捐

战略伙伴通常是大型合作方,他们资金实力雄厚,管理能力出色,不仅提供大量的资金支持,还可能参与到项目的设计乃至实施过程中,并且他们期望的回报覆盖范围非常广泛,这种合作关系通常是长期且稳定的。在筹款策略上,重量级募捐和战略伙伴募捐的特殊之处在于捐赠者的选择,即从广泛的、无差别的捐赠群体转变为特定的、可能带来重大潜在利益的合作伙伴。

(七)联合劝募

联合劝募通常指多个组织共同参与的募捐活动。这种模式鼓励合作和协调,以便更有效地筹集资金和资源,支持各种社会服务项目。联合劝募的核心优势在于参与组织的数量和它们之间的合作,它将原本孤立的单一组织和单一项目转变为多个组织和多个项目的协同努力。这种模式有助于提升筹款活动的专业性,并且由于规模效应,可以有效地降低非营利组织的筹资成本。

(八)承诺性捐赠

承诺性捐赠是指从一个捐赠者那里获得长期连续性的捐款承诺,如为期数年甚至数十年的定期捐赠。面向众多分散的个人募集小额资金往往是成本高昂且效率低下的活动,有时甚至成本超过了收益,导致许多组织对此犹豫不决。然而,将偶尔捐赠的个人转变为长期稳定的捐赠者可以显著改善这种情况。承诺性捐赠正是这样一种长期且持续的捐赠承诺。

为了增加并维持低成本的承诺性捐赠,非营利组织应当构建一个接受捐款的自动化机制,包括设置定期扣款、银行账户直接划账、自动转账、预授权支付以及利用电子资金转账系统等方法。这种自动化机制具有双重好处:一方面,它简化了捐赠者的捐赠流程,也免除了重复办理慈善捐赠证明的麻烦;另一方面,它显著降低了非营利组织的筹资成本,因为捐款会在预定日期自动转入组织的账户,从而减少了对捐赠者的提醒工作,节省了人力、通信等开支。

(九)会员制捐赠

会员制捐赠允许捐赠者通过定期支付会费或进行周期性捐赠成为组织的会员,并享受包括优先获得服务、参与活动和获取特定信息等权益,这种模式鼓励捐赠者持续参与并支持非营利组织的活动。会员制捐赠可以为组织带来稳定的资金来源和提高捐赠者的忠诚度。

通过赋予会员投票权等权利,会员制建立了一种参与机制,使会员能够参与到组织的决策过程中,从而增强了他们对组织发展方向的影响力。此外,会员通常是组织活动的首要参与者,会员基数的大小不仅体现了组织的影响力,也是社会对组织认可度的一种体现。

(十)计划捐赠

这是一种在国外比较流行的捐赠模式。计划捐赠,通常是指捐赠者在去世时遗留的捐赠,这类捐赠往往金额较大,通常捐赠给捐赠者生前关心、喜爱或急需资金的非营利组织。要获得此类捐赠,非营利组织需要与潜在捐赠者建立长期的关系和沟通。

计划捐赠的两种最常见形式包括:一是捐赠者通过遗嘱明确表示将部分财产或一定比例的遗产捐赠给慈善机构;二是在相关文件的受益人栏中填写慈善组织的名称。

(十一)网络募捐

网络募捐是指依托于互联网平台所展开的募捐活动。网络募捐作为一种新兴的公益募捐方式,具有便捷快速、透明公开、覆盖广泛等优点。捐赠者通过电脑或手机即可完成捐款,实时查看捐款进度和资金去向,突破了传统募捐的地域限制,能够迅速聚集大量资金和参与人群。

然而,网络募捐也存在一些问题和不足之处。首先,网络募捐的虚拟性和跨地域性使得监管难度加大,容易出现诈骗等违法行为。其次,由于网络的匿名性,募捐信息的真实性难以核实,有时会出现虚假信息。最后,现有的法律法规可能未能跟上网络募捐的快速发展,导致一些法律空白和监管盲区。

三、非营利组织筹款管理的过程

非营利组织筹款管理主要包括五个环节,即内外因素分析、设定筹款目标、制定筹款计划、执行筹款计划、评估筹款活动。

(一)内外因素分析

非营利组织的筹资过程受到多种内外因素的共同作用。通过深入分析这些影响筹资的内外部因素,非营利组织能够更清晰地认识到自己在筹资活动中所具备的优势与不足,面临的机遇与挑战。非营利组织可以运用第五章提到的 SWOT 分析工具,系统地分析组织在筹资活动中面临的优势、劣势、机会和威胁。

1. 优势

认识到非营利组织的独特优势,就是掌握了组织的核心竞争力,这有助于管理者发掘并利用这些优势,以增强组织的市场地位和筹资能力。优势分析主要回答以下问题。

(1)当前有哪些筹款活动正在进行?

(2)它们取得的最显著成果是什么?

(3)对于这些募资方法,你有多大的信心能够与你的团队成员和志愿者共同努力实现目标?

2.劣势

在了解非营利组织内部优势的同时,也需要分析组织的劣势。非营利组织在筹款方面可能面临的内部劣势可能包括以下内容。

(1)资源限制,导致筹款活动规模和范围受限;

(2)人才短缺,缺乏专业的筹款人才或志愿者,影响筹款策略的专业性及执行力度;

(3)组织结构不够灵活或决策过程缓慢,影响筹款活动的及时性和有效性;

(4)筹款策略单一,过度依赖某一种筹款渠道或方法,限制了筹款潜力;

(5)品牌知名度不足,难以吸引捐赠者的关注和支持;

(6)沟通渠道不畅,无法有效传达组织的价值和筹款需求;

(7)透明度不足,捐赠者对资金使用和项目执行不够了解,影响信任和捐赠意愿;

(8)技术应用落后,错失利用数字平台筹款的机会。

3.机会

非营利组织需要有敏捷的洞察力,善于发现机会,把握先机。非营利组织在筹款方面可能拥有的外部机会包括以下内容。

(1)随着人口结构改变,非营利组织可增加对老年人服务和产品的供给;

(2)社区参与也是筹款的重要阵地,非营利组织可以通过参与社区活动、提供社区服务等方式,增强与社区居民的联系,提高组织的可见度和影响力,从而获得更多的筹款机会;

(3)随着人们健康意识的提高,健康相关的筹款活动更容易得到公众的关注和支持,组织可以围绕健康主题开展筹款活动,如健康跑、慈善步行等活动;

(4)政府对非营利组织的支持政策,如税收优惠、资金补贴等,也为筹款提供了有利条件,组织应及时了解和利用这些政策,提高筹款效率;

(5)在全球化背景下,国际合作和交流日益频繁,非营利组织可以寻求国际合作伙伴,拓宽筹资渠道,获取更多的国际支持和资源。

4.威胁

非营利组织在筹款过程中可能遇到的威胁包括以下内容。

(1)经济波动,这可能导致个人和企业的捐赠意愿和能力下降;

(2)政策和法规变化,政府对非营利组织的支持政策、税收优惠等可能发生变化,影响筹款活动;

(3)竞争加剧,随着非营利部门数量的增加,组织之间为吸引捐赠者和资金的竞争也在增加;

(4)技术挑战,在数字化时代,非营利组织需要掌握社交媒体和在线筹款等技术,否则可能落后于时代;

(5)国际筹款的挑战,对于希望从国际捐赠者那里获得资金的组织来说,汇率波动、国际政治形势等都可能成为威胁。

(二)设定筹款目标

在设定筹款目标时,应确保这些目标与组织的运营目标保持一致。同时,设定的筹款目标必须是具体明确的,主要体现在两个方面:一方面,要清楚地界定筹款的目的。组织筹款是为了什么?是为了保障日常运营,还是为了启动创新项目?是为了组织一次重要的慈善活动,还是为了扩大组织的影响力和市场份额?另一方面,要确定筹款的具体数额。组织需要设定一个具体的目标金额,明确要筹集的资金、物资或服务的数量,这样筹款活动才有明确的方向和目标,否则筹款计划可能会变得模糊不清,缺乏实效性。

筹款目标的设定应当务实且可行,这包含两个关键要素:一方面,筹款目标要切合项目实际,筹款目标需要确保能够覆盖项目的资金需求,确保有足够的资金来支持项目的有效实施;另一方面,筹款目标应符合市场实际,筹款目标应基于对市场的准确评估,确保在目标市场中确实能够募集到相应的资金。如果筹款目标与项目需求脱节,可能会导致资金分配不当或项目无法顺利进行;如果筹款目标与市场状况不符,则可能使得筹款活动难以达到预期效果。

(三)制订筹款计划

设定筹款目标后,非营利组织应当制订详细的筹款计划。筹款计划至少应包括以下几个方面的内容。

1.找到合适的筹款人

筹款活动旨在吸引捐赠者的资助,而这一过程需要确定合适的筹款人。筹款人可以分为内部筹款人和外部筹款人两类。内部筹款人是指那些在非营利组织内部工作,专门负责组织筹款活动的人员或部门。较为成熟的非营利组织往往会设立专门的筹款团队或指定专人负责筹款任务,而那些发展程度较低的组织则会视筹款需求从现有成员中临时组建筹款团队或指派相关人员来执行筹款工作。

外部筹款人员是指那些不属于非营利组织内部,但参与并负责执行筹款活动的人员或部门。这类筹款人员又分为两种情况:一种是由非营利组织正式委托负责筹款的第三方组织或个人;另一种是与非营利组织合作的联合劝募机构所指派的筹款人员。

2.明确筹款的对象

非营利组织在确定筹款对象时通常经历三个关键步骤:首先,进行市场细分,识别并发掘潜在的目标捐赠群体;其次,通过与竞争对手的分析比较,明确组织的独特优势和卖点;最后深入分析潜在捐赠者的需求,并结合组织的竞争优势进行精准的定位。

3.确定筹款的方式

筹款效率高低与选择的筹款方式紧密相关。对于筹款人而言,筹款成功的核心在于准确识别并吸引捐赠者。为找到捐款人,筹款人可采取直接信函募捐、活动募捐、志愿者募捐、一对一募捐、重量级募捐、战略伙伴募捐、联合劝募、承诺性捐赠、会员制捐赠、计划捐赠、网络募捐等筹款方式。

此外,筹款计划中涉及的内容还可能包括:筹款项目策划、筹款时间安排、筹款成本预算、筹款风险分析、筹款监督评估等。

(四)执行筹款计划

在筹款计划制订完成后,非营利组织必须确保该计划切实得到实施。因为无论计划多么完善,若未能付诸行动,也不过是一纸空文。在执行筹款计划的过程中,组织需要特别留意三个关键问题:首先,要监控筹款的进度,确保活动按计划的时间节点顺利进行;其次,要注意筹款的成本,实施严格的成本管理,防止出现预算外的开支;最后,要评估并控制筹款过程中可能遇到的风险,因为如果风险管理不善,可能会威胁到筹款目标的实现。

(五)评估筹款活动

筹款活动评估是贯穿整个筹款过程的一项工作,包括对筹款过程的评估和对筹款结果的评估。筹款过程评估实际上是筹款计划执行的一部分,通过对筹款的进度、成本和潜在风险进行监督,确保筹款目标的实现。筹款结果评估是指在筹款活动结束后,对整个筹款过程进行的回顾、总结与评价。

这里的筹款活动评估是指对筹款结果的评估。筹款结果评估的主要内容包括筹款目标完成情况评估、筹款人员工作绩效评估和筹款过程成本效益评估等。

筹款目标完成情况评估是对筹款目标完成情况的回顾、总结与评价。筹款目标完成情况评估涉及的内容不仅限于资金,还包括组织的形象是否得到了有效的宣传和提升,组织的公共关系网络是否得到了巩固或拓展,组织的整体能力是否得到了增强等。

筹款人员工作绩效评估是对筹款活动中员工表现的回顾、总结与评价。非营利组织应依据既定的绩效考核制度和指标,通过正式的考核流程,对筹款团队及个人的工作表现和成效进行评定。此外,组织需要建立和完善与筹款活动评估相适应的激励机制。在筹款活动评估完成后,应根据评估结果实施相应的激励措施,以奖励表现出色的员工,或在员工表现不佳时提供激励或采取相应的人事措施。

筹款过程成本效益评估涉及对筹款活动成本与所产生效益的分析,目的是以最低的成本实现最大的收益。在非营利组织的筹款评估实践中,人们往往更关注筹款总额,而对成本的考量往往不够充分。而且,组织通常更多地关注直接成本,而忽视了对间接成本的分析,这可能为筹款活动埋下隐患。

▶▶ 复习思考题

1. 简述非营利组织财务管理的概念和原则。
2. 分析非营利组织财务管理的基本内容。
3. 简述非营利组织的收入及其管理要点。
4. 归纳非营利组织筹款的主要方法。

▶▶ 案例分析题

案例一　天津市民政局印发社会组织财务规范与社团内部管理制度指引

2023年初,天津市民政局发布《关于进一步加强和规范市级社会组织财务管理的通知》以及《关于印发天津市社会团体内部管理制度指引的通知》,旨在通过制度化和精细化的管理手段,加强财务的严格规范和内部制度的灵活管理。

针对近年来在社会组织年检年报、抽查审计和专项整治行动中发现的问题,天津市民政局明确要求社会组织严格遵循《中华人民共和国会计法》《民间非营利组织会计制度》《会计基础工作规范》和《会计档案管理办法》等法律法规,进一步强化业务主管单位、登记管理机关及相关部门对社会组织的监管职责,瞄准资产、负债、收入、费用、净资产、财务报告、发票、会计档案的管理以及财务监督中的常见问题,提出共计11章79条的规范要求,为社会组织的财务管理提供了一套刚性的规范框架。

在对社会团体内部管理制度指引进行修订的过程中,天津市民政局对2013年版指引进行了深入的结构性优化和内容补充。修订工作结合了近年来社会团体在制度文件、换届选举、章程示范文本等方面的最新要求和实践,并对社会团体在纠纷处理中遇到的常见问题进行了细致的分析。基于此,天津市民政局精心制定了包括理事会制度、监事制度、负责人管理、分支机构管理、会员管理、工作人员管理、印章与文件管理、诚信自律以及信息公开等在内的9项内部制度范本。上述内容对社会团体内部治理提出了具有指导意义的柔性规范。

资料来源:天津市民政局印发社会组织财务规范与社团内部管理制度指引[N].公益时报,2023-03-21(3).

讨论题:非营利组织在财务管理中面临哪些挑战?

案例二　山西进一步规范非营利组织免税认定

2023年10月,山西省财政厅和国家税务总局山西省税务局联合印发《关于明确山西省非营利组织免税资格认定管理有关问题的通知》(晋财税〔2023〕12号),将免税资格认定工作由"线下"转为"线上"。新的认定管理通知厘清了认定权限和部门职责,明确了认定流程与时限,规范了申请资料报送格式,使得非营利组织免税资格认定过程更清晰、服务更便捷、申请更高效。

在山西省行政区域内经登记管理机关批准设立或登记的非营利组织,凡符合《财政部税务总局关于非营利组织免税资格认定管理有关问题的通知》(财税〔2018〕13号,以下简称财税〔2018〕13号)第一条规定条件,在税务机关登记并按规定办理企业所得税申报及其他涉税事宜的,均可申请确认非营利组织免税资格。

根据财税〔2018〕13号第一条,符合免税资格认定的非营利组织,必须同时满足以下条件:①依照国家有关法律法规设立或登记的事业单位、社会团体、基金会、社会服务机构、宗教活动场所、宗教院校以及财政部、税务总局认定的其他非营利组织;②从事公益性或者非营利性活动;③取得的收入除用于与该组织有关的、合理的支出外,全部用于登记核定或者章程规定的公益性或者非营利性事业;④财产及其孳息不用于分配,但不包括合理的工资薪金支出;⑤按照登记核定或者章程规定,该组织注销后的剩余财产用于公益性或者非营利性目的,或者由登记管理机关采取转赠给与该组织性质、宗旨相同的组织等处置方式,并向社会公告;⑥投入人对投入该组织的财产不保留或者享有任何财产权利,本款所称投入人是指除各级人民政府及其部门外的法人、自然人和其他组织;⑦工作人员工资福利开支控制在规定的比例内,不变相分配该组织的财产,其中工作人员平均工资薪金水平不得超过税务登记所在地的地市级(含地市级)以上地区的同行业同类组织平均工资水平的两倍,工作人员福利按照国家有关规定执行;⑧对取得的应纳税收入及其有关的成本、费用、损失应与免税收入及其有关的成本、费用、损失分别核算。

获得免税资格的非营利组织的非营利收入免征企业所得税,资格有效期五年。根据《财政部 国家税务总局关于非营利组织企业所得税免税收入问题的通知》(财税〔2009〕122号),非营利组织的下列收入为免税收入:①接受其他单位或者个人捐赠的收入;②除《中华人民共和国企业所得税法》第七条规定的财政拨款以外的其他政府补助收入,但不包括因政府购买服务取得的收入;③按照省级以上民政、财政部门规定收取的会费;④不征税收入和免税收入孳生的银行存款利息收入;⑤财政部、国家税务总局规定的其他收入。

非营利组织免税资格认定工作分别由省级、市级和县级的财政部门会同本级税务机关联合办理,并由"线下"转为"线上"。申请资格认证单位可登录山西省电子税务局提交申请材料,选择相应的省级/市级/区级"非营利组织免税资格认定"模块办理。

资料来源:山西省财政厅 国家税务总局山西省税务局关于明确山西省非营利组织免税资格认定管理有关问题的通知[EB/OL].(2023-10-31)[2025-03-17].https://czt.shanxi.gov.cn/zfxxgk/fdzdgknr/tzgg/202311/t20231108_9422064.shtml.

讨论题:非营利组织申请免税资格需符合哪些条件?

第十章 非营利组织危机管理

▶▶ 知识导图

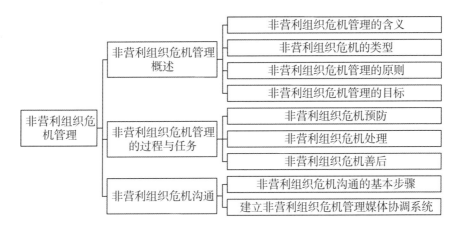

▶▶ 案例导入

非营利组织公信力危机——武汉市红十字会案例

武汉市红十字会承担着接受捐赠、调配物资等诸多关乎民生与社会救助的重要职责。长期以来,其依托社会各界的信任与支持,旨在汇聚爱心力量,助力各类人道主义救援及公益项目开展,在应对重大灾害、保障弱势群体权益等方面有着不可忽视的影响力。在新冠疫情期间,武汉市红十字会由于缺乏处理大批量、大规模物资的经验,也缺少仓储、运输、分配的专业能力,加上人手紧缺,导致大量本应被分配到救援一线的应急物资堆放在仓库,陷入公众舆论和公信力危机之中。

武汉市红十字会公信力危机原因分析

(1)财务管理问题。从会计核算角度,会计制度执行不够严格,账目记录未能做到准确、细致、及时,没有建立完善且便于公众监督的财务信息披露机制。例如,对于捐赠物资的计价、分类核算等基础工作存在漏洞,使得物资的收支情况难以清晰呈现,无法满足公众知情权需求,这是引发信任危机的重要财务根源。

(2)内部治理缺陷。内部缺乏有效的监督制衡机制,决策流程不够透明公开。在物资分配等关键事务决策上,没有充分考虑多方面因素并广泛征求意见,导致分配结果难以服众,反映出其内部治理结构在保障组织合理运营、维护公信力方面存在不足。

（3）信息沟通不畅。未能及时、有效地与捐赠者、社会公众以及媒体等进行沟通，对于外界的疑问和关切不能迅速做出准确回应，导致误解不断加深，谣言也随之滋生，加速了公信力的崩塌。

案例启示

通过武汉市红十字会这一非营利组织公信力危机案例，我们可以得到诸多启示。

对于非营利组织自身而言，要高度重视财务管理工作，严格执行会计制度，建立健全财务信息公开机制，确保财务信息的真实性、准确性和及时性，这是赢得公众信任的基础。同时，不断完善内部治理结构，强化内部监督与外部监督相结合，保证运营决策的科学合理与公正透明。并且要注重信息沟通，保持与社会各界的良性互动，及时消除误解，营造积极健康的舆论环境。

从社会层面来看，需要进一步完善对非营利组织的监管法规体系，加强对非营利组织运营全过程的监督力度，引导社会公众正确认识和评价非营利组织的作用与表现，共同促进非营利组织健康发展，保障其在社会公益事业中持续发挥积极有效的作用。

资料来源：冯小倩，朱晓燕. 会计视角下非营利组织公信力危机及重塑：以武汉市红十字会为例[J]. 当代经济，2021(12)：102-105.

讨论题：通过武汉市红十字会陷入公信力危机的原因分析，你觉得今后应如何预防此类事情的发生？

第一节　非营利组织危机管理概述

一、非营利组织危机管理的含义

（一）危机的概念

危机（crisis）最初来源于希腊语，用来表示一些至关重要的、需要立即做出决断的状况。《现代汉语词典》将危机界定为：危险的根由；严重困难的关头。在学术界，不同的学者站在不同的角度对危机有过不同的定义，主要有以下几种。

赫尔曼（Hermann）将危机定义为某种形势，在这种形势中，其决策主体的根本目标受到威胁，并且做出决策的反应时间很有限，其发生也出乎决策主体的意料之外。

福斯特（Foster）指出危机具有四个显著特征，即急需快速做出决策、严重缺乏必要的训练有素的员工、相关物资资源紧缺、处理时间有限。

罗森塔尔（Rosenthal）等人将危机定义为对一个社会系统的基本价值和行为架构产生严重威胁，并且在时间性和不确定性很强的情况下必须对其做出关键性决策的事件。

巴顿（Barton）认为危机是一个会引起潜在负面影响的具有不确定性的大事件，这种事件及其后果可能对组织及其员工、产品、服务、资产和声誉造成巨大的损害。巴顿所给出的危机定义,将危机的影响范围扩大到组织及其员工的声誉方面。

斑克思(Banks)对危机的定义也考虑了声誉方面的影响,他将危机定义为对一个组织、公司及其产品或名声等产生潜在负面影响的事故。

综合不同学者对危机的定义,危机是一种对组织基本目标的实现构成威胁,要求组织必须在极短的时间内做出关键性决策和进行紧急回应的突发性事件。首先,危机是对组织构成重大威胁的事件,妨碍组织基本目标的实现。其次,危机是一种突发性的事件,往往出乎组织的预料突如其来。最后,危机给予组织决策和回应的时间很短,对组织的管理能力提出了很强的时间性要求。

(二)危机的特征

认识危机的特征,是组织有效识别危机的前提。通常而言,危机主要有如下特征。

1. 突发性

危机的爆发经常出乎人们的意料之外,让人难以把握,同时危机爆发的时间、地点以及影响的程度常常是人们始料未及的。例如,突发的地震、洪水等自然灾害,战争、暴乱、民主冲突等政治事件,都具有突发性。

2. 危害性

危机往往在当事人毫无防备的情况下突然发生,很容易导致当事者的混乱和恐慌,增加决策错误的风险,从而带来严重损失。对组织而言,危机的爆发不仅会打乱现有的正常运作和生产秩序,还会损害组织的长期可持续发展基础,对组织的未来造成负面影响,严重时甚至可能危及组织的生存。

3. 公众性

随着大众传播业的进步、信息传播途径的多样化、信息传播速度的加快以及传播范围的全球化,组织面临的危机情况能够迅速被公之于众,成为公众关注的热点,成为各种媒体的素材。有人指出,危机信息的传播速度甚至超过了危机本身的发展速度。在危机信息的传播过程中,媒体的影响力尤为显著,因为公众获取危机信息的主要渠道是各种媒体,而媒体对危机报道的选择和态度又深刻影响着公众对危机的认知和看法。一些组织在危机发生后,由于不善于与媒体沟通,导致危机不断升级。对于危机的利益相关方而言,由于危机直接关系到他们的切身利益,他们对危机的进展和组织采取的应对措施表现出极高的关注度。

4. 紧迫性

对组织而言,危机一旦爆发,其紧迫性是非常强烈的。这种紧迫性主要体现在三个方面:第一,危机在潜伏期积累的潜在危害能量可能在极短的时间内迅速释放,并迅速扩散,这要求组织必须迅速采取有效措施进行应对,任何的迟疑都可能导致损失的进一步扩大。第二,危机事件之间存在传导效应,一个已经爆发的危机可能会像投入水中的石子一样,引发连锁的波动效应,如果未能及时控制危机的扩散,可能会触发一系列负面连锁反应,进而导致更大规模的危机。第三,现代通信技术的快速发展极大地提高了信息传播的速度,如果组织在危机发生后反应迟缓,其在公众特别是利益相关者心目中的形象可能会一落千丈。为获得社会公众的同情、理解和支持,需要组织迅速对危机做出反应和处理。

5.二重性

正如古语所云:"祸兮,福之所倚;福兮,祸之所伏。"危机的英文同样暗有所指,本意是十字路口,即做出重大决策的关头,暗含有机遇。因此,危机具有危险和机遇双重效果性。一方面,危机会给社会和组织带来人员和财产的巨大损失;另一方面,危机也孕育着机遇和转机。如果决策者敢于面对危机,及时采取措施来应对危机,则不仅能化险为夷、转危为安,而且还可以借此机会进行制度的革新和环境的变革,获得发展的机遇。

(三)非营利组织危机管理的含义

随着经济、科技的发展,社会问题越发复杂,发生的概率也日益提高,组织和个人面临着各种各样的危机。在这样的背景下,为了预防和解决危机,"危机管理"(crisis management)这一概念逐渐被提出。20世纪60年代初,美国学者最早提出了"危机管理"这一概念。

危机管理是指对危机进行控制和管理,以防止和回避危机,使组织和个人得以在危机中生存下来,并将危机所造成的损害限制在最低程度。台湾学者孙本初认为,危机管理是组织为了避免或减轻危机情景所带来的严重威胁,而从事长期规划及不断学习、适应的动态过程。台湾学者邱志淳则认为,危机管理是指一种有计划的、连续的及动态的管理过程,也就是组织或者个人对潜在或者当前的危机,于事前、事中或者事后,利用科学的方法,采取一系列的措施并有咨询回馈,不断地修正与调整,以有效预防危机、处理危机并且化解危机。

自20世纪80年代以来,危机管理理论开始被应用于非营利组织。非营利组织的危机管理是指通过研究危机、建立预警机制和实施危机治理,以避免或减少危机事件对组织造成的严重威胁,达到恢复公众对组织的信任并实现组织目标的非程序化的决策过程。对非营利组织而言,危机既是机遇也是挑战,关键在于如何妥善地进行危机管理。例如柯亨(Raymond Cohen)提出威胁评估模式,其认为组织在危机发生时,是否能够准确掌握外在的威胁,是危机处理的关键。形象修复理论则认为,组织发生形象危机之后的补救方法尤为重要。公众对组织责任的感受是影响组织形象最关键的因素,这些公众因而成为形象修复的主要目标对象。

二、非营利组织危机的类型

根据来源不同,非营利组织的危机可以分为内部危机和外部危机两大类。

(一)内部危机

非营利组织的危机成因是多方面的,有外部的,也有内部的。外部原因只有结合内部因素才能起作用,内部因素是导致非营利组织危机的主要因素。非营利组织的内部危机主要有治理危机和领导危机。

1.治理危机

治理危机是指非营利组织在管理过程中,由于组织运作方针存在问题、成员之间缺乏沟通和合作,从而导致非营利组织无法正常运作的危机。非营利组织的运作过程一般比较推崇民主、科学的管理方式。这种方式能够确保在成员之间形成广泛、深入的讨论与沟通,有效凝聚成员意志,形成组织共识。

一个合理的治理机制,可以为非营利组织提供更有活力和内涵丰富的民主模式,可以让组织在民主集中制的基础上达到异议最小化,顺利推动组织项目,并以此模式鼓励公民的参与及学习,从而将非营利组织的治理精神发扬至整个社会。如果在组织运行过程中,领导层违背民主、集体决策的精神,不广泛听取组织其他成员的意见,在出现意见相左、僵持不下时不是努力寻求共识,而是独断专行,一则可能严重影响组织的正常运行和项目开展,二则违反非营利组织推动审议式民主的精神,从而违背组织成员及公众的期望,失信于组织成员。

2.领导危机

领导危机主要是非营利组织的领导者或者领导层在组织治理中出现的问题。德鲁克认为,非营利组织所面对的问题比一般商业机构要复杂得多。非营利组织所依靠的主要是"使命"和"领导"。身为非营利组织的领导者,其职责就是要将使命说辞转换成更精确的目标。同时,当危机来临时,决策者缺乏准备而导致非营利组织面临着过大的压力,导致决策者可能采取自我经验或者习惯性的解决方式。因此,如果非营利组织没有事前针对危机做好准备工作,很容易制定出无效的决策,而且决策不当的概率也会提高。

(二)外部危机

1.市场危机

非营利组织的市场危机主要分为两种:变换环境与适应的危机和商业化的危机。所谓变换环境与适应的危机,指的是由于非营利组织的市场正处于新兴的阶段,许多市场的走向与趋势仍不明朗,而组织经营的理论与做法也不像一般企业已经构建得相当完整。尽管近年来全球非营利组织取得了显著的发展,但资金问题依然是各国非营利组织普遍面临的挑战。资金不足是导致非营利组织运作困难的一个关键因素。此外,非营利组织之间为了争夺有限的资源而展开的激烈竞争,也是危机产生的一个重要因素。

商业化危机是指当前部分非营利组织的经营逐渐趋向市场化。这种进入竞争市场的类商业化运营方式,对不讲求利润的非营利组织而言,潜藏着许多危机和风险,可能导致非营利组织在维持使命与争取资源的矛盾中发生经营的风险和危机。比如,为了争取收入而偏离其本身的社会使命、太注重商业技能而无法专心执行其使命、营利与社会服务之间产生冲突、在商业化运行中面对营利竞争者的挑战等。此外,非营利组织的收入主要来源于社会捐赠、政府补助以及服务收费。非营利组织面临的收入危机主要体现在两个方面:一是收入来源的减少,二是服务成本的增加。多种因素共同作用,导致非营利组织的收入减少。

2.信任危机

非营利组织的信誉包括组织的声誉、社会地位、外在形象以及公众信任等多个方面的内容。尽管营利组织的诈骗行为屡见不鲜,但非营利组织的信誉受损更容易招致公众的不满。工作人员服务效率低下、服务质量不佳以及组织内部的腐败问题都可能导致非营利组织的信誉受损。

当各种原因导致非营利组织赖以生存的个人捐赠和政府补助减少时,非营利组织会为求自给自足而越来越依赖"营利化"行为产生收益。然而,非营利组织越来越"营利化"的行为,也引发许多争议与质疑。例如,社会公众能否认同非营利组织的"营利化"行为? 非营利组织"营利化"一久,是否会产生"组织使命的偏移"? 这些问题都会触及非营利组织的信任问题。同时,非营利组织内部也可能存在利益与贪腐危机。20 世纪 90 年代的美国,曾发生多起非营利组织的丑闻,比如美国联合劝募组织和全国有色人种促进协会高层主管的超高薪酬及贪污事件,严重损害了美国社会大众对于非营利组织的信任,促使学界开始注意非营利组织管理的责任问题。

三、非营利组织危机管理的原则

(一)预防第一的原则

非营利组织危机管理要遵守预防第一的原则,"居安思危,未雨绸缪"。危机具有很大的破坏性,一旦危机发生,就会造成组织巨大的损失和社会冲击。因此,非营利组织要采取超前的行动,及早发现引发危机的线索和原因,积极采取措施,将危机遏制在萌芽状态。

(二)制度保障的原则

非营利组织危机管理的知识是需要学习的、技能是需要训练的,但比这些更重要的是日常危机管理制度的建设。只有制度才能让非营利组织以不变应万变,在危机来临时有条不紊地应对。很多管理者也知道危机管理的重要性,但并没有落实到制度上,以至于学了很多危机管理知识,但在危机来临时还是会混乱。

(三)快速反应的原则

危机具有很大的危害性,甚至是灾难性,如果不及时控制,将会"千里之堤,溃于蚁穴"。因此,危机发生后,非营利组织应快速做出反应,以最快速度启动危机应急方案,迅速调动人力、财力和物力来实施救助行动,遏制危机影响范围的进一步扩大,尽力降低危机造成的损失。

(四)真诚坦率的原则

真诚坦率的原则是危机管理中的透明性原则。危机发生后,非营利组织应高度重视信息的传播和发布,通过在组织内外进行积极、开放和有效的沟通公关,充分展现其在危机应对中的社会责任感。这样的做法有助于营造一个利于妥善处理危机的氛围和环境,进而实现维护和重建组织形象的目标。

四、非营利组织危机管理的目标

(一)实现资产价值的最大化

通过有效管理,避免设备、车辆等不动产的损坏、遗失;通过定期的检查、备份,避免数据库的损坏;通过妥善保管,避免书籍、文件等智力资产的损失、损坏;通过科学、稳妥的投资确保资金的增值。做到以上几方面进而也就实现了资产价值的最大化。

(二)实现人员安全的最大化

有效的危机管理能够通过优化工作条件、预见服务过程中可能发生的事故、制定明确的政策和行为界限,保障志愿者和专职员工的安全。同时,通过升级设备和提升服务人员的专业素质,可以确保服务对象和广大公众的安全。

(三)实现组织信誉的最大化

有效的危机管理通过提高服务质量能够提升组织的声誉和社会地位。在危机发生时,采取积极的应对态度和展现出优秀的公关能力,可以将危机转化为转机,改善组织的公众形象,从而增加公众的信任,实现组织信誉的最大化。

(四)实现收入来源的广泛化

有效的危机管理有助于提升组织的公共形象和社会地位,确保组织目标的顺利实现,从而吸引更多的政府资助和捐赠收入。通过提高运营效率和服务质量,组织能够增加服务收入。此外,良好的信誉还能吸引营利组织的投资。

(五)实现社会福利的最大化

非营利组织是为了达成特定社会目标而成立的。一个有效的危机管理预警系统能够利用非营利组织在社会服务和管理方面的创新能力以及与基层紧密联系的优势,率先识别社会中出现的问题。一个有效的危机管理系统能够发挥非营利组织的灵活性和高效率优势,迅速应对问题,以实现社会福利的最大化。

综上所述,危机管理有两个首要的、基本的目标:一是阻止危机的发生,二是减少损失。非营利组织危机管理并不神秘也不困难,它并不仅仅是找出问题,更重要的是寻找使组织更具效率的途径以解决问题。

第二节　非营利组织危机管理的过程与任务

非营利组织危机管理过程包括危机发生前的预防、危机发生时的处理和危机发生后的善后三个阶段。

一、非营利组织危机预防

英国有句谚语:"一克预防值一千克治疗。"其说的就是预防的重要性。危机预防是危机管理工作的起点,也是危机管理工作的常态。危机预防指的是危机还未发生的时候,即处于潜伏期,通过采取各种有效的措施,消除可能导致危机的各种隐患,从而避免危机的发生。

危机预防主要是防患于未然,通过平时投入大量的人力、物力和财力,防范和减少危机发生时对非营利组织发展带来的负面影响。危机预防的任务包括树立危机意识、建立危机预警系统、制定危机应急预案等。

(一)树立危机意识

首先,非营利组织在危机爆发前要有危机意识,能居安思危。非营利组织的决策者要洞察组织可能遭遇的潜在危机,采取必要的防范措施,降低危机事件的出现率,也可以避免发生突发危机而惊慌失措的局面。危机意识树立的途径:一方面包括关注各类危机事件,了解危机的起因、处理方式和造成的后果,有助于识别潜伏的危机;另一方面,培养对危机的敏感度,把危机意识变成一种潜意识,发挥预警作用,降低或消除危机可能带来的损害。

(二)建立危机预警系统

非营利组织危机预防的主要工作还包括建立危机预警系统。非营利组织运用一定的监测手段和沟通网络建立非营利组织危机预警系统,敏锐地监测危机发生的先兆,通过健全的危机报告程序将信息及时传达到非营利组织管理层、决策层。

(三)制定危机应急预案

在建立危机预警系统的同时,非营利组织根据可能出现的不同种类的危机事件,由不同部门制定相应的危机管理应急预案。应急预案的内容应周全,对预防、应变、恢复重建三个主要环节要分别设计出具体举措,对策明确,操作性强。在制定危机管理应急预案时:第一,非营利组织要依照威胁因素所造成的时间压力及强度将威胁因素做优先顺序的排列或分类。第二,非营利组织要确立处理危机应对程序。第三,非营利组织应设置解决各项威胁因素所需的适当资源,包括人力、物力、财力、技术等相关资源。第四,非营利组织要建立管理制度与信息系统,使规划流程有效并能迅速完成。第五,非营利组织应成立危机处理小组,增设相应的人员编制,确立各部门的权责,建立指挥系统,并进行训练或事先演习。第六,非营利组织要设立新闻发言人制度,以确保危机发生时,非营利组织能迅速向媒体提供真实信息,以正视听。

(四)非营利组织危机预防的注意事项

非营利组织在危机预防阶段,还需做好以下准备。

1.组织内高层的直接参与

危机处理工作往往涉及多个部门和地区,需要高层领导的介入来确保不同部门之间能够保持一致的立场、协调的行动以及相互支持,从而实现快速响应。

2.打造一支高效的危机管理团队作为危机公关的核心领导机构

危机管理团队需要涵盖所有与公众互动的部门,既包括组织内部的专业人员,也应整合外部专家资源(如心理学家等),因为其决策质量和前瞻能力将直接影响危机处理的进展和最终成效。

3.组织非常态化处理

鉴于危机属于非常规事件,组织不能依赖常规方法来应对,因此需要提前根据组织所处的内外环境制定详尽的危机管理预案,并定期或不定期进行内部员工的预案演练,以增强员工对危机的认识和应对能力,确保在危机发生时组织能够从容应对。

二、非营利组织危机处理

在危机发生时,非营利组织需妥当处理、临危不乱。一旦危机发生,非营利组织要按照危机处置计划去执行,启动危机处理小组,采取各项应变措施,并将危机予以围堵与封锁,防止危机扩大。同时非营利组织要注意避免二次伤害的发生,以免造成更大的损失。

在此阶段,非营利组织危机管理的执行机构主要有三类:第一类是危机处理小组,负责各项事宜的安排及处理工作,由决策者、管理者和专家组成。第二类是危机资源管理系统,负责有关解决危机所需资源的安置、分配及取得,建立资源管理资料库,供危机处理小组运用。第三类是危机情景监测系统,负责对危机发展状况做监测、追踪,运用特有的技术及良好的沟通网络,将所得信息向危机处理小组汇报,使该小组能掌握可靠信息,对危机情况做出评估,并及时制定应对策略。

在这一阶段非营利组织的任务包括以下内容。

(一)迅速反应

在危机情境中,组织管理者可能会因为危机的突然冲击而倾向于自我保护或隐瞒信息。在这种情况下,媒体和公众可能会转向不可靠或不真实的外部信息源,这可能导致公众不满情绪的蔓延和危机的升级。因此,危机管理团队需要充分利用其信息分析能力,在危机发生后迅速收集相关信息,分析事件的诱因,然后迅速、公开地发布官方信息,以满足公众的知情权并掌握话语权,主导社会舆论。

(二)真诚沟通

在危机风险沟通中,与公众和媒体保持坦诚的对话至关重要,因为信任是沟通成功的基础。危机管理团队应在公众的情绪和观点形成之前,采取主动和双向的交流方式。沟通时,不仅要关注事实,还要考虑并理解公众的感受和情绪。

(三)冷静决策

危机管理团队应充分发挥危机识别能力,准确把握危机的演变过程,保持冷静和镇定的态度,实施坚决而有效的措施。同时,统一信息的传播口径,确保信息发布的一致性,防止信息失控、混乱或失真,以避免情况进一步恶化,并帮助组织平稳渡过危机。

三、非营利组织危机善后

危机具有双重性特征,既能带来前所未有的挑战,也能带来前所未有的机遇。危机事件往往具有公众性和轰动效应,能够引起公众的情绪化反应,引起媒体强烈关注。危机具有危害性,甚至是灾难性,如果不及时控制,将会动摇非营利组织的立足之基、发展之本。危机的善后工作主要是消除危机处理后的遗留问题和影响。危机发生后,非营利组织形象受到了影响,公众对非营利组织会非常敏感,要靠一系列危机善后管理工作来挽回影响。非营利组织在危机管理上的成败能够显示出其整体素质和综合实力。成功的非营利组织不仅能够妥善处理危机,还能够化危机为机遇。

危机善后处理包括两项任务:一是将危机问题的解决作为中心和契机,同时综合处理与危机相关的其他问题,以预防危机的再次发生,并巩固危机管理的成果。二是从危机中获益。通过深入分析危机发生的原因和处理过程,提炼出经验和教训,提出在技术、管理、组织结构和运作流程等方面的改进建议,进而实施必要的组织改革。

在这一阶段非营利组织的任务有以下几点。

(一)形象评估

非营利组织根据一定的标准对组织危机后的形象状态进行评估,以判断组织形象的总体状况及应该怎样进行形象修复。危机的发生其实是一次暴露组织缺点、问题的过程,如果组织自身能够看清问题的本质,吸取教训,并以此为契机进行卓有成效的组织变革,那么对组织来说不啻于一次大的发展机遇。

(二)形象修复

组织要通过各种方式缓和与公众和媒体的关系,首要问题应当是做好信息公开工作,还要突出新的形象建设策略,投放新的组织形象公关广告,寻找切合组织理念的形象代言人等,让大众明显感受到组织正在树立新的公众形象,进而不断提升非营利组织自身的公信力。

(三)总结经验

危机管理不仅是安然渡过危机,更强调危机过后的学习和经验积累。非营利组织管理者应从危机事件中吸取教训,促进组织成长,并将经验总结反馈到危机前的预防工作中去,提升危机处理能力。

湖北省红十字会口罩分配风波

第三节　非营利组织危机沟通

随着改革开放的持续推进和全球化的迅速发展,我国非营利组织所面临的环境日益复杂化,遭遇的危机也在增多。有效应对这些多样化的挑战,对于这些组织的生存和发展至关重要。非营利组织需要在实践中不断进行改进和创新,准确把握并科学分析自身的发展规律,与时代同步,勇于面对和克服困难。

对于非营利组织而言,由于其公众性特征,决定了危机沟通的重要性。危机沟通是指以沟通为手段,以解决危机为目的所进行的一连串化解危机与避免危机的行为和过程。有效的危机沟通有助于降低危机的负面影响,并有可能将危机转化为机遇。而缺乏危机沟通则可能导致小问题升级为大问题,给组织带来严重损害,甚至可能导致组织的解体。危机沟通既是一种科学也是一门艺术,它能够发掘危机中的潜在机会,同时降低危机带来的风险。

一、非营利组织危机沟通的基本步骤

(一)成立危机沟通小组

组织应该选派高层管理者,组成危机沟通小组。小组成员应包括组织最高管理者、公关、财务、人力资源和运营的相关部门负责人等。在沟通小组中,还需确定在危机时期代表组织发言的人选,可以是最高管理者,也可以是具有较强沟通能力的发言人。

(二)建立信息沟通规则

组织可根据危机事件建立信息交流"树状结构图",并分发给每一位成员,该图可以准确说明面对可能发生或已经发生的危机,每个人应该做什么,与谁联络。除了有合适的主管人员之外,危机沟通小组中至少要有一名成员和一名候补成员应该在突发事件联络表中留下其办公室及家庭电话。

(三)确认沟通对象

根据危机事件,确定具体要进行沟通的目标对象,可能是媒体、政府、公众等利益相关者。组织应确认每种沟通对象最直接、最能接收到的联系方式,并在危机发生时与之迅速建立联系。

(四)危机评估

进行充分的危机评估,能够避免仓促做出回应带来的不良后果。组织应确认危机事件的严重性、目前处于的阶段、所涉及的对象、处理危机要付出的代价等关键信息。

(五)沟通方式

确认好信息后,组织将选择最恰当的危机沟通方式,如当面交流、媒体公开、法律途径等。选择的方式不同,产生的效果也会不同。

二、建立非营利组织危机管理媒体协调系统

为确保非营利组织在危急状态下能充分调动资源,使各部门紧密合作协调联动,非营利组织危机沟通过程中还需建立媒体协调系统。

(一)危机决策系统

危机决策系统是协调和联动机制的核心部分,致力于制定危机管理的全局性、普遍性和战略目标性决策。作为危机管理的领导系统,它是缓解和解决危机的首要保障。在实践中,危机决策系统通常由非营利组织的各级应急管理委员会组成。非营利组织与媒体之间建立积极的互动关系,对于提升决策质量具有至关重要的作用:一方面,这有助于确保公众对组织决策的理解和支持,为决策的顺利实施创造有利条件;另一方面,如果组织决策有问题,公众的反馈可以作为及时调整和改进决策的依据,防止问题的扩大。

(二)综合调度系统

综合调度系统是负责贯彻执行危机管理者的决策,将其转化为具体的指令,将组织中具有危机处理职责与能力的部门和相关资源(如专业救治队伍、交通工具、物资、人员等)

整合到一个统一的指挥和调度平台中。综合调度系统在综合协调、整合资源和减少损失等方面都发挥着重要作用。综合调度系统不仅要协调组织内部的关系,还要协调组织外部的关系,实现对外界沟通的集中控制。格瑞博指出:"由于缺乏对外部沟通的集中控制,致使官员在关键问题上口径不一,当权威的言论前后矛盾时,公众就会感到疑惑、烦恼,甚至愤世嫉俗。"因此,为确保危机信息发布的连续性和一致性,组织须建立新闻发言人制度,新闻发言人必须与最高决策层直接沟通,并且了解危机的各个方面,其最佳位置应是介于决策系统和调度系统之间。新闻发言人可以借助媒体高效的信息传输和舆论导向功能,向公众及时传达权威的声音,防止谣言的产生,并且促使公众积极奉献资源和力量,主动加入综合调度系统。

(三)现场指挥系统

现场指挥系统是在危机发生现场,直接参与指挥处理危机的行动小组或现场指挥中心。其通过对各方力量和物资统筹安排,合理使用,确保有效地执行危机决策。对危机现场信息的发布,目前国际上通用的和有效的方法是在危机处置现场警戒线以外设立新闻联络点,以供媒体记者跟踪报道,及时为公众提供有关信息。需要强调指出的是,针对危机处置现场的具体情况,一些危机事件的有关信息不宜马上公开,这就需要媒体工作人员服从大局要求,在危机现场指挥系统的安排下进行采访报道。美国联邦应急事务管理署在危机管理中强调"与媒体一起工作"(working with the media),通过建立良好的伙伴关系,克服双方在危机管理中的目标不同,对公共信息的"新闻性"看法不一致的问题,实现合作双赢和组织的危机管理目标。

(四)专业处置系统

不同领域的危机发生,需要不同专业的危机处置队伍。因为只有由经过专门训练、装备精良、行动迅速的专业人员来完成,才能确保危机处理和救助的效率。而对公众来说,媒体是提供专业危机应对知识,以防范危机或进行自救的理想渠道。鉴于此,媒体首先应针对现实危机问题,常态性地搜集传播公众所需的专业危机应对知识。其次,对特定的危机,媒体应适时传播专业研究信息,引导公众以冷静、客观、理性的方式看待危机,探讨应对方法。最后,还可以利用媒体双向沟通的特点,组织专家网上答疑,安抚公众情绪,解答疑惑。

此外,危机事件发生后社会心理往往呈现反弹和低落的状态,表现为"创伤后紧张综合征",媒体在此时采用人性化的报道方式,尽量安抚公众情绪,使危机后的社会震荡削减到最低程度。而对于非营利组织来说,危机后非营利组织的形象和声誉都会受到不同程度的损害,此时非营利组织如果能够表达真诚的反思和完善制度的决心,通过媒体的正面宣传与公众有效沟通,就能实现非营利组织形象的重塑,并且使其上升到一个新的高度。

▶▶▶ 复习思考题

1. 什么是非营利组织危机管理?
2. 简述非营利组织危机管理的基本过程。

3.讨论非营利组织危机沟通的主要对象和注意事项。

▶▶ 案例分析题

案例一 中华儿慈会"善款风波":危机与应对

一、案例背景

中华少年儿童慈善救助基金会(以下简称"中华儿慈会")成立以来,专注儿童慈善领域,在大病救助、困境儿童帮扶等方面成绩显著。像9958儿童大病紧急救助项目,汇聚了大量爱心善款,为众多患儿家庭带去希望,在社会上享有较高声誉,深受公众信任。

二、危机暴发

2023年9月,中华儿慈会9958儿童大病紧急救助项目遭遇严重危机。多名受害家长反映,他们在参与项目的过程中,将资金打给了私人账户,事后发现这些钱被疑似"河北负责人"柯某孝卷走,涉及金额高达千万元。

柯某孝身份扑朔迷离,"9958儿童紧急救助"公众号文章曾认证他为廊坊团队负责人,搜索引擎留存文章显示他为廊坊团队主任,还配有写其名字的奖杯照片。但中华儿慈会回应称,柯某孝只是在廊坊地区合作机构当过短暂志愿者,从未被委托筹款,他冒用主任名义参加活动,中华儿慈会承认对此审核不严。

家长们表示,他们基于对项目对接人的信任参与救助项目,部分人还有成功获得"配捐"的经历,申请表以中华儿慈会9958的名义,提供的医疗发票也要求是9958未核销过的。可事发后家长们才知道钱都打给了柯某孝。

三、危机发酵

(一)合作机构性质受质疑

中华儿慈会9958廊坊救助站由天津市北辰区天眷公益服务中心运营管理。2022年10月,双方签署合作协议,期限为2022年11月1日至2023年10月31日,因救助站不符合标准,2023年3月31日解约。天眼查和腾讯公益平台信息显示,天眷公益服务中心是2022年成立的非公募机构,业务范围涉及帮扶困难群体,有一定规模的工作人员和志愿者,在腾讯公益平台有多个儿童救助项目。合作协议规定,天眷募得款项进入中华儿慈会对公账户,举办活动需经书面认可,执行事务成员与中华儿慈会无劳动或劳务关系。但中华儿慈会未派人实地管理,仅通过工作群对接。受害家长质疑解约时间,且7、8月仍有经柯某孝对接的儿慈会官方账户打款记录,虽儿慈会解释可能是解约前提交或持续救助的患者,但家长对此存疑。

(二)救助项目受冲击

腾讯公益、新浪微公益得知柯某孝涉嫌诈骗后,暂停9958在平台上的所有项目筹款,等待中华儿慈会情况说明和有关部门调查结果后再做处理。这使得中华儿慈会难以开启针对受害群体的公众筹款链接,即便承诺为病情紧急的受害者开通绿色通道,也因平台限制难以快速实施。正在接受救助的患儿家庭十分焦急,而中华儿慈会也因平台未明确恢复项目条件而陷入困境。

四、应对措施

(一)积极配合调查

中华儿慈会声明柯某孝不是其工作人员,柯某孝已被公安机关拘押,中华儿慈会将积极配合调查。面对受害家长的质疑,中华儿慈会尽力解释资金流向和打款记录等问题,承诺进一步核实。

(二)规划后续救助

中华儿慈会表示同情受害者,计划开通公众筹款链接,但受平台限制受阻。于是决定为病情紧急、符合标准的受害者开通绿色通道,即时资助,还提供法律援助,帮助受害者讨回资金。

(三)反思管理问题

中华儿慈会平台传播部主任孙丹丹承认管理存在不足,承诺加强对与地方合作机构成立、合作机构实际运营管理的地方救助站的管理和约束,避免类似事件再次发生。

五、案例思考

(一)非营利组织管理漏洞

中华儿慈会在志愿者身份审核、合作机构监管方面存在严重漏洞。对柯某孝冒用身份参加活动审核不严,对合作机构运营管理缺乏有效监督,未实地管理,信息沟通不畅,导致诈骗行为有机可乘,损害组织声誉和公信力。

(二)信息透明度与沟通的重要性

事件中,中华儿慈会信息透明度不足,家长对资金流向、救助流程等关键信息了解有限,合作机构解约等信息也未及时准确传达。面对危机,中华儿慈会与公众、合作平台沟通不畅,加剧公众质疑和恐慌,影响救助项目推进。

(三)行业监管与自律

此案例反映出非营利组织行业监管的重要性。中华儿慈会在与合作机构的合作模式、资金管理等方面缺乏有效外部监管。同时,组织自身应加强自律,完善内部管理制度,规范运营流程,保障善款安全和救助工作有效开展。

资料出处:胡伊文,吴阳."千万善款被卷走",中华儿慈会:管理确有不足.(2023-09-15)[2025-03-17]. https://www.workercn.cn/c/2023-09-15/7983219.shtml

讨论题:非营利组织应该如何加强对合作机构的管理?

案例二 NGO贪腐何以发生?基于十二个典型案例的比较分析

截至2020年底,我国共有民间组织894385个。然而近几年也出现了"郭美美事件""春蕾计划风波"等慈善丑闻,更有"红顶协会敛财风波""中华畜牧业协会沈广案"等涉及腐败案件的发生,引发慈善领域的公信力危机。为此,韩艺等学者在2021年《治理研究》期刊发表文章,提炼出"外部防控—内部廉能—制度规束"3层因素,涉及政府监管、第三方评估、媒体披露、公众参与、企业监督、廉洁自律建设、公益能力建设、制度健全度、制度执行力等9大致腐因子。基于所选取的12个NGO贪腐典型案例,辅之以媒体关于NGO贪腐的报道、调研访谈,对9大因子进行验证,均被证实的同时,还发现"上级NGO监管不力"和"慈善认知偏差"两个新的但仍可归属为9大因子类别的因子表现。在此基础上,构建起"NGO贪腐肇因解释框架"并形成NGO贪腐防控治理机制。其选取的案例如表10-1所示。

表 10-1 案例一览

编号	案例名称	时间	组织性质	主办者
C01	"中国妈妈"胡曼莉事件	2007 年	民办非企业单位	民办
C02	"河南宋庆龄基金会"系列丑闻	2011 年	基金会	官办
C03	"南京慈善总会副会长潘锴红非法吸储"事件	2011 年	社会团体	官办
C04	上海卢湾红十字会"万元餐"事件	2011 年	社会团体	官办
C05	中华畜牧业协会沈广贪腐案	2012 年	社会团体	官办
C06	"天使妈妈"基金事件	2013 年	基金会	官办
C07	嫣然天使基金会事件	2014 年	基金会	民办
C08	"百色助学"敛财、性侵事件	2015 年	未注册	民办
C09	"梁山汉达"闫伟杰挪用善款案	2016 年	民办非企业单位	民办
C10	云和县慈善总会曾观明贪腐案	2018 年	社会团体	官办
C11	红顶协会敛财风波	2019 年	社会团体	官民办
C12	"9958"吴花燕事件	2020 年	基金会	官办

通过对12个案例进行综合提取与重点深描,再结合课题组调查访谈,对前述因子加以实证检验发现,前述所有因子均得到了证明。在因子检验的基础上,基于因子及其相互关联可得:NGO贪腐的发生是由多层次、复杂化的因素及其相互关系叠加所诱发的结果。为此,可勾勒出"NGO贪腐肇因解释框架"(见图10-1):当NGO内部廉能建设滞后、廉洁激励不足,而外部以政府为主体的监管防控不力或缺少协同时,加上法律规范不够健全、制度执行不力,3个层次中任何因子出现问题,都可能为NGO贪腐大开方便之门。特别是当多个漏洞共发,各因子交互作用并形成负向叠加耦合时,三层防盾缺口尽开,贪腐得以频发。慈善腐败由多种因素所致,NGO贪腐治理是一项系统工程,需要各层次、各方面、各个主体协同,形成联动治理防范机制。需针对"外部防控层—内部廉能层—制度规束层"的9大致腐因子多管齐下,构建起有效的防控治理机制。

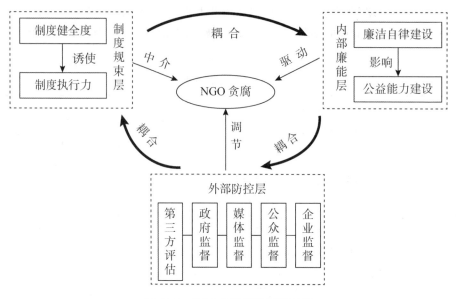

图 10-1　NGO 贪腐肇因解释框架

资料来源:韩艺,高天,张瑞.NGO 贪腐何以发生?——基于十二个典型案例的比较验证分析[J].治理研究,2021,37(4):99-110.

讨论题:NGO 贪腐事件频繁发生的原因是什么? NGO 贪腐治理需注意什么?

参考文献

[1] 蔡宁,田雪莹.国外非营利组织理论的研究进展[J].重庆大学学报(社会科学版),2007(2):38-42.
[2] 曾明华.非营利组织营销[M].北京:经济管理出版社,2014.
[3] 程昔武.非营利组织治理机制研究[M].北京:中国人民大学出版社,2008.
[4] 崔向华、张婷.非营利组织管理导引与案例[M].北京:中国人民大学出版社,2013.
[5] 关信平.社会组织在社会管理中的建设路径[J].人民论坛,2011(11):24-28.
[6] 何增科.公共设施与第三部门[M].北京:社会科学文献出版社,2020.
[7] 黄波,吴乐珍,谷小华.非营利组织管理[M].北京:中国经济出版社,2008.
[8] 康晓光.非营利组织管理[M].北京:中国人民大学出版社,2020.
[9] 科特勒.非营利组织战略营销[M].5版,孟延春,译.北京:中国人民大学出版社,2003.
[10] 李飞虎,黄静.非营利组织经营与管理[M].北京:北京大学出版社,2016.
[11] 李惠斌,杨雪冬.社会资本与社会发展[M].北京:社会科学文献出版社,2000.
[12] 李玫.非营利组织管理学[M].北京:高等教育出版社,2016.
[13] 李水金.中国非营利组织管理[M].北京:首都师范大学出版社,2023.
[14] 李维安.非营利组织管理学[M].2版.北京:高等教育出版社,2013
[15] 刘蕾.社会组织理论与实践[M].北京:中国社会出版社,2018.
[16] 刘宇霞,康丽琴,苏红梅.危机管理理论与案例精选精析[M].北京:清华大学出版社,2016.
[17] 罗辉.非营利组织管理[M].北京:北京大学出版社,2018.
[18] 苗丽静.非营利组织管理学[M].大连:东北财经大学出版社,2010.
[19] 王斌.非营利组织管理概论[M].北京:中国农业出版社,2022.
[20] 王名,李长文.中国NGO能力建设:现状、问题及对策[J].中国非营利评论,2012,10(2):149-169.
[21] 王名.非营利组织管理概论[M].北京:中国人民大学出版社,2010.
[22] 王世强.非营利组织管理[M].北京:首都经济贸易大学出版社,2023.
[23] 王智慧.非营利组织管理[M].北京:北京大学出版社,2012.
[24] 吴东明,董西民.非营利组织管理[M].北京:中国人民大学出版社,2003.

［25］西尔克.亚洲公益事业及其法规［M］.中国科学基金研究会,译.北京:科学出版社,2000.

［26］徐崇温.非营利组织的界定、历史和理论［J］.中国党政干部论坛,2006(5):47-49.

［27］俞可平.治理与善治［M］.北京:社会科学文献出版社,2000.

［28］袁小平.非营利组织管理:理论与案例［M］.武汉:华中科技大学出版社,2024.

［29］张霞,张智河,李恒光.非营利组织管理［M］.济南:山东人民出版社,2005.